세계 악녀 이야기

상식으로 꼭 알아야 할

세계 악녀 이야기

시부사와 다츠히코 **지음**
이성현 **옮김**

(주) 삼양미디어

역자 서문

　우리는 어릴 적 어른들로부터 정의롭고 착하게 사는 사람이 되라고 배웠었다. 그러나 온갖 세상 풍파를 겪고 어른이 되었을 때쯤이면 '정의롭고 착하게 사는 것= 바보처럼 사는 것'이라는 가치관이 어느새 우리의 머릿속 깊은 곳에 자리 잡고 있는 것을 깨닫게 된다. 왜 이런 현상이 생기는 걸까?

　분명 우리 사회는 정의로운 것이 부패한 것보다 더 강한 것처럼 포장되어 있다. 그러나 그 포장을 한 꺼풀만 벗겨보면 온갖 부패의 쓰레기가 널려 있어 그 더러운 냄새가 코를 찌른다. 도대체 어떤 것이 진실일까? 아무리 역사가 흐르고 세상이 발전하여 선한 교육을 받고 또 받아도 인간 내면에 도사리고 있는 악은 언제나 기지개를 펼 준비를 하고 있다. 그리고 어느 순간 조그마한 틈만 발견되면 여지없이 밖으로 뛰쳐나온다.

　이처럼 우리 마음속에서 도사리고 있는 악에 대해 사실 그 어느 누구도 자유로울 순 없을 것이다. 누구나 인간의 내면에는 선도 있지만 악도 내재해 있다. 정도의 차이는 있겠지만 누구나 내면 속에 악을 가지고 산다. 이러한 악은 선이라는 가면을 썼기 때문에 그 속에 감춰져 있어 보이지 않을 뿐이다. 그런 면에서 이 책에서 다뤄지는 악녀들은 모두가 쓰고 있는 선이라는 가면을 과감히 벗어 던진 채 내면의 본성에 충실했던 인물들이라고 말할 수 있지 않을까.

세계의 악녀 이야기를 다루면서 도대체 이 책에서 다뤄지는 악녀들, 특히 수백 명 처녀의 피로 목욕한 에르체베트 바토리, 척 부인의 손발을 자르고 돼지인간으로 만들어 버린 여후, 자기 아들까지도 무참히 죽여 버린 측천무후의 내면에 들어 있는 악의 실체는 무엇일까라는 생각을 해보았다. 그리고 착한 사람들의 밋밋한 이야기를 읽는 것보다 이 악녀들의 이야기를 더 흥미진진하게 읽을 수밖에 없는 우리의 실체는 또 무엇일까라는 생각도 해보았다.

인간의 본성이 선인가, 악인가 하는 질문에 대한 답은 아마 인간이 생존하고 있는 한 영원한 과제로 남아 있을 수밖에 없을 것이다. 분명한 것은 여기에 등장하는 15명의 악녀들은 그 중에서 분명히 악을 선택했다는 사실이다.

역자

Contents

Chapter 01

BC 1세기부터 AD 6세기까지의 악녀들

15~16세기에 악명을 떨친 악녀들

Contents

Chapter 03
17세기부터 20세기까지의 악녀들

Chapter 04

동양에서 악명을 떨친 악녀들

Cleopatra

Agrippina

Fredegund&Brunehaut

BC 1세기부터
AD 6세기까지의
악녀들

CHAPTER 01

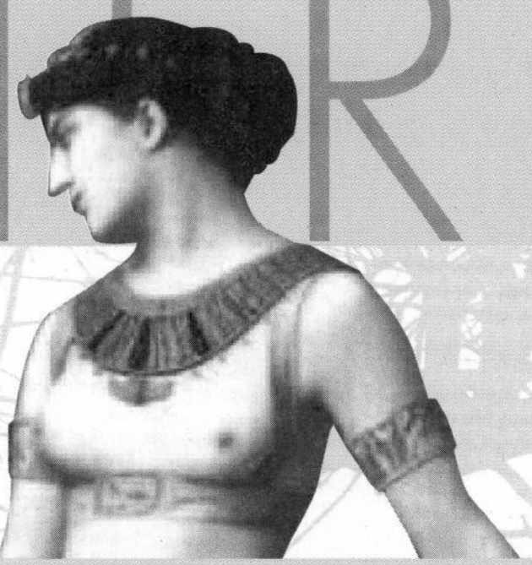

클레오파트라 · BC 1세기 이집트

아그리피나 · BC 1세기 로마

프레데군트&브룬힐트 · 6세기 프랑크

CLEOPATRA

절대 권력의 화신이었던 클레오파트라. 그녀는 역사상 최고로 평가받는 미모와 지혜를 바탕으로 당시 세계의 주인이었던 로마의 최고 권력자들을 차례로 유혹하는 데 성공한다. 그러나 권력을 향한 그녀의 꿈은 권력과 함께 사라지고 아름다운 최후를 맞이한다.

세계를 움직인 악녀
클레오파트라

어린 여왕 클레오파트라 버나드 쇼의 해학적인 희곡 『시저와 클레오파트라』에서 도입부의 클레오파트라는
아직 철부지 소녀로, 야만스러운 로마인이 침입해 온다는 소문을 듣고 두려워
하는 어린 여왕으로 묘사된다. 여기서 잠깐 희곡을 소개하겠다.

대머리를 월계관으로 감춘 초로의 영웅 시저는 이집트의 신비스러운 달밤에
거나하게 취해 사막을 배회하다가 문득 거대한 스핑크스의 발 아래 양귀비 꽃밭
에 묻혀 잠들어 있는 어린 여왕과 처음으로 대면하게 된다.

시저는 "이렇게 야심한 밤에 너는 여기서 무엇을 하고 있느냐?"고 묻는다.

클레오파트라는 "로마인은 우리를 잡아먹는다잖아요. 그 사람들은 야만스러운
데다 우두머리는 줄리어스 시저라는데 아버지가 호랑이고 어머니가 불타는 산이

조지 버나드 쇼(1856~1950)
영국의 극작가이자 저널리스트로, 『인간과 초인』, 『워렌 부인의 직업』 등의 작품이 있다. 무덤의 묘비명에 '우물쭈물하다가 내 이리 될 줄 알았다'고 적혀 있어 세인들의 관심을 끌었다.

래요. 코는 코끼리처럼 길대요."(시저, 자신도 모르게 자신의 코를 만진다)라고 대답한다.

이 '나이 들고 말라서 혈관이 뚜렷하게 나왔지만 멋진 목소리를 가진 재미있는 아저씨'가 바로 시저라는 것을 알고 클레오파트라는 기겁을 한다.

시저는 나인이나 여자 노예를 다루는 방법조차 모르는 클레오파트라에게 여왕다운 위엄을 가지고 행동하는 방법을 가르친다. 그는 완전히 자신을 따르게 된 이 소녀에게 로마로부터의 멋진 선물 – 발랄하고 신선하며 강하고 젊은, 아침에는 희망을 갖고, 낮에는 싸우며, 저녁에는 환락에 빠지는 아름답고 신분이 높은 로마인 – 을 자신을 대신해서 보내기로 약속하고 이집트를 떠난다.

여기서 그려진 클레오파트라는 너무나도 어린 소녀로 나와 친숙하게 느껴진다. 로마인이 그녀에게 붙인 '나일강의 마녀'라든지 '창부 여왕'처럼 냉정하고 요염한 느낌은 전혀 찾아볼 수 없다.

실제의 클레오파트라는 어땠을까. 보기 드문 미모와 지성을 무기로 로마의 영웅들을 차례로 사로잡은 대단한 악녀에 지나지 않았을까.

그녀는 분명히 남을 조정하는 솜씨가 뛰어났다. 그렇지만 이는 단순히 그녀의 음탕한 기질 때문만은 아니었다. 그녀에게는 큰 야심이 있었다. 그녀의 연애 생활 자체가 그 계획을 이루기 위한 수단이었다.

클레오파트라는 로마를 이용할 생각이었다. 신흥 로마 세력을 이용해서 자

줄리어스 시저

시저는 로마의 삼두 정치(시저, 폼페이우스, 크라수스) 시절, 지금의 프랑스 지방인 갈리아의 총독이 되었다. 여러 전투에서 승리하던 중 크라수스가 전사하자 삼두 정치가 깨지고 폼페이우스랑 경쟁하게 된다. 하늘 아래 두 태양이 있을 수 없듯이 둘 간의 경쟁은 치열했으며, 폼페이우스가 시저를 해하려고 하자 시저가 먼저 로마를 치기로 결정하고 (이때 '주사위는 던져졌다'라는 명언을 남겼다), 진격하여 로마를 장악하고 로마 최고의 권력자가 되었다.

국 이집트를 세계에 군림시키려고 한 것이다.

그러나 역사의 흐름은 그녀도 거스를 수 없었다. 이집트와 로마, 지중해를 사이에 둔 두 국가 중 한쪽은 사천 년의 문화와 전통을 자부하며 쇠퇴해 가는 부유한 대제국이었고, 다른 한쪽은 불과 수백 년 동안 일개 농업국에서 세계사의 중심으로 활개치기 시작한 신흥 공화국이었다.

로마에 있어 이집트는 막대한 재산을 가진 부자 노파와 같은 존재였다. 그녀는 이 보물을 벼락 부자의 손에 맡기지 않을 수 없었다.

벚꽃 동산
러시아의 소설가이자 극작가인 체호프의 희극으로, 벚꽃 동산을 둘러 싼 세대의 움직임을 그린 작품이다. 낭비벽을 버리지 못하는 몰락한 지주 부인과 그의 딸, 자립심이 없는 그의 오빠, 농노의 자식에서 신흥 상인이 된 주인공 로파힌이 주 등장 인물이다.
벚꽃 동산이 로파힌의 손에 넘어가 묵은 벚나무들이 찍혀 넘어가는 소리를 들으면서 이들은 각자 불안한 새 생활로 흩어진다.

이집트의 여왕 클레오파트라와 로마 영웅들의 이야기는 어떤 의미에서는 『벚꽃 동산』의 고대판이라고 할 수 있다. 신구 양 세력의 세대 교체에 얽힌 하나의 비극이었다고 할 수 있을 것이다.

클레오파트라의 혈통

클레오파트라가 속한 프톨레마이오스 왕조는 혈통적으로는 이집트인이 아니라 정복자 마케도니아인, 즉 알렉산드로스 대왕 휘하의 뛰어난 장수 중의 하나인 라고스의 후손들이 일으킨 왕조였다.

프톨레마이오스 왕가에는 클레오파트라라는 이름의 여왕과 왕비가 전후로 7명이나 있다. 여기서는 클레오파트라 7세를 다루고 있는데 그녀가 태어났을 때 왕가는 권력 다툼이 한창이었다.

그녀의 아버지인 프톨레마이오스 12세는 왕조의 직계 가족이 아니었다. 이집트인 사이에서 왕가의 혈통이 문제시 되자 예전부터 기회를 엿보던 로마가 이에 간섭했다. 거기에는 그럴듯한 구실이 있었는데, 그것은 선대 프톨레마이오스 11세가 이집트의 왕권을 로마에게 양보하겠다고 약속한 유언장이 로마에 있다는 것이었다.

당시 이집트 국민은 유약한 왕 프톨레마이오스 12세에게 '아울레테스' ^{(피리 부}

는 왕)라는 별명을 붙여 바보 취급을 했다. 그는
술을 좋아했는데, 취하면 피리를 꺼내 신나게
불어대는 버릇이 있었기 때문이었다.

키프로스 섬이 결국 로마의 수중에 들어
가게 되자 이 피리 부는 왕은 성난 민중에게
쫓겨나 울면서 로마에 도움을 구하는 지경에
이른다. 젊은 로마의 기병대장 안토니우스는
이렇게 해서 이집트로 오게 된 것이다.

한편, 이집트의 수도 알렉산드리아에서는
아울레테스의 장녀 베레니케와 미트리다테스
대왕의 아들 아르켈라오스가 새로이 왕좌에

아울레테스(피리 부는 왕)라 불리는 프톨레마이오스 12세의 둘째
딸 클레오파트라

앉지만 순식간에 안토니우스와 아울레테스의 연합군에 의해 쫓겨나고 만다.
결국 아르켈라오스는 전사하고 베레니케는 아버지의 손에 의해 살해된다.

아울레테스는 자신을 쫓아낸 괘씸한 민중에 대한 복수심에 속이 탔지만 안
토니우스는 이를 최대한 진정시키고 오히려 아르켈라오스의 장례식을 정중하
게 치러줬기 때문에, 알렉산드리아에서는 상당한 호감을 가지고 그를 맞이한
다. 사실 안토니우스가 이 나라를 호의적으로 생각하게 된 것은 다른 이유가
있었기 때문이었다. 죽은 베레니케의 여동생인, 당시 14살의 재기발랄한 클레
오파트라의 모습이 이미 그의 마음에 뚜렷하게 각인되어 있었던 것이다.

한편, 클레오파트라 쪽에서도 이 로마 기병대장의 훌륭한 모습을 어린 마
음에 감탄하며 바라보았다. 안토니우스는 헤라클레스의 후예라는 말에 걸맞
게 멋진 수염과 넓은 이마, 그리고 독수리 같은 코를 가진 당당한 미남으로 로

알마 태드마의 작 · 클레오파트라
로마의 기병대장 안토니우스가 클레오파트라의 미모를 보고 놀라고 있다. 훗날 안토니우스가 로마의 실권을 쥐게 되
자 그는 클레오파트라와 결혼하게 된다.

마의 귀부인들 사이에서 남다른 호의와 동경의 대상이었다. 조숙하고 사랑스
러운 여왕과 믿음직한 기병대장 사이에 오가는 눈길에서 조용한 사랑의 불꽃
이 타오르는 것을 당시에는 아직 아무도 몰랐다.

여왕이 된 클레오파트라

아울레테스는 얼마못가 죽고 유언에 따라 17세의 차녀 클레오파트라가 8살 아래 남동생 프톨레마이오스 13세와 결혼해서 왕좌를 잇게 되었다. 누나와 남동생 또는 오빠와 여동생의 결혼이라는 이상한 관습은 예부터 이집트 왕가에 내려오는

독특한 관습으로, 이는 단순한 형식상의 결혼이었다.

왕이 됐다고는 하지만 아직 10살도 채 되지 않은 남동생은 개구쟁이 어린아이였다. 이를 구실로 환관 포테이노스 일파가 이집트의 국정을 제멋대로 조정하였다.

클레오파트라는 이런 상태를 도저히 참을 수 없었다. 지배자가 되는 것이야말로 어린 시절부터 그녀의 꿈이었고, 이를 위해 이미 상당한 노력과 연구를 거듭한 상황이었다. 무력한 부왕의 추태는 클레오파트라에게 무엇보다도 큰 교훈이었다. 우선 백성의 호감을 얻는 것이 선결 과제였기에 그녀는 최선을 다해 백성의 마음을 얻으려고 노력했다. 마케도니아 출신 프톨레마이오스 일족 중에 민족 언어인 이집트어를 구사한 것은 그녀가 처음이었을 정도였다.

이집트의 태양신 라

기원전 3000년대까지 이집트의 파라오(왕)들이 스스로를 '라의 아들'이라고 칭하고 죽은 후에도 태양신과 같이 지내기 위해 승천(昇天)한다고 믿을 정도로 고대 이집트에서 최고의 신으로 숭배되었다. 그는 또한 창조의 신으로 묘사되기도 하는데, 공기의 신 슈, 습기의 신 테프누트, 누트뿐만 아니라 자신의 눈물로 인간을 창조했다고 전해진다.

종교상으로도 그녀는 스스로 이집트의 태양신 '라'의 딸이라 공언하고, 이시스와 하토르를 위한 예배를 행했다. 이시스는 이집트 최고의 여신으로 로마의 최고 여신 헤라에 해당하며, 하토르는 이집트의 미와 사랑의 여신으로 로마의 비너스에 해당한다.

이러한 노력이 결실을 맺어 젊고 아름다운 여왕에 대한 평판은 백성들 사이에서 급속히 호전되어 갔다. 이에 힘입어 그녀는 군대를 모아 남동생 일파와 싸우려 했다. 그러나 아직 시기상조였다. 결국 그녀는 무례한 여왕으로 몰려 아라비아 국경으로 추방되기에 이르렀다.

카이사르를 유혹하는 클레오파트라

그 후 3년이 지났다. 로마에서는 카이사르(즉 시저)와 폼페이우스의 대립이 갈수록 격화돼 결국 파르살루스 전투가 벌어졌다. 패배한 폼페이우스는 이집트까지 도망쳐 왔지만 환관 포테이노스는 속임수를 써서 불시에 폼페이우스를 쳐 알렉산드리아의 부두에서 죽여 버렸다. 뒤쫓아 온 카이사르는 경쟁자가 뜻밖의 최후를 맞았음에 내심 기뻐했으나 방심은 금물이었다. 음험한 이집트 궁정이 카이사르에 대해 무슨 일을 꾸미고 있을지 알 수 없었기 때문이었다. 카이사르는 자신을 지키기 위해 밤마다 연회를 즐기며 지냈다.

여왕 클레오파트라
클레오파트라가 세계적인 미인으로 알려져 있으나 실제로 클레오파트라는 위 그림에서도 보듯이 대단한 미인은 아니었다. 그녀의 모습이 새겨진 또 다른 동전이나 벽화에 그려진 모습에서도 미인은 아니었다는 것을 알 수 있다. 그런데도 그녀는 어떻게 시저와 안토니우스의 마음을 사로잡을 수 있었을까? 그것은 그녀에게 능수능란한 말재주와 풍부한 유머감각이 있었을 뿐만 아니라 예술과 문학에도 남다른 재능이 있었기 때문이라고 한다.

그러던 어느 날 밤 알렉산드리아 항구에 한 척의 작은 배가 도착했고, 한 남자가 배 안에서 가죽 끈으로 묶은 커다란 침구 꾸러미를 들고 연회장으로 운반하였다. 화려한 밤의 연회에 들뜬 보초병들은 별로 신경 쓰지 않고 이 남자를 들여보냈다.

카이사르는 자신의 방으로 운반된 이상한 침구 꾸러미를 의아하게 여기면서 풀어헤치다가 "앗" 하고 소리를 질렀다. 그 안에는 뇌쇄적인 미녀가 앉아 있었기 때문이다. 두말할 것도 없이 이 미녀는 클레오파트라였고, 그녀를 데려온 것은 그녀의 심복 아폴로도로스였다.

클레오파트라의 대담한 기지는 주효했다. 53세의 로마 영웅은 그대로 그녀에게 빠져 그날 밤부터 그녀의 연인이 되었다.

이에 놀란 것은 그녀의 명의상 남편인 국왕 프톨레마이오스 13세였다. 환관

클레오파트라가 목욕을 했다는 샘

클레오파트라는 피부 미용을 위해 우유 목욕을 즐겼다고 전해진다. 우유 목욕은 피부를 부드럽고 청결하게 하여 피부색을 맑고 투명하게 만들어 주며, 트고 갈라진 피부를 부드럽게 만들어 준다고 한다. 아마도 클레오파트라는 이러한 목욕법으로 피부를 가꾸어 남자들을 유혹하는 데 이용했을 것이다.

포테이노스 일파도 이를 갈며 분해했지만 이미 엎질러진 물이었다. 카이사르는 자신과 누이와의 '밀통'에 광분한 국왕을 진정시키고 두 사람을 화해시켜 다시 이집트를 공동 통치하도록 선언했다. 그러나 얼마 후 프톨레마이오스 13세는 환관들의 반란으로 살해되고 이로써 이집트는 사실상 클레오파트라만의 것이 된다. 이는 카이사르의 도움이 뒷받침되었기에 가능했던 일이었다.

카이사르가 이집트에 머문 것은 반 년 정도였다. 훗날의 안토니우스와 달리 그는 어디까지나 로마총통으로서 자신의 사명을 망각하지 않았다. 그는 소아시아를 정벌하고 아프리카에 근거지를 삼은 폼페이우스 잔당을 일소했다. 카이사

J.L 제롬(Jean-Leon Gerome) 작 · 카이사르 앞에 선 클레오파트라의 모습

르의 유명한 '왔노라 보았노라 이겼노라' 라는 말은 이때 폰투스(오늘날 터키)에서 쓴 서한의 내용이다.

클레오파트라의 꿈을 깬 카이사르의 죽음

얼마 후 카이사르는 로마로 돌아가 10년 임기의 독재관이 되었다. 사실상 자신의 시대가 시작되자 알렉산드리아에 두고 온 클레오파트라가 자꾸 생각났다.

한편, 클레오파트라는 카이사르와의 사이에서 난 아들 카이사리온을 키우면서 재회의 날이 오기만을 손꼽아 기다렸다. 그러던 차에 드디어 로마로부터 그녀를 초청한다는 소식이 도착했다. 그녀는 아들 카이사리온은 물론이고 새로 남편이 된 둘째 남동생(프톨레마이오스 14세)과 이집트 정부의 고관들을 거느리고 로마에 입성하여 아름다운 행렬을 이끌고 카이사르의 저택에 이르렀다.

카이사리온
클레오파트라와 카이사르와의 사이에서 난 아들 카이사리온이 하토르 신전의 뒷쪽 벽에 그려져 있다. 그는 기원전 44년부터 기원전 30년까지 이집트를 지배한 프톨레마이오스 왕조의 마지막 왕이다. 별칭인 카이사리온은 '작은 카이사르' 라는 뜻이다.

이때 카이사르의 아내 칼푸르니아도 같은 저택에 있으면서 그녀를 환영했다고 하니 재미있는 일이다. 그러나 예수의 탄생까지는 아직 반세기 가까이 남아 있던 시대이고, 원래 왕이나 군인의 호색은 당연한 일로 여겨지던 때임을 감안하면 이상한 일이 아닐지도 모른다.

칼푸르니아도 카이사르에게 있어서는 네 번째 아내였다. 전처 폼페이아는 간통 사건을 일으켜 카이사르에게 이혼을 당했다. 그때 법정에서 카이사르는

브루투스

브루투스는 로마 공화정 말기의 정치인으로, 그의 어머니는 카이사르의 정부였다. 브루투스는 카이사르의 호의로 로마 법무관에 임명되기도 하였다. 카이사르가 종신 독재관이 되고 왕위를 노린다는 의심을 받자 카이사르 반대파들이 그의 암살을 모의하였고 브루투스를 그들의 중심으로 삼았다. 카이사르를 암살한 이후 그는 성난 군중을 피해 이탈리아 이곳저곳을 떠돌아다니다 전쟁에서 전사하였다.

아내의 정부 클로디우스의 죄상에 대해서는 아무것도 모른다고 진술하였다. 이에 고발자가 "그럼 왜 부인을 내쫓았느냐"고 묻자 그는 "내 아내는 의혹을 받을 만한 여인이어서는 안 된다"고 대답했다고 한다.

카이사르는 나는 새도 떨어뜨릴 기세였다. 아름다운 클레오파트라가 바로 곁에 있다는 사실은 더욱 더 그런 기분을 추켜세웠다. 그러나 그에게도 결국 파국이 찾아왔다.

기원전 44년 3월 15일, 카이사르는 카시우스 브루투스의 손에 57세의 나이로 생을 마감한다. 카이사르의 생명을 앗아간 것은 무엇보다 왕위에 대한 야심 때문이었다. 이러한 야망은 공화제였던 로마에서 인신공격의 표적이 되었다. 그러나 왕위를 바라는 카이사르야말로 클레오파트라에게 있어서는 가장 이상적인 사람이었는지 모른다.

어찌됐건 이제 클레오파트라의 꿈은 깨졌다. 카이사르가 죽은 후 한 달이 채 지나지 않아 그녀는 로마를 떠나야 했다.

안토니우스를 이용하는 클레오파트라

알렉산드리아에 칩거하던 클레오파트라를 안토니우스가 호출한 것은 그로부터 3년 후의 일이다. 그녀가 이전 카시우스 일당들에게 재산상의 원조를 해 준 것이 무엇 때문인지 경위를 밝히라는 것 때문이었다. 그러나 이는 단지 구실에 지나지 않는다는 것을 클레오파트라는 이미 간파하고 있었다.

안토니우스는 카이사르가 사망한 후 누가 뭐래도 로마에서 최고의 존재였다. 그에 필적하는 사람이라면 카이사르의 양자 옥타비아누스 정도였다. 그러나 옥타비아누스는 아직 어린아이에 불과했다.

군인인 안토니우스는 시원스러우면서도 지극히 단순한 성격의 소유자였

클레오파트라의 문
기원전 41년경 이집트 여왕 클레오파트라가 로마 장군 마르쿠스 안토니우스를 찾아와 만난 곳이다. 클레오파트라와 안토니우스의 만남은 그 후 지중해 역사에 큰 영향을 끼쳤기 때문에 이 문은 역사상 중요한 유적으로 남아 있다. 신약 성경의 저자였던 바울로 사도도 이 문으로 거리에 드나들었기 때문에 바울로의 문이라고도 한다.

다. 그는 카이사르처럼 명문 출신도 아니었다. 한때 장소를 가리지 않고 술과 여자에게 빠져 사람들의 빈축을 산 적도 있지만, 이때는 여장부였던 아내 풀비아의 교육으로 상당히 점잖아져 있었다.

그러나 그는 소아시아의 승전 잔치에서 갑자기 클레오파트라를 떠올렸고 클레오파트라에게 만나기를 청했다.

드디어 올 것이 왔다. 클레오파트라는 이번에야말로 로마를 마음껏 이용할 자신이 있었다. 그녀의 아름다움은 절정에 이르러 있었기 때문이었다.

안토니우스는 터키의 타르수스에서 그녀를 기다렸다. 거기에 클레오파트라는 금색 배에 은색 가마를 타고 붉은 돛을 달아 음악소리에 맞춰 조용히 강을 거슬러왔다. 그녀 자신은 황금 자수를 놓은 비단 양산 아래 큐피드로 분장

클레오파트라의 행차(위)

클레오파트라는 안토니우스를 유혹하기로 결심하고, 온갖 보석으로 화려하게 치장한 배를 타고 강을 거슬러 올라와 안토니우스를 만난다. 선체는 황금빛이고, 갑판 중앙에는 금실로 수놓은 장막이 펼쳐져 있었으며, 노예들은 은으로 만든 노를 저었다. 아래에 여신 비너스로 분장한 클레오파트라가 앉아 있었다. 이 화려한 만남에 안토니우스는 그만 혼을 뺏기고 말았다.

한 미소년을 양쪽에 시중 들게 하고 마치 비너스처럼 차려입고 앉아있었다. 수많은 아름다운 시녀들이 바다의 요정 네레이스의 의상을 입고 뱃머리와 꼬리에 늘어서 있었다. 물가에 있던 시민들은 감격해서 이 모습을 지켜보았다. 나일강의 비너스가 아시아의 행복을 위해 로마의 바커스 땅에 왔다는 소문이 퍼졌다.

안토니우스는 우선 클레오파트라를 식사 자리에 초대했지만, 한 수 위인 그녀는 먼저 자신이 있는 곳에 와 주길 청했다.

그날 밤 소문으로 듣던 것 이상의 호화로움에 로마 군인들은 완전히 얼이 빠졌다. 가득한 등불의 숫자와 아름다운 배치만으로도 안토니우스는 눈이 휘둥그레졌다. 다음 날도, 그 다음 날도 마찬가지였다. 4일째 되는 날에는 바닥한 면에 복숭아뼈가 잠길 정도로 장미꽃이 깔려 있었다.

감격해 하는 모습을 있는 그대로 드러내는 안토니우스를 보고 클레오파트라는 이 남자가 병사 출신의 미천한 신분이었음을 한눈에 간파해 버린다.

드디어 5일째에 클레오파트라를 만나게 된 안토니우스는 아무리 지혜를 짜내고 솜씨를 부려도 도저히 상대의 세련됨과 호사스러움을 능가할 수 없다는 사실을 깨닫는다.

마침내 클레오파트라는 안토니우스를 마음껏 조종할 수 있게 되었다. 안토니우스는 로마에 돌아가는 대신 그녀가 하자는 대로 알렉산드리아로 겨울을 보내러 출발했다. 흡사 용궁처럼 꿈같은 환락이 밤낮없이 이어졌다.

알렉산드리아는 당시 지중해 지역에서 가장 부유하고 우아하며 호사스러운 권태의 성읍이었다. 항구에서는 세계의 온갖 부가 끊임없이 들어오고 있었다. 아프리카로부터 상아, 흑단, 금, 향료가 들어왔고 그리스 본토에서 기름, 포도주, 꿀, 소금에 절인 생선 등이 들어왔다. 멀리 인도에서 오는 배도 많았다. 항구 입구에는 고대 7대 불가사의 중 하나로 일컬어지는 파로스 등대가 출입하는 선박을 비추고 있었다.

사치에 빠진 클레오파트라

클레오파트라는 이러한 부를 마음대로 쓸 수 있는 이집트의 절대 군주였다. 클레오파트와 안토니우스는 '무쌍(無雙, 서로 견줄 것이 없을 정도로 뛰어난)의 모임'을 만들

프레데릭 아서 브리즈만 작·필라이
의 테라스에 있는 클레오파트라
미의 상징인 클레오파트라가 세계를
아름다움 하나로 제패한 비결은 바로
맥주에 있었다고 전해진다. 클레오파
트라는 맥주 거품으로 매일 세수를
하고 맥주로 목욕을 하며 피부를 아
름답게 가꿨다고 한다.(위)

고가의 진주를 식초에 떨어뜨리는 클
레오파트라의 모습(왼쪽)

어 말 그대로 누구도 흉내 낼 수 없는 사치에 빠져들었다.

어느 날 두 사람은 가장 고가의 식사를 대접하는 쪽이 이기는 내기를 했다. 그러나 클레오파트라가 내놓은 요리는 평소와 별 다를 바 없었다. 안토니우스가 으스대며 요리의 값을 물으려 했을 때 클레오파트라는 아직 디저트가 있다면서 자신의 귀걸이에서 조상 대대로 내려오는 보석인 큰 진주를 떼어내 준비한 식초 잔에 떨어뜨렸다.

진주는 순식간에 녹았고 그녀는 한 모금을 입 속에 털어 넣었다. 이런 이야기는 얼마든지 있다. 실제로 안토니우스는 클레오파트라의 기지에 항상 당하기만 했다.

두 사람이 낚시를 갔을 때 안토니우스는 아무리 기다려도 허탕만 치자 몰래 어부를 잠수시켜 자신의 낚시 바늘에 물고기를 걸게 했다. 클레오파트라는 바로 알아차렸지만 모른 척하고 상대를 칭찬했다. 다음 날도 낚시를 가게 됐는데 안토니우스가 의기양양하게 먼저 물고기를 잡아 올렸다. 그런데 잡힌 것은 흑해에서만 잡히는 그것도 소금에 절여진 큰 물고기였다. 물론 클레오파트라가 어부를 매수한 것이다.

이때 클레오파트라는 안토니우스에게 이렇게 말했다고 한다. "그런 낚싯대는 파로스나 카노보스의 왕에게 줘버리세요. 당신은 수도와 백성과 대륙을 낚으셔야죠."

클레오파트라는 미모도 아름다웠지만 무엇보다 재치 넘치는 말솜씨로 사람을 매료시켰다고 한다. 그 때문에 카이사르나 옥타비아누스와 같이 그녀와 맞설 수 있는 지혜를 가지지 못했던 안토니우스는 훨씬 더 쉽게 클레오파트라의 매력의 포로가 됐을 것이다.

G.B 티포로(Giovanni Battista Tiepolo)의 작 · 안토니우스와 클레오파트라의 만남

클레오파트라는 안토니우스를 유혹하기로 결심하고, 온갖 보석으로 화려하게 치장한 배를 타고 강을 거슬러 올라와 안토니우스를 만난다. 선체는 황금빛이고, 갑판 중앙에는 금실로 수놓은 장막이 펼쳐져 있었으며, 노예들은 은으로 만든 노를 저었다. 아래에 여신 비너스로 분장한 클레오파트라가 앉아 있었다. 이 화려한 만남에 안토니우스는 그만 혼을 뺏기고 말았다.

뜻밖의 변화

이런 안토니우스에게 어느 날 로마에서 뜻밖의 소식이 날아들었다. 아내 풀비아와 남동생 루키우스가 공모해서 옥타비아누스와 전쟁을 시작했다는 것이었다. 사실 풀비아는 남편의 정적 옥타비아누스를 무너뜨리는 것보다 오히려 남편을 당황하게 해서 클레오파트라로부터 떼어내는 것이 목적이었다.

안토니우스는 전날 마신 술이 덜 깬 표정으로 서둘러 일어나 이미 싸움에서 지고 돌아가는 풀비아와 아테네에서 합류했다. 그러나 다시 로마로 돌아가는 도중에 풀비아는 병으로 죽게 된다.

옥타비아누스는 아직 안토니우스와 싸울 생각이 없었기 때문에 먼저 화해의 손을 내밀었다. 그리고 이를 보장하는 뜻으로 자신의 누이 옥타비아를 안토니우스의 새 아내로 제의했다. 이에 안토니우스는 동의했다.

이때 안토니우스가 단지 정권을 위해서만 옥타비아와 결혼했다고 생각해서는 안 된다. 옥타비아는 얼마 전에 전남편과 사별했는데, 보기 드문 미모에 정숙과 품위를 갖춘 여인으로 로마에서는 평판이 높은 부인이었다. 그녀 앞에서 안토니우스는 상냥한 남편이 되었다. 알렉산드리아의 추억은 한순간의 꿈에 지나지 않았다고 되뇌이면서…….

한편, 클레오파트라는 안토니우스가 남긴 쌍둥이를 키우면서 3년 동안이나 불안 속에서 연인의 소식을 기다리고 있었다.

이윽고 새로운 아내에게 권태를 느낄 즈음이 된 안토니우스는 페르시아 정벌에 나선다. 시리아와 가까워짐에 따라 안토니우스는 클레오파트라와의 추억이 새록새록 되살아났다. 급사가 파견되고 클레오파트라는 날아갈 듯 달려갔다. 페르시아야말로 그녀가 오랫동안 꿈꾸던 땅이었기 때문이었다.

영리한 그녀는 지난 3년간의 원망은 한마디도 비치지 않았다. 안토니우스는 그 마음 씀씀이를 애처롭게 여겨 결혼을 약속했고 페니키아, 키프로스, 유대 땅 일부 등 많은 영토를 선물로 주었다.

안토니우스는 시리아에서 나아가 소아시아까지 전쟁을 이어 나갔다. 그러나 빨리 전쟁을 끝내고 클레오파트라를 만나러 가고 싶은 마음이 앞서 오히려 실패만 계속했고, 오히려 그녀에게 식량과 의복 원조를 구하는 처지가 됐다.

옥타비아는 남편의 고전 소식을 듣자 몸소 2000여 명의 정병을 데리고 로마를 떠났다. 이는 클레오파트라에게 있어 청천벽력 같은 소식이었다. 그녀는 눈물 작전에 들어갔다. 일부러 다이어트를 해서 야윈 얼굴을 만들고 눈에는 눈물이 그렁그렁한 애처로운 모습을 하고 옥타비아를 돌려 보낼 것을 호소했다. 안토니우스는 마음이 흔들려 옥타비아에게 로마로 돌아가라는 전갈을 보내고 클레오파트라와 함께 이집트로 돌아갔다.

안토니우스를 배신하는 클레오파트라

안토니우스가 클레오파트라에게 약속했던 결혼식이 거행되었다. 은으로 만든 대좌에 금의자를 놓고 안토니우스 오시리스 바코스와 클레오파트라 비너스 이시스가 앉았다. 둘 사이에 태어난 쌍둥이에게는 헬리오스(태양)와 셀레네(달)라는 이름이 주어졌다.

사랑하는 누이가 모욕을 당한 것은 로마의 옥타비아누스에게는 좋은 구실이 되었다. 안토니우스와 옥타비아누스는 언젠가는 싸워야 할 운명이었고, 결전은 그리스 북서부 악티움만에서 이루어졌다. 해전을 주장한 것은 클레오파트라였다.

그녀는 전투 개시에 앞서 안토니우스를 설득해서 로마의 옥타비아에게 이혼장을 보내는 일에 성공했다. 이때 클레오파트라가 어떤 마음으로 그랬는지

알렉산더 카바넬(Alexandre Cabanel)의 작
클레오파트라는 안토니우스를 배신하고 죄수들을 이용하여 가장 편안하게 죽을 수 있는 독약 실험을 잔인하게 시행하였다.

는 지금도 역사가들 사이에서 수수께끼로 남아 있다.

해전이 시작돼 양쪽이 백중지세인 것처럼 보였을 때 갑자기 그녀의 함대는 돛을 올리고 먼 바다로 도주해 버린다. 아군과 적군 모두 어안이 벙벙했다. 더 놀라운 것은 망연자실한 안토니우스가 필사적으로 싸우고 있는 부하를 죽게 내버려두고 전쟁터에서 도주해 홀

E. 디라크로익스(Eugene Delacroix)의 1838년 작품
탐스러운 무화과 바구니를 든 농부가 클레오파트라를 방문한 직후에 클레오파트라는 독사에 물려 죽었다. 아마도 이 바구니 속에 독사가 들어 있었을 것으로 추정된다.

로 연인을 뒤쫓기 시작한 것이다. 싸움은 물론 옥타비아누스의 일방적인 승리로 끝났다.

안토니우스의 가슴에는 후회와 의혹이 소용돌이치고 있었다. 사실 클레오파트라는 이미 안토니우스를 단념하고 옥타비아누스 세력을 자신의 장래와 결부해서 생각하고 있었다. 표면적으로는 사이좋게 이야기하며 옥타비아누스에게 화해를 청하는 척 했지만 그때마다 그녀는 안토니우스 모르게 옥타비아누스에게 선물과 편지를 함께 보내고 있었던 것이다.

기분 전환을 위한 연회가 이어지고 전부터 계속되던 '무쌍(無雙)의 모임'에 이번에는 '함께 죽는 모임'이라는 것이 더해졌다. 클레오파트라는 사형수를 이용해 어떤 독이 가장 편안하게 죽을 수 있는지 각종 독약을 실험했다.

드디어 옥타비아누스가 알렉산드리아에까지 왔다. 안토니우스는 일대일

승부를 원했지만 옥타비아누스는 죽는 방법은 얼마든지 있다고 답변했다. 안토니우스는 전사를 각오하고 해륙에서부터 공격 준비를 했다.

그러나 그는 또다시 배신당했다. 싸움이 시작되자마자 안토니우스의 함대가 일제히 방향을 바꿔 옥타비아누스의 세력과 한편이 되어 마을을 공격한 것이다. 또한 육지에서는 기병대가 배반을 했다.

클레오파트라는 안토니우스의 분노와 광란을 두려워해 전부터 만들어 둔 자신의 무덤으로 피신하고, 자신이 자살했다고 소문을 퍼뜨렸다. 이제 목숨을 아까워해야 할 이유를 잃은 안토니우스는 외마디 비명을 지르며 배에 칼을 꽂았다. 그때 클레오파트라가 살아 있다는 소식이 들려왔다. 안토니우스는 죽어 가는 몸을 이끌고 그녀가 피신해 있다는 무덤까지 갔다. 그리고 그녀의 가슴에 안겨 숨을 거두었다.

독사에 물린 클레오파트라

최후의 클레오파트라

클레오파트라의 꿈은 아직 깨어지지 않았다. 그녀는 옥타비아누스와의 만남에 한 가닥 희망을 걸고 있었던 것이다. 옥타비아누스가 자신의 연인이 된다는 사실에 얼마나 마음이 든든했을까. 그러나 만남의 자리에서 옥타비아누스는 끝까지 냉정을 잃지 않았다. 어떠한 비탄의 몸짓도 변명도 이제는 통하지 않았다. 클레오파트라의 자신감은 한순간에 무너졌다.

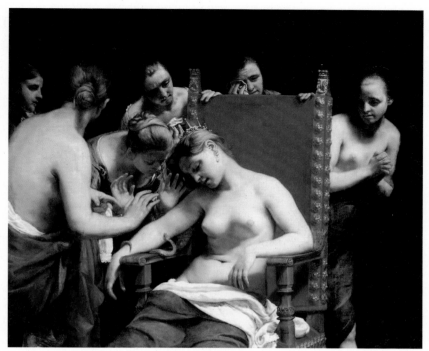

안토니우스가 스스로 목숨을 끊은 이후 클레오파트라는 옥타비아누스의 편에 서 보려 했으나 옥타비아누스는 그녀의 유혹에 넘어가지 않았다. 결국 클레오파트라는 자결이라는 길을 선택했고 과일 바구니 안의 독사에 물려 최후를 맞이한다.

자신이 가진 모든 무기를 잃은 그녀에게 남은 길은 한 가지밖에 없었다.

며칠 후 한 백성이 무화과 바구니를 그녀에게 가지고 왔다. 보초병이 알아차렸을 때 클레오파트라는 이미 황금 왕좌에서 여왕의 옷을 입은 채 죽어 있었다. 바구니 바닥에 숨겨진 작은 아스피스라는 독사에게 유방을 물린 것이다.

아스피스는 물리면 마치 단잠을 자듯이 평온하게 죽게 하는 독을 가진 뱀으로, 그 효과에 대해서는 예전에 '함께 죽는 모임'에서 노예를 이용하여 이미 실험을 마친 후였다.

AGRIPPINA

게르마니쿠스와 대(大)아그리피나 사이에 태어난 9남매 중 장녀로, 네로황제의 어머니로 더 유명하다. 보통 아그리피나라고 하면 소아그리피나를 통칭하는 이름으로 불린다. 황제 클라우디우스(자신의 숙부였음)와 재혼하여 권력의 중심에 들어섰으며, 아들 네로를 황제의 자리에 앉히기 위해 클라우디우스를 독살하였으나 결국 황제가 된 네로에 의해 피살됨으로 생을 마감하게 된다.

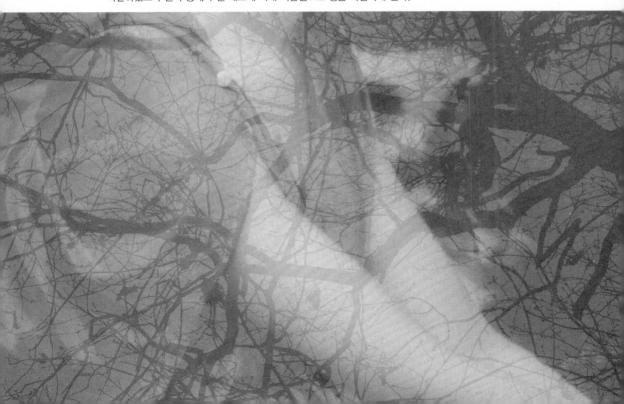

폭군 네로도 무서워했던 악녀

아그리피나

아그리피나의 혈통과 성장 과정

폭군 네로의 일생에는 막대한 영향을 미친 두 악녀가 있다. 한 명은 그의 인생 전반부를 공포로 지배한 어머니 아그리피나이며, 또 한 명은 인생 후반부를 열렬한 사랑의 포로로 만들어버린 요부 포파에아다.

여기에서는 어머니 아그리피나에게 초점을 맞추어 기원전 1세기의 로마 궁정에서 펼쳐진 황제 일가의 피로 얼룩진 참극을 이야기해 보려고 한다.

아우구스투스 황제의 증손이자 칼리굴라 황제의 여동생인 아그리피나는 후에 클라우디우스의 비가 되고 네로의 어머니가 되므로 결국 계보에서 네 명의 로마 황제의 중심에 위치하게 된다. 이것만으로도 그녀의 고귀한 혈통을 증명할 수 있을 것이다. 아버지인 게르마니쿠스가 갈리아 지방으로 원정을 떠났을

p.p. 루벤스(peter paul rubens)의 1614년의 작품 · 칼리굴라와 아그리피나

칼리굴라는 티베리우스 황제의 조카이자 양자인 게르마니쿠스 카이사르의 아들로, 아버지의 부하 군인들에게서 칼리굴라(작은 장화라는 뜻)라는 별명을 얻었고, 이후 이 이름으로 알려지게 되었다. 그의 실제 본명은 잘 알려진 아버지의 이름을 따서 만든 가이우스 카이사르 게르마니쿠스이다.

때 동행한 어머니가 라인 강변 콜로니아 아그립피넨시스라는 마을(지금의 쾰른)에서 그녀를 낳았다.

14살 때 아그리피나는 오빠 칼리굴라에게 처녀성을 빼앗겼다고 한다. 로마 시대에는 오누이가 육체적인 관계를 갖는 일이 그리 드물지 않았던 모양이다. 이어서 파시에누스 크리스푸스라는 사람과 결혼했지만 얼마못가 남편이 사망하므로 젊은 나이에 미망인이 된 아그리피나는 도미티우스 아헤노바르부스라는 명문 귀족과 재혼하였다.

이 결혼에서 태어난 아이가 훗날의 폭군 네로다. 박물학자 프리니우스(고대 로마의 유명한 학자이자 정치가)가 전하는 바에 따르면, 이 아이는 '어머니의 자궁에서 발부터 먼저 나왔다'고 한다. 아이가 태어났을 때 유명한 점성학자에게 미래를 점치게 했더니 '장차 황제가 돼서 어머니를 죽일 운명이다'고 예언하여 사람들을 놀라게 했다. 아그리피나는 몹시 감격해 "황제만 돼 준다면 나를 죽여도 상관없어!"라고 외쳤다고 한다. 이 불길한 예언은 훗날 사실이 된다.

네로가 세 살 때 시칠리아 섬의 총독이었던 아버지 아헤노바르부스가 세상을 떠나게 되었다. 그는 "나와 아그리피나 사이에서 태어난 아이는 하나의 괴물이 될 것이다"는 유명한 말을 남겼다.

두 번째로 미망인이 된 아그리피나는 오빠인 칼리굴라 황제가 총애하던 미남 청년 레피두스와 관계를 맺은 후에 오빠의 암살을 도모했다. 물론 황제의

프라토리움 박물관
칼리굴라와 아그리피나가 태어났을 집으로 추정되는 관저, 프라토리움의 복원도

지위를 빼앗기 위함이었다. 그러나 이 음모는 사전에 발각
돼 레피두스는 처형당하고 아그리피나는 칠레니아 해의 섬
으로 유배를 당했다.

칼리굴라
황제가 된 칼리굴라는 자신의 신성을 더욱
더 강조하기 위해 자신의 조상을 예루살렘
의 성전에 세우도록 명령했다. 그러나 헤
로데 아그리파의 설득에 감동하여 명령을
철회했다. 이에 로마 군중은 칼리굴라를
미친 폭군으로 받아들이고 그에 대항하기
시작했다. 결국 41년 1월 칼리굴라는 팔라
티누스 경기가 열리는 도중 카시우스 카이
레아와 코르넬리우스 사비누스를 비롯한
여러 사람에 의해 살해당했다.

황비가 된 아그리피나

그녀가 유배에서 풀려나
섬에서 다시 돌아오게 된
것은 칼리굴라가 이집트에서 병사에게 암살당하고 클라우
디우스가 제위를 계승했기 때문이었다. 새로운 황제 클라우
디우스는 그녀의 숙부였다.

이 새로운 황제는 술과 여인을 심하게 밝히는 데다 허약

칼리굴라의 유골을 보고 있는 아그리피나

하고 식탐이 강하여 야무지지 못한, 어리석고 얼간이 같은 남자였다. 특히 그는 감옥에 가서 죄인이 처형되는 모습을 지켜보는 것을 즐겼다고 한다. 그런 그에게도 묘한 재능이 있었는데, 역사학을 애호하고 에트루리아어를 자유롭게 구사하는 것이 그것이다.

클라우디우스는 로마 황제로서는 드물게 남색 취미가 없었고, 오로지 여인만 좋아했다. 즉위한 후 세 번째 아내를 맞았는데 바로 악명 높은 메살리나였다. 메살리나에게 클라우디우스는 네 번째 남편이었는데, 그녀는 아직 젊고 아름다우며 지독히도 음란한 여인이었다. 그녀가 밤마다 뒷골목의 사창가에 나갔다는 전설은 너무나도 유명하다.

메살리나는 처음부터 황제를 바보 취급했다. 때때로 공중 앞에서 조롱하는 일까지 있었다고 한다. 메살리나는 클라우디우스 황제와의 사이에 아들 브리타니퀴스와 딸 옥타비아를 두었다.

잔인한 황비 메살리나는 궁중의 미녀들에 대한 질투도 대단했기 때문에 젊은 미망인이었던 아그리피나도 그녀의 마수를 피하기 위해 매우 고생을 해야 했다. 황비가 보

클라우디우스(BC 10~AD 54)
로마의 3대 황제로 본명은 Tiberius Claudius Nero Germanicus이다. 41년에 조카인 칼리굴라가 살해된 뒤에 황제의 자리에 올랐다. 그는 재위 당시 인기가 별로 없었고, 메살리나와 소(小)아그리피나의 정치적 간섭에 시달리다가 결국 죽고 말았는데, 왕비 아그리피나에게 독살된 것으로 추측되고 있다.

낸 자객이 어린 네로의 침실을 습격한 일도 있었다. 이는 장래에 브리타니쿠스의 황제 계승을 위협할 수도 있는 아이를 미리 죽이려는 황비의 책략 때문이었다.

이렇게 악명을 떨친 덕분에, 메살리나가 애인 실리우스와의 간통으로 황제의 총신 나르키소스에게 살해되었을 때 궁중의 모든 여인이 안도의 한숨을 쉬었다고 한다.

또한 클라우디우스는 아내가 죽었다는 소식을 듣고도 아무런 반응을 보이지 않고 느긋하게 요리를 우걱우걱 먹었다고 한다.

메살리나가 죽자 곧 새로운 황후 문제가 거론되었다. 궁중은 한바탕 대소동이 벌어지고, 총신들은 앞 다투어 자신들과 관계 있는 여인을 추천했다. 격심한 경쟁 끝에 파룰라스가 강력하게 천거한 아그리피나가 황비의 지위를 얻게 된다.

그러나 아그리피나는 황제의 질녀

E. 디라크로익스(Eugene Delacroix)의 1838년 작품
로마에서 손꼽히는 명문가 귀족 출신으로 황제보다 무려 35세나 젊었던 메살리나는 로마 황제인 클라우디우스의 세 번째 아내가 되었다. 그러나 클라우디우스가 자신에게 무관심하자 남편에 대한 증오와 욕구 불만을 바깥으로 표출시켰다. 그 일환으로 성욕이 무척 강했던 메살리나는 불륜을 통해서 자신의 성적인 굶주림을 해소했다. 그녀는 궁정 안에 은밀한 방을 만들어 밀회의 장소로 이용했다. 미친 듯이 향락에 탐닉하면서 자신을 거부하는 남자는 가차 없이 살해하기도 하였다.

였다. 숙부와 질녀 간의 결혼은 로마 혼인법에서는 금지돼 있었다. 어떻게 하면 좋을까? 그러나 해결 방법은 간단했다. 바로 법률을 개정하는 것이다.

이렇게 황비가 된 아그리피나는 33세의 나이로 절대적인 권력을 손에 쥔다. 그녀에게는 세 번째 결혼이었지만 그런 것은 아무런 상관이 없었다. 자신의 야심을 위해서는 어떤 불륜이나 부도덕한 행위도 전혀 개의치 않았다. 그것이 바로 그녀의 삶의 방식이었다.

테오도라(500~548)

비잔틴 제국의 황제인 유스티니아누스 1세(527~565 재위)의 황후로서 비잔틴 역사상 가장 강력한 권한을 행사했던 여성으로 유명하다. 그렇다고 그녀가 황제와 같은 통치자로서의 권위를 행사한 것은 아니며, 유스티니아누스 황제의 조언자로서의 역할을 한 것이었는데, 워낙 뛰어난 두뇌와 정치적 수완으로 인해 사실상 비잔틴 제국의 통치자로 여겨지게 되었던 것이다. 그 증거로 그녀가 직접 외국의 사절단을 맞이하고 외국 통치자들과 서신을 왕래하기도 했던 것을 들 수 있다. 이렇게 활약을 했던 그녀는 암에 걸려 젊은 나이에 요절하고 말았다.

플리니우스(Gaius Plinius Secundus, 23~79)

고대 로마의 학자이자 정치가로서 에스파냐·북아프리카 등지에서 행정장관을 지냈으며, 나폴리만의 로마함대 사령관을 지내기도 하였다. 또한 그는 학자로서 많은 저작을 남겨 후세에 전했는데, 그 중 77년 완결된 것으로 알려진 역작 『박물지(博物誌)』는 모두 37권으로 구성된 현대 백과사전의 효시라 할 수 있는 작품이다. 여기에서는 우주, 지리학, 인류학과 심리학, 동물학, 식물학, 약리학, 광물학과 야금학에 이르기까지 방대한 분야를 다루고 있다.

강력한 권위를 자랑하는 로마의 여제

그녀는 자진해서 국사에 관여하고 원로원 회의에도 참석했다. 그녀의 초상을 새긴 화폐가 주조되어 각 지방에서는 그녀의 초상화가 신처럼 숭배됐다. 그녀 이전에 이만큼 강력한 권위를 자랑한 로마의 여제는 없었으며, 그녀 이후에도 비잔틴 제국의 테오도라를 제외하고는 거의 유례를 찾아볼 수 없었다. 플리니우스가 전하는 바에 따르면, 아그리피나는 어느 축제 날에 온몸에 '황금으로 휘감은 호화로운 군복을 입고' 나타났을 정도라고 한다.

아그리피나에게 연애는 목적이 아니라 수단이었다. 황제의 총신 파룰라스와 내연의 관계를 통해 그의 공공연한 정부가 된 것도 이 남자의 정치적 발언력을 이용하려는 목적 때문이었다. 그녀는 오직 자신의 권력을 확대하기 위한 목적하에서만 남자에게 몸을 허락했다.

그녀의 질투심과 잔혹함 역시 메살리나 못지않았다. 어느 날 황제가 미모를 칭찬했다는 이유만으로 '카르푸르니아'라는 귀부인이 다음 날 당장 추방당해야 했다. 또한 황후 쟁탈전의 경쟁자였던 '롤리아 파울리니아'라는 귀부인이 처형됐을 때 아그리피나는 잘린 목을 자신에게 가져오게 해서 죽은 사람이 정말 그녀인지 확인까지 할 정도였다. 그때 그녀는 스스로 목을 양손으로 잡고 입을 벌려 치열의 특징을 면밀히 관찰하기까지 했다고 한다.

네로(37~68)
로마의 제5대 황제이며, 잔인하고 포악한 성격으로 사람들에게 알려져 있다. 그는 로마에 대화재가 일어났을 때 그 책임을 그리스도인에게 물어 처참하게 몰살시키는 등의 악행을 저질렀으며, 이복동생과 어머니 등도 살해하였다. 결국 반란이 일어나자 스스로 목숨을 끊는다.

전제군주는 누구나 그렇지만 아그리피나 역시 자신의 지위가 언제 위협당할지 모르는 불안으로 항상 고통 받고 있었다. 황제에게는 메살리나와의 사이에 태어난 브리타니퀴스라는 적자가 있었다. 아그리피나의 아들 네로는 황제에게는 남의 자식이나 마찬가지다. 여기에 장래에 대한 그녀의 불안의 싹이 자라고 있었던 것이다.

네로에 대한 어머니 아그리피나의 감정은 생애의 각 시기마다 변화무쌍해 종잡을 수 없는 것이었다. 요컨대 그녀가 애정을 쏟는 방법 역시 어디까지나 본인 중심이었다고밖에 할 수 없다. 갓 태어난 네로는 도미티아 레피다라는 숙모의 손에 맡겨졌다. 성장하면서 숙모에 대한 네로의 친밀한 감정은 연애감정으로 변해갔다. 아그리피나는 이것을 보고 무서운 질투를 느낀다. 그러나 네로의 입장에서는, 낳아준 어머니보다는 키워준 어머니인 레피다 쪽에 더 친밀감을 느끼는 것이 어쩌면 당연했을지도 모른다.

일설에 따르면 숙모 레피다는 매우 음탕한 여인으로, 어린 네로에게 애무를 가르친 것도 그녀라고 한다. 어쨌든 네로의 첫사랑 상대가 40살 가까이나 나이 차가 나는 레피다라는 여인이었다는 것은 주목할 만하다.

자신의 아들이 다른 여인에게 지배당하는 것을 아그리피나가 좋아할 리 만무했다. 마침내 그녀는 레피다를 죽이고 아들을 자신에게로 데려온다. 그리고 네로를 황제의 딸 옥타비아와 약혼시켜 황제의 양자가 되게 함으로써 장래의 지위를 굳건히 하려 했다.

네로를 황제의 자리에 앉힌 아그리피나 | 아들 네로를 이용하여 권력을 손에 쥐려 한

아그리피나는 드디어 범죄를 저지르고 만다. 제거해야 할 상대는 어리석은 남편 클라우디우스였다.

역사가 디온 카시우스(옥타비아누스 전기 작가)에 의하면, 이미 이때 황제는 아그리피나와 결혼해서 네로를 양자로 삼은 일을 크게 후회했다고 한다. 그래서 자신의 아들 브리타니쿠스를 후계자로 지명할 준비를 하고 있었다. 아그리피나가 거사를 서두른 것은 이런 정세에 좌우된 부분도 있었을 것이다.

당시 로마에는 독약 전문가로 유명한 헝가리 태생의 로쿠스타라는 여인이 있었다. 평소에는 친위대장이 관리하는 감옥에 갇혀 있었지만 어떤 정치적 음모 등의 계획이 있을 때마다 감옥에서 풀려나와 이용당하곤 했다. 아그리피나도 황제 암살 계획에 로쿠스타를 이용하기로 결심했다.

서기 54년 10월 12일, 궁중에서 황제의 생일을 축하하는 연회가 열렸다. 식탁에는 클라우디우스가 아주 좋아하는 버섯 요리도 올려져 있었다. 아그리피나도 먹었지만 그녀는 별다른 이상이 없었다. 그런데 황제가 접시 한가운데 있던 큰 버섯을 먹은 뒤 연회가 끝날 무렵이 되자 속이 심하게 메스꺼워지기 시작했다. 그렇지만 그는 너무 많이 먹고 마셨기 때문에 독이 좀처럼 효력을 나타내지 못했다. 아그리피나는 초초해지고 걱정이 돼 의사 크세포논에게 눈짓으로 신호를 보냈다.

크세포논이 달려와 축 늘어진 황제를 일으켜 세운 후 토하게 해 주겠다는 구실로 황제의 목구멍 속에 새의 깃털 하나를 집어넣었다. 이 깃털에 즉효성 독을 발라놓은 것이다. 딱하게도 황제는 순식간에 손발이 굳어지고 머리가 뒤로 젖혀지며 눈동자를 움직이지 못한 채 죽어갔다.

이렇게 하여 네로는 어머니의 기대대로 황제의 자리에 오를 수 있었다.

아그리피나를 무서워하는 네로

즉위한 후 처음 몇 년간 네로는 선정을 베풀어 백성들 사이에 인기가 높아졌다. 그러나 황제 자리의 경쟁 상대였던 브리타니쿠스에 대한 의심과 어머니 아그리피나에 대한 두려움 때문에 점점 이상해지기 시작한다. 원래 네로는 심한 겁쟁이라는 사실 이외에는 이렇다 할 결점이 없었다. 음악과 시를 좋아해 주변에 그리스 학자를 많이 모아놓고 마음껏 호화롭게 놀면서 사는 것으로 그는 만족했다.

그러나 어머니에 대해 네로는 어릴 때부터 알 수 없는 공포심을 가지고 있었다. 과거 아크테라는 그리스 노예 여인을 사랑해 결혼까지 생각했지만 측근이었던 세네카의 충고로 눈물을 머금고 포기한 일이 있었다. 이때도 아그리피나는 말 그대로 입에 거품을 물며 분노했다.

또 한 가지 네로가 어머니를 노발대발하게 한 사건은 총신 파룰라스를 추방한 일이다. 아그리피나의 공공연한 정부인 파룰라스가 걸핏하면 방자한 태도로 나오는 것을 네로는 항상 불만스럽게 생각했다. 그래서 마음을 굳게 먹고 그를 공직에서 추방한 것이 아그리피나의 심기를 불편하게 한 것이다. 이때 그녀는 네로를 저주하며 "너 따위에겐 황제 자격도 없어. 브리타니쿠스야말로 정통한 황제 계승자라구"라며 노골적으로 아들을 저주했다.

네로는 두려움에 온몸을 떨었다.

라신의 비극 『브리타니쿠스』에서는 네로가 한결같이 폭군으로 묘사되고, 아그리피나와 브리타니쿠스는 네로의 악한 계획에 농락당하는 희생자처럼 그려져 있지만, 실제 네로는 오히려 어머니의 일거수일투족에 전전긍긍했던 나약한 사람이었다. '궁지에 몰린 쥐는 고양이도 문다'는 말처럼 궁지에 몰린 네로는 공포심으로 어머니와 브리타니쿠스를 없애버리려고 생각했던 것이다.

이렇게 해서 드디어 숙명적인 비극이 시작된다.

이제 겨우 열다섯이 된 브리타니쿠스는 어릴 때부터 지병으로 간질이 있었는데 때때로 의식을 잃을 때가 있었다. 그렇기 때문에 만약 그가 독으로 괴로워하더라도 사람들은 간질이 발작한 것이라고 알 것이었다. 네로는 로쿠스타에게 명령해 한순간에 숨을 끊는 치명적인 효력이 있는 독약을 만들게 했다.

라신(Jean Racine, 1639~1699)
프랑스 고전극(古典劇)의 3대 거장(巨匠) 중 한 사람으로 추앙받는 인물로 섬세한 심리분석과 유려(流麗)한 프랑스어를 잘 구사하는 비극 작가로 유명하다. 1660년 루이 14세의 결혼을 축하하는 시를 써서 유명해졌으며, 이어 희곡 작가로서 성공하였다. 그의 작품에서 볼 수 있는 특징은 신이나 권력에 저항하면서, 파괴되고 갈등하는 인간이 절정에 이르러 단숨에 무너지는 비극으로 몰고 가는 비극적 묘사를 한다는 점이다.

이번에도 범행은 연회석상에서 이루어졌다. 네로와 아그리피나가 메인 테이블에 앉고 조금 떨어진 하석에 귀족들과 함께 앉아 있는 브리타니쿠스의 모습이 보였다.

타키투스(고대 로마의 역사가)의 기술에 따르면 독약을 감별하는 노예가 시식을 끝내고 마실 물을 브리타니쿠스에게 가져다 주었는데, 그는 물이 뜨거웠기 때문에 다시 노예의 손에 주었다고 한다. 독약은 이때 투입된 것 같다. 치명적인 독약으로 인해 순식간에 브리타니쿠스는 말도 없이 괴로워하다 숨을 거두었다.

움직이지 않는 브리타니쿠스는 서둘러 별실로 옮겨지고 연회장은 찬물을 끼얹은 듯 조용해졌다. 같이 있던 귀족들은 모두 수상쩍게 황제의 얼굴을 응시했다. 그러나 네로는 침착한 표정으로 "간질이 또 발작한 거겠지. 어릴 때부터 늘 이랬어. 별일 아닐 거야"라며 태연하게 행동했다.

한편, 아그리피나는 새파랗게 질렸다. 네로가 뭐라고 말하든 그녀는 모든 것을 명확하게 파악했을 것이다. 네로를 압박할 수 있는 무기가 사라진 것이다.

네로는 아침이 되자 시신을 바로 매장해버린다. 섬뜩한 반점이 사체에 나타나기 시작했기 때문에 이를 숨기기

네로와 어머니 아그리피나
68년, 갈리아에서 일어난 반란에 이어 에스파냐에서도 반란이 일어나자, 네로는 커다란 위기에 빠진다. 결국 원로원과 군대에서 버림을 받은 네로는 로마를 탈출했지만 반란군의 추격을 뿌리치지 못하고 자살하고 만다. 네로의 죽음으로 로마에서 시작된 율리우스 클라우디우스 왕조는 막을 내린다.

위해 사체에 석고가 발라졌다. 그러나 장례식 중에 심한 비가 와서 석고가 씻겨 내려가버려 거무스름한 반점이 누구에게도 선명히 보였다. 순식간에 브리타니퀴스의 독살 소문은 퍼져갔다.

상황은 역전이 되고

이제 형세는 역전돼 아그리피나가 네로의 권력을 두려워할 차례가 되었다. 그녀는 어떻게든 간계를 부려 네로를 회유해서 반격의 기회를 엿보려 했다. 이를 위해서는 어떠한 수단도 불사하였다.

이전부터 권력욕에 빠져 있던 그녀는 연애를 정치적 수단으로 이용해 왔다. 오빠 칼리굴라를 암살하기 위해 레피두스와 관계를 가졌고, 황비로서의 지위를 지키기 위해 황제의 총신 파롤라스와 관계를 가진 바 있다. 이번에도 그녀는 아들을 유혹하려고 마음먹는다. 불륜이나 부도덕 같은 것은 그녀에게 문제가 되지 않았다.

새하얀 분으로 두꺼운 화장을 하고 젊게 치장한 아그리피나가 아들에게 추파를 던지며 장막의 그늘에서 음란한 애무와 입맞춤을 하는 것을 보고 사람들은 아연실색하지 않을 수 없었다. 원래 의지가 약하고 선천적으로 도덕관념이 결여된 네로는 이 유혹을 물리치기 어려웠을 것이다.

모자의 비정상적인 관계는 오래가지 않았다. 네로 쪽에서 싫증을 내고 숨막히는 어머니의 중압에서 벗어나기 위해, 그녀를 팔라티누스 언덕의 궁전에서 로마 시내의 안토니아 궁전으로 보내버린 것이다. 황비의 옛 권세를 알고 있는 사람들에게 이는 놀랄 만한 혁명과도 같은 일이었다.

아그리피나는 분노를 억누르며 다시 자기의 시절이 오길 기다렸다. 정치 무대에서 내려온 그녀의 집은 네로의 지배 체제에 불만을 가진 불평분자들의 집회장이 됐다. 네로에게 냉대 받고 있던 클라우디우스의 딸 옥타비아도 이곳을 드나들었다.

그러는 사이 친위대에 의한 쿠데타 음모가 발각됐다. 아그리피나도 이 계획에 일조한 사실이 밝혀졌는데, 해명을 강요받은 그녀는 교묘한 말로 추궁을 피했다.

겁이 많은 네로는 좀처럼 어머니를 살해할 결심이 서지 않았다. 그런데 그의 측근 중에는 꽤 오래 전부터 강경한 의견을 주장하는 이가 있었는데, 예를 들면 네로를 가르쳤던 철학자 세네카도 그 중 한 사람이었다. 온후한 철학자에게는 야심가인 아그리피나의 행동이 혐오의 대상이었을 것이다. 그러나 가

로마 시대 당시의 전투 장면

장 강력하게 황제를 부추긴 사람은 당시 네로가 푹 빠져 있던 여인 포파에아였다.

쿼바디스

『쿼바디스』는 1896년 폴란드의 소설가 생케비치(헨리크 시엔키에비치 Henryk Sienkiewicz, 1846~1916)가 장편으로 발표한 소설로, 영화로 만들어지기도 했다. 네로의 폭정 시대를 배경으로 하고 있으며, 로마의 젊은 장교 마커스 비니키우스가 예수를 따르는 처녀 리지아와 사랑에 빠지면서 예수를 믿게 된다는 줄거리를 가지고 있다. 노벨상 작가이기도 한 생케비치는 이 소설을 쓰기 위해 직접 로마에 와서 현장을 취재했다고 한다.

미녀 포파에아는 네로의 마음을 완전히 빼앗았으며, 후에 네로에게 온갖 어리석은 행동을 범하게 했던 주인공으로, 묘한 마녀적 성격의 여인이었다. 생케비치의 『쿼바디스』에서도 그녀는 마치 음탕의 화신처럼 표독스럽게 그려져 있다. 두 번째 결혼에서 그녀는 젊은 미남 귀족 오토의 아내가 되었는데, 오토는 사실 네로의 남색 상대였다. 그는 네로가 자신의 아내에게 관심이 있는 것을 알고 이혼에 동의해 포파에아를 황제에게 양보했다. 이 복잡한 세 남녀의 애정 관계는 당시 로마의 문란한 성문화를 고려하지 않으면 이해하기 어려울 것이다.

네로의 정부가 된 포파에아에게는 무슨 일이 있어도 황비의 자리에 앉고 싶은 야심이 있었다. 이를 위한 가장 큰 걸림돌은 역시 아그리피나의 존재였다. 그녀는 네로를 집요하게 설득해서 결국 어머니의 살해를 감행하게 했다.

포파에아의 음모와 아그리피나의 최후

어머니 아그리피나를 제거하는 것은 브리타니쿠스 때처럼 간단하지 않았다. 아그리피나는 누구보다도 독약의 지식이 풍부했으며 온갖 종류의 해독제도 가지고 있었다. 섣불리 독을 타는 일은 그녀에게 통하지 않았다. 오히려 실패의 위험이 훨씬 많았다.

네로는 고민 끝에 한 가지 계획을 짜내었다.

우선 어머니에게 편지를 써 바이아이에서 미네르바 여신의 축제가 열리니 부디 참석하길 바란다며 정중하게 초대했다. 편지에는 따뜻한 마음 씀씀이와 애정이 넘쳐 있었다. 아그리피나는 처음에는 의심스럽게 생각했지만 편지를 다시 읽어보고 설레는 마음을 주체할 수 없었다. 이렇게 다시 한 번 아들의 마음을 지배할 수 있다면……. 아그리피나는 '그 아이는 나 없이는 살지 못해'라고 생각했다.

바이아이에서 그녀는 주빈으로 극진한 대접을 받았고, 왕가의 별장에서 그녀를 위한 성대한 만찬이 열렸다. 아그리피나는 크게 환대받고 몹시 기뻐했다.

이윽고 만찬이 끝나고 그녀가 돌아갈 시간이 다가오자 황제는 어머니를 향해 "가마로 가시면 피곤하실 테니 당신을 위해 배를 한 척 준비해 두었습니다"라며 항구까지 그녀를 배웅했다.

선착장에서 네로는 아쉬운 듯 몇 번이나 어머니에게 이별의 입맞춤을 했다. "그녀의 유방에까지 입맞춤을 했다"고 타키투스는 쓰고 있다. 어머니는 감동해서 기쁨의 눈물을 흘렸다. 이윽고 배는 조용히 바다로 나갔다.

배 안에는 지붕이 덮인 멋진 좌석이 있었다. 아그리피나는 만족스럽게 그 의자에 앉았다. 실로 쾌적한 선박 여행이었다. 그녀의 옆에는 시녀 아케로니아가 앉아 있었다.

그러나 이 배에는 무서운 장치가 숨겨져 있었다. 키를 돌리면 배 밑바닥에 큰 구멍이 생기게 되어 있었다. 즉, 아그리피나를 배와 함께 바다 속에 가라앉게 하려는 계획이었다.

바닷가에서 한참 멀어지자 네로의 심복 아니케토우스가 천천히 일어나 키를 움직이기 시작했다. 그런데 기계가 고장인지 생각대로 배 밑바닥에 구멍이 생기지 않았다. 그러기는커녕 배가 빙글빙글 돌아가기 시작하더니 납으로 무게 중심을 만들어둔 지붕이 큰소리를 내며 머리 위로 떨어졌다.

배 안에서는 순식간에 큰 소동이 일어났다. 선원들은 놀라 우왕좌왕했다. 아니케토우스는 이를 갈며 분한 마음으로 아그리피나를 죽이기 위해 그녀를 찾아 헤맸다. 그러나 그녀는 이미 물속에 뛰어들었기 때문에 대신 시녀 아케로니아가 살해되었다.

아그리피나는 수영에 능했다. 물가까지 헤엄쳐 가는 일은 어렵지 않았다. 이렇게 해서 그녀는 목숨을 구하고 즉시 바우리에 있는 별장으로 가 네로에게 비야냥거리는 편지를 썼다.

틀림없이 어머니가 죽었다고 생각했던 네로는 그녀의 편지를 보고 당황했다. 공포에 질려 이성을 잃고 두려움에 떨며 세네카와 브루투스에게 상담을 했다.

"어떻게 하지? 어머니가 친위대의 병사들과 공격해 올지도 몰라."

그러나 이는 기우에 지나지 않았다.

결국 실패한 계획의 장본인인 아니케토우스가 책임을 지게 됐다. 그는 비수를 품고 부하들을 이끌고 아그리피나의 별장으로 쳐들어갔다. 아그리피나의 집에는 하인들이 모두 도망가고 그녀 홀로

안드레 캐스타인(Andre Castaigne)의 작품
네로의 정부가 된 포파에아는 옥타비아를 누르고 황후가 되려는 야심을 가지고 있었다. 그런데 자신의 야망을 실현시키는 데 있어 최고의 걸림돌은 옥타비아가 아니라 오히려 아그리피나였다. 결국 포파에아는 네로를 설득하였고, 59년 네로의 심복인 아니케토우스가 부하들을 이끌고 아그리피나가 있는 안토니아 궁전을 습격했다. 아그리피나를 발견한 병사들은 그대로 아그리피나를 칼로 찔렀고, 악녀 아그리피나는 그렇게 최후를 맞이했다.

어머니를 살해한 후 네로는 옥타비아까지 죽이기에 이른다. 특히 그가 아끼던 브루투스가 병사(病死)하자 그의 행동은 더욱 포악해지기 시작해 결국은 파국으로 치닫게 되었다. 그는 64년에 로마 대화재로 폐허가 된 땅 위에 화려한 황금 궁전을 세웠으며, 세네카, 루카누스를 포함한 측근들을 처형하기도 하였다.

램프가 켜진 어두컴컴한 방에 앉아 있었다. 아니케토우스와 부하들이 들이닥치자 그녀는 일어나서 "무례한 것들, 너희들은 뭣 때문에 왔느냐. 내 아들은 부모를 죽이는 일 따위는 하지 않아!" 라고 호통쳤다.

그러나 병사들은 아무 말 없이 그녀를 해치려했다. 먼저 그녀의 머리에 일격을 가했다. 아그리피나는 쓰러지면서 외쳤다 "배를 찔러라! 네로는 여기서 나왔으니까!"라고.

어머니의 시체가 옮겨지자 네로는 그녀의 옷을 모조리 벗기고 살을 만지면서 "아! 어머니의 몸은 어쩌면 이렇게 아름다울까"라고 했다는데, 수에토니우스(고대 로마 시대의 전기 작가)가 전하는 이 에피소드는 아무래도 그다지 사실성이 떨어지는 듯하다.

FREDEGONDE & BRUNEHAUT

6세기 유럽을 피로 물들였던 두 악녀가 있었다. 바로 프레데군트와 브룬힐트. 출신성분이 정 반대였던 두 나라의 왕비는 여인 특유의 원한 관계가 되어 피의 전쟁을 벌인다. 이 전쟁에서 브룬힐트의 남편 지게베르트 왕이 죽고, 프레데군트의 남편 힐페리히 왕은 아내의 손에 처참히 죽어간다. 그리고 세기의 악녀가 된 브룬힐트는 자신의 손자들까지 죽이는데……

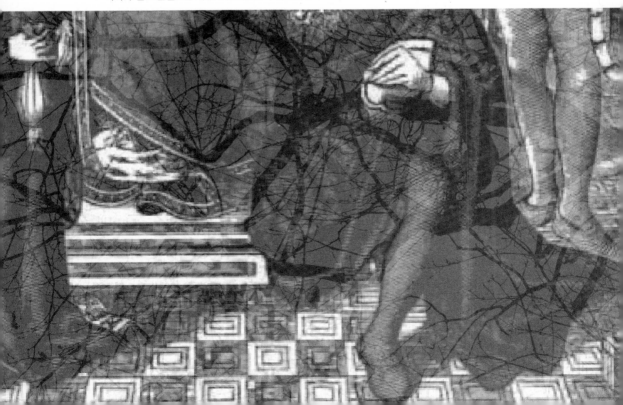

6세기의 소름끼치는 두 악녀

프레데군트&브룬힐트

투르(현 프랑스 남서부의 도시)의 주교 그레고리우스에 의해 16세기 말에 쓰여진 역사서 『프랑크사』에는 당시 유럽에서 패권을 다투고 있던 메로빙거 왕조의 왕실 내 골육상잔의 처참한 전쟁 모습이 극명하게 그려져 있다. 읽다보면 소름이 끼치는 듯하다.

이 격렬한 싸움의 주역은 아우스트라시아의 왕 지게베르트의 왕비 브룬힐트와 네우스트리아의 왕 힐페리히의 왕비 프레데군트라는 두 여인이다.

클로비스(Clovis, 465~511)
프랑크 왕국의 초대 국왕(재위 481~510)으로 메로빙거 왕조의 창시자이다. 네덜란드 남부의 잘리어족과 중부 라인란트 중류 지대의 리푸아리족이 결합한 부족 연맹체였던 프랑크족을 통합하여 프랑크 왕국을 수립하였고 로마 가톨릭으로 개종하여 로마 교황과 우호적인 관계를 가졌다.

메로빙거 왕조(Merovingian dynasty)

481년에서 751까지 이어진 프랑크 왕국 전반기를 지배한 왕조의 이름이다. 이 시대에는 왕이 자식들에게 왕국의 일부를 나누어 다스리게 하는 분국왕(分國王) 형태를 띠었는데, 특히 아우스트라시아의 왕비 브룬힐트와 네우스트리아의 왕비 힐페리히의 격한 대립으로 두 나라에 전국적인 혼란을 야기시켰다.

시녀 출신 프레데군트의 야심

6세기 후반의 유럽은 중세라고는 하지만 기독교가 막 뿌리를 내리기 시작할 무렵으로, 각지에 수도원이 하나둘 생기고 있었다. 그러나 메로빙거 왕가를 중심으로 한 게르만 사회는 야만스럽고 잔인하며 혼란스럽기 짝이 없었다.

죽은 왕의 아들들에게 왕국을 분할하는 관습으로 형제간의 끝없는 죽고 죽임과, 왕비나 애첩의 음모 등으로 추한 다툼이 끊임없이 일어나고 있었다. 또한 왕들은 호색하며 궁정은 마치 매춘 굴처럼 문란했다.

네우스트리아^(현재의 프랑스 북부)의 왕 힐페리히는 전형적인 프랑크족 군인으로 왕의 권력을 상징하는 금색 장발을 바람에 나부끼며 말을 타고 전장을 다니고 있었다. 이 힐페리히 왕의 왕비를 모시는 많은 시녀들 중에 프레데군트라는 도발적인 미녀가 있었는데, 일찍부터 왕은 그녀를 점찍어 두었다고 한다. 프레데

6세기 당시 중세 유럽은 폭력과 살인이 끊이지 않는 혼란스런 사회였다. 이런 상황 속에서 프랑크 왕국의 메로빙거 왕조가 세워졌다. 메로빙거 왕조의 창건자인 클로비스 왕은 다른 게르만족과는 달리 가톨릭교로 개종했고, 이교도를 교화한다는 명목으로 교회의 도움을 받아 주변 부족을 차례로 정복하였다.

군트는 크고 푸른 눈, 붉은 기가 도는 타는 듯한 금발과 완전히 성숙한 여인의 육체를 가진 여인으로, 신분이 낮은 시녀이기는 했지만 그 거만한 얼굴 모습에서 언젠가 왕비의 지위를 얻겠다는 생각으로 가득한 야심을 읽을 수 있었다.

네우스트리아의 왕 힐페리히와 왕비 프레데군트의 모습

565년 6월, 마침 왕이 작센인(색슨족)과 싸우기 위해 궁을 비운 사이에 왕비 오드베르가 딸을 낳았다. 왕의 여동생이 대모(카톨릭에서 영세를 받을 때 신앙의 증인으로 세우는 여자 후견인을 말함)가 돼 줄 예정이었는데 갑자기 병으로 쓰러졌기 때문에 대신할 대모를 찾지 못해 왕비가 곤란을 겪자 프레데군트가 자진해서 "왕비님, 궁정에는 왕비님보다 신분이 높은 분이 계시지 않습니다. 당신께서 몸소 대모가 되시면 됩니다."라고 말했다.

어리석은 왕비는 이 말을 듣고 아이를 안고 교회로 갔다. 그러나 프레데군트의 충언에는 교묘한 덫이 숨겨져 있었다. 중세 가톨릭의 규칙에는 어떤 아이의 대부 또는 대모가 되면 그 사람은 아이의 부모의 형제 또는 자매와 같은 관계가 되므로 당연히 아이 아버지는 대모와 결혼할 수 없게 되어 있었다. - 순진한 왕비를 감쪽같이 속인 프레데군트는 회심의 미소를 지었다.

이윽고 왕은 전쟁에서 돌아와 이 사실을 알고 바로 왕비를 쫓아내버렸다. 오드베르는 울면서 수아송 궁정을 떠나 갓 태어난 딸과 함께 망스의 수도원에 갇혔다. 파렴치하게도 왕비의 온기가 아직 남아 있는 침실에서 프레데군트는 승리의 쾌감을 맛보았다. 그대로 그녀는 왕 힐페리히의 애첩이 된 것이다.

그러나 프레데군트의 승리는 일 년 정도밖에 지속되지 않았다. 566년 봄에 새로운 장애물이 나타났기 때문이다. 순서대로 설명해 보자.

브룬힐트
567년 아우스트라시아 왕 지게베르트 1세와 결혼했다. 같은 해 그녀의 자매 갈스빈타가 프랑크족 영토의 서부 지역 왕인 지게베르트의 이복형제였던 힐페리히 1세와 결혼했는데, 살해당하자 브룬힐트는 지게베르트를 부추겨 보복하게 하였다. 이 때문에 두 왕국은 전쟁을 일으키게 되었고, 이 전쟁에서 지게베르트는 암살당하고 브룬힐트는 루앙에 유폐되는 신세가 된다.

서고트 왕국
- -
툴루즈 왕국이라고도 하며, 지금의 프랑스 남서부와 스페인 대부분의 지역에 걸쳐 있던 나라였다. 서고트 왕국의 왕인 유리크(Euric. 420~484)는 수도 툴루즈에서 형 테오도리크 2세를 암살한 뒤 왕위에 올랐다. 서고트족은 동부 게르만족의 두 분파 중의 하나로 이 민족은 로마 제국 후기 게르만 민족의 대이동시 중요한 역할을 하였다. 서고트족은 410년 로마를 침공해 함락시켜 거대한 왕국을 세웠다. 서로마 제국이 멸망한 이후에는 약 2세기 반에 걸쳐 서유럽에서 아주 중요한 역할을 하였다.

갈스빈타와의 갈등

힐페리히의 형 지게베르트는 아우스트라시아(라인강 중류 동북 언덕 지방)의 왕이었는데, 얼마 전 스페인에서 강대한 세력을 자랑하던 서고트 왕국의 왕인 아나타길트의 딸인 젊은 브룬힐트를 아내로 맞아 의기양양해 하고 있었다. 브룬힐트는 아름다운데다 막대한 지참금까지 있는 고귀한 왕녀였기 때문이다. 이 소식을 듣자 신분이 낮은 여인과 지내던 동생 힐페리히는 질투심과 분한 마음으로 가득 찼다. 자신도 어떻게든 브룬힐트 같은 아름다운 여자를 왕비로 삼고 싶었던 힐페리히는 몰래 서고트 왕국의 수도 톨레도로 특사를 보내 아나타길트에게 브룬힐트의 언니 갈스빈타를 아내로 줄 의향이 있는지 알아보게 하였다.

한편, 프레데군트는 힐페리히의 태도가 갑자기 냉랭해진 것을 즉시 알아차렸다. 지금까지 그녀의 육체에 빠져 포로가 돼 있던 왕이 갑자기 그녀에 대해 냉담해지고 난폭해지며 폭력을 휘두르고 지저분한 욕설을 하는 것이 아닌가! 그러는 사이에 교섭이 끝나고 서고트 왕국으로부터 신부가 오기로 결정되자 왕은 프레데군트를 멀리하고 더 이상 침실을 함께 하지 않았다.

사실 아나타길트는 힐페리히의 평판이 좋지 않았기 때문에 딸을 수와송 궁정으로 시집보내기를 오랫동안 주저했었다. 그러나 힐페리히의 동생 샤리벨이 죽고 그 영토의 일부가 힐페리히에게 귀속되자 네우스트리아 왕국이 갑자기 강대해져 이웃국가까지 위협하게 되었기 때문에 결혼을 허락하지 않을 수 없는 상황이었다. 이런 가운데 567년에 갈스빈타가 수와송 궁정으로 오게 된 것이다.

여동생 브룬힐트와 비교해서 갈스빈타는 외모가 상당히 떨어졌다. 눈과 머리카락이 검고 호박색 피부를 가진 그녀는 적어도 프랑크족의 미인 기준에서는 많이 벗어나 있었지만, 착하고 어진 성품을 가져 궁정의 모든 사람들로부터 사랑받았다. 다만 프레데군트만은 뱀처럼 음흉한 눈을 빛내며 어떻게든 왕비를 왕의 곁에서 떨어뜨리려고 기회를 엿보고 있었다. '저렇게 매력 없는 여인인 걸. 왕은 곧 그녀에게 질려버릴 게 틀림없어'라고 프레데군트는 생각했다.

생각대로 호색한 힐페리히는 얼마 안 가 조신한 왕비 갈스빈타에게 싫증을 내고 다시 시녀 프레데군트와 문란한 밤을 보낸다. 갈스빈타는 왕을 원망하며 자국으로 돌려보내 달라고 울며 호소했지만 서고트 왕국의 보복을 두려워한 왕이 이 청을 들어줄 리 만무했다. 기품 있는 왕비가 시녀 따위에게 무시당하며 사는 것은 참기 힘든 고통이었다.

살해하는 프레데군트와 피의 복수를 하는 브룬힐트

프레데군트
프레데군트는 군트의 왕 군트람, 지게베르트의 아들 힐데베르트 2세, 브룬힐트 등의 암살을 기도했다. 프레데군트는 가학증세를 보이고, 무자비하게 살인을 일삼을 정도로 잔혹했으며, 그 괴물스러운 면에서 타의 추종을 불허했다.

결국 왕비의 고통을 결말지을 날이 왔다. 프레데군트가 몰래 보낸 남자가 어느 날 밤 잠든 왕비의 목을 끈으로 졸라 죽인 것이다. 길고 검은 머리가 침상 위에 흩어지고 양손은 허공을 잡으며 경련을 일으킨 채 왕비는 죽어갔다. 이것이 최초의 범죄이다. 범행 후 프레데군트는 숙원을 이뤄 정식으로 힐페리히 왕의 아내로 왕비의 자리에 앉게 된다.

한편, 아우스트라시아의 수도 메츠에서는 언니가 무참히 살해당했다는 소식을 들은 브룬힐트가 아름다운 얼굴을 상기시키며 분노하고 있었다. 고트인의 용맹스러운 기질을 갖고 태어난 그녀는 남자처럼 씩씩하고 전투적이었다. 소심한 남편 지게베르트를 향해 그녀는 떨리는 목소리로 하소연했다.

"고트인 사이에서는 예부터 피가 피를 부른다는 말이 있습니다. 가족의 수치를 씻을 수 있는 길은 피뿐입니다. 수와송 궁정에서는 당신의 동생 힐페리히가 제 언니의 피로 물든 침대에서 천한 하녀와 즐기고 있습니다. 서고트 왕녀의 명예가 더럽혀졌습니다. 이 사태를 어떻게 잠자코 지켜볼 수 있습니까?"

지게베르트는 동생과 달리 거친 성품이 아니며 라틴어도 자유롭게 읽을 수 있을 정도로, 당시로서는 보기 드문 문화인이었다. 그런 만큼 우유부단한 면도 있었지만, 깊이 사랑하는 아내 브룬힐트가 이렇게 눈물을 흘리며 호소하는 것을 보니 결심하지 않을 수 없었다. 역사상 이름 높은 브룬힐트의 '피의 복수'가 이렇게 선언되고 두 왕비는 이때부터 영원한 원수로서 대립하게 되었다.

574년, 두 형제 사이에 전쟁이 벌어졌다. 지게베르트가 이끄는 게르만군의 정예 부대는 여기사 브룬힐트를 선두로 태풍처럼 네우스트리아를 점령했다. 네우스트리아군의 완패였다. 힐페리히의 장남 테오데베르트는 샤랑트 전투에서 허망하게 전사했으며, 프레데군트도 왕과 함께 벨기에 지방의 투르네로 피신하였다. 그러나 이 마을도 머지않아 적군의 포위 공격을 받게 된다.

곤궁에 빠진 프레데군트의 계략

곤궁에 빠진 프레데군트는 한 가지 묘안을 떠올렸다. 항상 막다른 곳에 몰리면 묘한 꾀가 생각나게 마련이다. 남편 힐페리히는 요즘 들어 부쩍 소심해져 성당에서 기도나 하고 있었다. 그녀는 야무지지 못한 남편을 참을 수가 없었다. 결국 '저 사람이 아무런 손을 쓰지 않는다면 내가 할 테다'라는 생각에 이르게 된다.

계략은 이랬다. 전부터 왕비에게 마음이 있는 두 사람의 젊은이에게 흥분제가 든 술을 가득 마시게 하고, 어느 정도 시간이 지나 정신착란을 일으키자 독을 바른 단검을

여전사 브룬힐트
브룬힐트는 정예부대를 이끌고 네우스트리아를 침공하게 된다. 이때 네우스트리아군은 완패하고, 힐페리히의 장남 테오데베르트가 샤랑트 전투에서 허망하게 전사하고 만다. 프레데군트는 왕과 함께 벨기에 지방의 투르네로 피신한다.

건네주며 "이 단검을 가지고 한시 빨리 비토리라는 마을로 가서 적국의 왕 지게베르트를 찌르고 오너라. 왕의 피가 묻은 단검을 가지고 먼저 내 앞으로 돌아온 사람이 이기는 것이다"라고 말했다. 혈기왕성한 젊은이에게 미인계를 써서 위험한 일을 부추긴 것이다.

두 자객은 앞다투어 네우스트리아 국경 부근에 있는 비토리에 이르렀다. 그리고 승리의 기분에 들떠 있는 왕의 진영에 어렵지 않게 잠입했다. 발소리를 죽여 왕 옆에 다가가 좌우에서 독이 든 단검을 꺼내 왕의 옆구리를 깊이 찔렀다. 피가 흘러 나와 주변은 피투성이가 되고 왕은 공포로 소리를 질렀다. 그 순간 비명을 듣고 달려온 호위병들에 의해 두 젊은이는 잡히고 그 자리에서 죽임을 당하고 말았다. 이렇게 해서 프레데군트는 지게베르트 왕을 간단히 제거해 버렸다.

지게베르트가 암살되자 전세는 완전히 역전됐다. 프레데군트의 계획이 들어맞은 것이다. 왕을 잃은 아우스트라시아군은 대혼란에 빠졌으며 점령한 마을들을 포기하고 다시 라인강 연안 근거지로 물러났다.

파리에 머무르고 있던 브룬

프레데군트는 지게베르트를 암살하기 위한 계획을 짠다. 전부터 가까이 지내던 두 젊은이에게 독을 바른 단검을 건네주며 지게베르트를 찌르고 오라는 지시를 한 것이다. 결국 지게베르트 왕은 독이 묻은 단검에 찔려 세상을 떠나고 만다.

힐트 역시 압도적인 적의 대군에게 포위되는 처지가 됐다. 그러나 자존심이 강한 그녀는 남편을 잃어도 쓸데없는 책략을 쓰거나 하지는 않았다. 갓 태어난 왕자 힐데베르트를 충신 뤼퓌스에게 맡기고 후방 진영으로 내려가 홀로 성 안 왕좌에 앉아서 침착하게 적이 오기를 기다렸다.

갑옷과 투구 소리를 내며 그녀의 눈앞에 먼저 나타난 것은 죽은 남편의 동생 힐페리히와 그의 젊은 아들 메로베(힐페리히의 첫 번째 아내 오드베르의 자식)였다.

"당신이 브룬힐트?" 힐페리히가 거만하게 말을 걸었다.

"전쟁에 진 주제에 잘난 척 의자에 몸을 기대고 있다니 대단한 배짱이군. 하지만 당신의 왕국은 이미 멸망했어. 당신은 이제 여왕이 아니야."

"내 사랑하는 남편을 죽인 힐페리히 왕이여" 브룬힐트는 태연하게 말을 이었다.

"나는 전쟁에 졌습니다. 하지만 여전히 아우스트라시아의 여왕이죠. 왜냐하면 왕국은 아직 멸망하지 않았으니까."

"무슨 바보 같은 소리. 당신도 당신의 아들도 우리의 포로가 아닌가. 왕국은 이미 멸망한 것이나 마찬가지야!"

그때 브룬힐트의 입술에 이를 비웃는 듯한 웃음이 스쳐지나갔다.

"힐페리히 왕이여, 당신은 아십니까? 내 아들은 그쪽 성안에는 없답니다. 당신들의 군대가 오기 전에 파리를 탈출해서 지금쯤 모젤 강변의 메츠성으로 무사히 돌아갔을 거예요. 그러니 나는 여전히 아우스트라시아의 섭정 여왕이죠."

힐페리히는 분을 참으며 아무 말도 못했다.

메로베와 브룬힐트의 로망스

사실 프랑크 왕족과 혈연관계가 없는 브룬힐트를 죽인다한들 큰 의미가 없었다. 꼭 죽여야 할 상대는 왕위 계승자인 그녀의 아들이었지만 이미 멀리 도망가버렸다. 생각할수록 힐페리히는 화가 끓어올랐다. 두 나라의 왕관을 손에 넣겠다는 바람은 이렇게 끝나버렸다.

물론 잔인한 왕비 프레데군트는 포로가 된 브룬힐트의 처형을 강력히 주장했다. 여왕끼리의 라이벌 의식은 굉장해 서로 간에 증오가 끓어오르고 있었던 것이다. 어떻게든 한쪽이 다른 쪽을 죽이지 않으면 수습될 것 같지 않았다. 이때 생각지 못한 사태가 발생한다. 힐페리히와 아들 메로베가 뜻밖에도 적국의 여왕 브룬힐트를 비호하는 입장이 된 것이다.

아름다운 여인은 어떤 경우에도 유리한 법이다. 지금까지 악랄한 아내 프레데군트에게 시달려 온 힐페리히는 잘만 하면 아름답고 고귀한 브룬힐트와 다시 결혼하고 두 나라를 하나로 결합해서 통일왕국을 만들어 볼 수 있다는 원대한 꿈에 사로잡히기 시작했다. 한편, 아들 메로베는 첫눈에 숙모인 적국 여왕에게 홀딱 반해버려 그녀를 위해서라면 목숨을 바칠 수 있다고까지 생각하게 됐다.

이렇게 해서 젊은 메로베와 브룬힐트와의 비극적인 로맨스가 시작된다.

우선 메로베는 아버지에게 말해서 브룬힐트를 루앙에 있는 수도원에 보내도록 하였다. 파리의 성에 두면 언제 프레데군트의 손에 죽게 될지 알 수 없었기 때문이었다. 아버지도 아들의 의견에 찬성했다. 허를 찔린 프레데군트는 분노를 참지 못했다. 그러나 아무리 분하고 억울해도 때는 이미 늦었다.

한편, 브룬힐트가 출발한 직후 메로베도 그녀를 뒤쫓았다. 아들에게 속은 것을 안 아버지는 노발대발했다. 프레데군트는 그런 남편에게 조소를 보냈다.

도망친 두 사람은 루앙에서 합류하여 주교 프레테쿠스타의 입회하에 간략한 결혼식을 올렸다. 그 후 유명한 성자 그레고리우스가 살고 있는 투르의 수도원으로 가서 거기에 잠시 숨어 있기로 한다. 신성한 수도원 안에 있으면 누구로부터도 해를 입을 염려가 없기 때문이었다. 그러나 두 사람의 행복도 순간이었다.

아버지 힐페리히가 간계를 부려 아들을 투르의 수도원으로부터 유인해 내어 머리를 깎이고 사원에 감금시켜버린 것이다. 삭발은 폐위의 표시였다.

브룬힐트는 다시 루앙으로 옮겨졌으나 충신 뤼퓨스의 도움으로 탈출하여 그녀의 아들이 있는 모젤 강변의 메츠성으로 피신할 수 있었다. 다시 아들의 얼굴을 보게 된 그녀는 이제 어린 애인 따위는 잊어버리고 그녀를 한결같이 숭배하고 있는 충신 뤼퓨스 백작과 함께 숙적 프레데군트를 타도할 계획을 짜게 된다.

그레고리우스(Gregorius de Tours, 538~594)
프랑크 왕국의 성직자이자 역사가로 573년 투르의 주교가 되었다. 당시 복잡한 정치 상황 속에서 수많은 정치사건 및 왕과의 공개논쟁에 적극 참여했으며 당시 사람들이 문필(文筆)을 소홀히 하는 것을 안타깝게 여겨 종교적 저술에 힘썼다. 그의 유명한 저서인 『프랑크 제왕의 역사』는 6세기 프랑크와 로마를 이해하는 데 중요한 자료이다. 또한 중세 초기 사회, 특히 메로빙거 왕조를 이해하는 데에 귀중한 문헌이다. 그 외 『교부들의 생애』, 기적에 관한 7권의 책, 시편 주석 등을 썼다.

프레데군트의 피의 학살

메로베의 말로는 참으로 비참했다. 헤어진 연인의 뒤를 쫓아 필사적으로 사원을 탈출해서 머나먼 메츠성 아래까지 왔지만 이미 브룬힐트는 백작 뤼퓨스와 다정한 사이가 돼 만날 수도 없었다. 절망해서 다시 투르로 돌아오자 아버지의 부하에게 발각되어 감옥에 갇힌다. 감옥 안에서 그는 같이 있던 하인에게 자신의 목을 찌르게 하여 결국 자살하고 만다.

메로베의 죽음을 시작으로 무시무시한 살육이 잇따라 일어난다. 이는 모두 왕비 프레데군트의 소행으로 그녀는 이런 식으로 자신의 방해물을 차례차례 제거해갔다.

먼저 힐페리히와 오드베르 사이에 낳은 아들 메로베의 동생인 클로비스를 파리에서 가까운 시에르의 감옥에서 죽이고 시체는 마른강(현 프랑스 파리를 흐르는 강)에 던져버린다.

다음으로 프레데군트가 노린 것은 옛 왕비인 오드베르였다. 그녀는 왕비의 지위를 빼앗긴 후 망스의 수도원에서 근근이 살고 있었는데, 581년 마침내 죽음을 맞이한다. 그리고 불길한 클로비스의 아내도 화형시켜버린다.

다음 희생자는 루앙의 주교 프레테쿠스타였다. 그는 메로베와 브룬힐트의 결혼식에 입회해 프레데군트의 원한을 샀기 때문이다. 주교는 교회 안에서 처형되고 만다.

마지막 희생자는 남편 힐페리히였다. 남편으로 인해

루앙
프랑스 북서부에 있는 오래된 상공업 도시로 파리 북서쪽으로 약 100km 떨어진 센강 하구에 위치하고 있다. 예로부터 노르망디 지방의 중심지로 로마 시대부터 있었던 역사적 도시이며, 오랫동안 영국과 프랑스 사이의 분쟁지였다. 성당들이 많아 성당의 도시로 유명하며 잔다르크가 화형에 처해진 곳으로 알려져 있다.

몇 번이나 고배를 마신 그녀는 이전부터 그를 깊이 증오해 언젠가 죽여버리겠다고 생각했다. 584년 9월, 사냥에서 돌아온 왕은 목이 말라 한 잔의 포도주를 받아 마셨다. 그리고 그날 밤 쓰러져 죽는다. 포도주 안에 독약이 들어 있었던 것이다.

결국 그녀로 인해 죽은 사람은 최초의 희생자 갈스빈타를 비롯해 남녀를 모두 합하여 7명에 이른다. 역사상 유례를 찾기 힘든 악녀라 할 수 있을 것이다.

왕을 죽인 후 프레데군트는 드디어 염원하던 절대 권력을 손에 쥐었다. 그녀에게도 아이는 있었지만 첫째와 둘째가 천연두로 죽었기 때문에 남은 아이는 태어난 지 불과 수개월에 지나지 않는 아기였다.

그러나 집념어린 두 왕비 사이의 다툼은 그 후에도 십 수 년간 계속 이어진다. 프레데군트는 가끔 메츠의 궁정에 자객을 보내 숙명의 라이벌을 쓰러뜨리려 하지만 좀처럼 성공하지 못했다. 두 여왕은 이미 미색이 빛을 바랜 50대에 접어들었지만 서로 간의 증오만큼은 조금도 사라지지 않은 상태였다. 여인의 집념이란 실로 무서운 것이다.

프레데군트와 브룬힐트의 최후의 대결

596년에 브룬힐트의 아들 실데베르트가 26세로 죽자, 즉시 그녀는 손자를 옹립하고 스스로 후견인의 지위에 앉았다. 이 기회를 이용해서 프레데군트는 파리에 맹렬한 공격을 가해 곧 이 마을을 함락시켰다. 아들의 장례식이 끝난 지 얼마 지나지 않아 브룬힐트는 전장으로 달려가야 했다.

브룬힐트의 곁에는 항상 충실한 그녀의 연인 뤼퓨스 백작이 말을 타고 그림자처럼 따르고 있었다. 이에 반해 프레데군트는 항상 고독했다. 그녀의 황폐한 마음에는 증오와 잔인함만이 있는 것 같았다.

양쪽 군대는 수와송 지방과 아우스트라시아의 국경인 라트파오에서 정면 충돌했다.

이제야말로 승부를 가릴 때가 왔다. 두 왕비는 각각 옷 위에 갑옷을 껴입고 반백이 된 머리에 투구를 쓰고 있었다. 프레데군트 뒤에는 아들 클로타르가, 브룬힐트 뒤에는 두 손자가 각각 말을 타고 대기했다.

격렬한 전투 끝에 마침내 네우스트리아군이 대승을 거두었다. 뤼퓨스 백작은 전사하고 브룬힐트는 말을 타고 필사적으로 도망쳤다. 언덕 위에서 프레데군트는 긴 머리를 바람에 흩날리며 도주하는 브룬힐트의 모습을 바라보고 있었다.

"빨리 쫓아가서 잡아라! 놓치면 용서하지 않겠다!"라고 미친 듯이 절규했다.

"생포하거라, 알겠느냐? 생포해야……"

말을 하는 도중에 그녀는 심하게 기침을 했다. 안장 위에서 고통스럽게 몸을 굽히며 겨우 호흡을 진정시켰다. 입가로 붉은 피가 흘러나왔다. 프레데군트는 당시 폐렴이 상당히 진행된 상태였다.

전쟁의 승리를 자축할 틈도 없이 프레데군트는 그대로 병상에 누워 일 년 후에 숨을 거둔다. 그녀의 유해는 파리의 낡은 성 빈센트 사원에 쓸쓸히 묻혔다.

뒷이야기를 덧붙여 보자.

프레데군트가 죽은 후에도 브룬힐트의 증오는 사라지지 않았다. 프레데군트의 아들 클로타르 2세가 이번에는 그녀의 새로운 공격 목표가 되었다. 쌍방의 싸움은 17년간 지속돼 613년까지 이어졌다.

라이벌의 죽음과 함께 브룬힐트도 추한 잔혹함을 발휘하기 시작했다. 자신의 권력을 지키기 위해 죄악에 죄악을 거듭해 손자와 증손자를 몇 명이나 죽였다.

마침내 그녀의 영내에 있는 귀족들이 반역을 일으켜 외국에서 온 늙은 왕비를 사로잡아 적국 클로타르 2세의 손에 넘겨주고 만다. 이때 브룬힐트의 나이는 이미 80세가 됐다.

클로타르 2세는 자신의 어머니와 닮아 잔인하기 짝이 없었다. 어머니의 원수인 80세의 노

말에 사지가 묶여 갈기갈기 찢긴 채 최후를 맞는 브룬힐트

파를 그는 3일 동안 고문으로 괴롭힌 후에 말 꼬리에 묶어 말을 질주하게 하였다. 이때 브룬힐트는 오체가 갈기갈기 찢겨 죽었다고 한다.

서고트 왕가의 왕녀로 일세의 미모와 기품, 그리고 용기로 칭송받던 그녀도 미친 듯이 날뛰는 사나운 말에게 끌려 다니며 말발굽에 밟혀 갈기갈기 찢긴 피투성이가 된 채 비참하게 죽어갔다.

Lucrezia

Elizabeth

Marie

Catherine

15~16세기에
악명을 떨친
악녀들

CHAPTER 02

LUCREZIA

　　근대를 앞두고 있던 15~16세기, 가톨릭 교황청이 있던 이탈리아에서 원인 모를 독살 사건이 유행처럼 번져가고 있었다. 그 중심에는 보르자 가문이 있었으며, 이 가문의 아름다운 딸 루크레치아는 늘 독살 사건의 중심에 있었다. 그녀와 결혼했던 남자들은 하나같이 독살에 의해 죽음을 맞이한다.

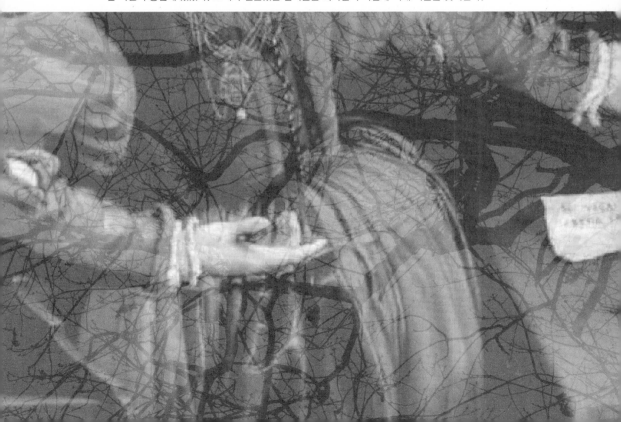

음란한 악녀

루크레치아 보르자

프랑스 영화를 좋아하는 독자라면, 명장 크리스티앙 자크 감독의 '보르자 가(家)의 독약'이라는 영화를 기억할 것이다. 이는 뛰어난 색감에 화려한 스펙터클을 자랑하는 영화로 필자의 기억에 선명히 남아 있다.

영화 속에서 폭군 체사레 보르자 역을 맡은 배우는 스페인의 명배우 페드로 아르멘달리스였다. 그의 여동생 루크레치아 역을 맡은 배우는 필자가 좋아하는 프랑스 여배우 마르틴 캐롤이었다. 이 영화에서 인상에 가장 깊이 남아 있는 장면은 뭐니 뭐니 해도 떠들썩한 로마의 카니발이 열리던 밤의 한 장면일 것이다. 거기서 창녀 루크레치아는 긴 망토를 살짝 걸치고 보라색 빌로드 가면으로 얼굴을 숨긴 채 보석이 박힌 호신용 칼을 차고 등장한다. 그녀가 욕정을 삭이지 못하고 남정네를 찾아 밤거리를 헤매는 장면은 가히 절정이라 할 만큼 아름답다.

음란한 보르자 가문

루크레치아 보르자의 음란성은 그녀의 오빠인 체사레 보르자의 잔혹성과 함께 예로부터 소설로 다뤄지는 주제로 유명하다. 그러나 과연 루크레치아가 창녀였는지에 관해 확실한 근거는 없는 상황이다. 오히려 최근의 학설에 따르면 이는 의심스러운 점이 많은 부분이기도 하다. 하지만 영화에도 나오는 이런 은밀한 밤 문화는 당시 이탈리아 귀족들 사이에 자주 벌어지던 일이었다.

체사레 보르자

체사레 보르자는 교황 알렉산더 6세와 그의 정부 사이에서 태어난 인물로 4명의 자녀 중에서 장남이었으나, 알렉산더 6세의 전체 아들 중에서는 둘째였다. 당시 둘째 아들은 성직자가 되는 것이 관례였기 때문에 체사레도 성직자가 되기 위한 교육을 받았다. 체사레 보르자는 이탈리아에서 태어났고 생애의 대부분을 이탈리아에서 보냈으며, 아버지를 등에 업고 교황군 총사령관이 된 그는 로마 일대를 정복해 가면서 이탈리아 통일을 꿈꾸다 31세의 나이로 죽는다.

오빠인 체사레도 종종 한밤중에 가면을 쓰고 호위병을 따라 마치 피에 굶주린 늑대인양 로마의 밤거리를 배회했다고 한다. 유명한 역사가 '부르크하르트'에 따르면, 당시 귀족들이 가면을 쓰고 밤거리를 배회한 이유가 단순히 민중들에게 얼굴을 들키지 않기 위해서일 뿐만 아니라 미치광이와 같은 살인욕, 독살의 유혹을 만족시키기 위함이기도 했다고 한다.

보르자 일가가 로마의 바티칸 궁에 군림하던 시대는 미술 역사학적으로 '콰트로첸토(Quattrocento, 1400년대. 즉, 15세기를 통칭하는 말)'에서부터 '친퀘첸토(Cinquecento, 1500년대. 즉, 16세기를 통칭하는 말)'에 이르는 과도기이며, 르네상스가 가장 화려한 시기를 맞이하려던 때였다.

또 당시는 퇴폐적인 분위기가 이탈리아 전체를 뒤덮었던 시대였다. 그 유명한 보카치오(Boccaccio)의 『데카메론』을 비롯하여 폿지오의 『골계집』, 로렌초 발라의 『쾌락론』, 안토니오 베카델리의 『헤르마프로디투스』 등 관능적 쾌락을

바티칸 궁전
바티칸 궁 또는 교황 궁으로 불리며, 성 베드로 대성당의 오른쪽에 있는 건물들의 집합체이다. 이곳은 교황이 직접 거주하고 집무를 보는 곳으로 세계에서 가장 거대하고 화려한 궁전 중 하나이다. 로마교황청(Curia Romana)이라고 도 하며, 전 세계의 가톨릭 신도를 다스리는 기구이기도 하다.

그린 작품들이 발표된 시기가 바로 이때였으며, 이 시대에는 궁정의 누구 할 것 없이 앞 다퉈 이런 책들을 읽었다.

뛰어난 인문학자인 발라는 『쾌락론』에서 처녀성이란 자연에 반하는 것이 며, 언제까지나 처녀성을 지킨다는 것은 부도덕하고, 이는 곧 죄악이라는 극 단적인 이론을 당당히 주장하기도 했다. 뿐만 아니라 기인이었던 베카델리도 이 서적을 일종의 에로틱 성 가이드북으로 여길 정도였다.

이런 종류의 책들이 귀족 사회에 널리 읽힌 것을 생각하면 당시에는 창녀 들과의 교제가 왕성했음을 쉽게 상상할 수 있다. 당시 재색을 겸비한 것으로

발라(Lorenzo Valla, 1407~1457)
르네상스기 이탈리아의 인문학자이자, 철학자, 언어학자로 언어문헌학(言語文獻學) 방법의 확립자이다. 평생을 주변에 적대감을 받으면서도 기성 학문에 대한 가식 없는 비판과 로마법학자의 방법과 언어를 비판하였다. 또한, 스콜라 철학자들의 논리를 비판하고, 에피쿠로스의 쾌락주의를 긍정했다. 그의 저서로는 『쾌락론』, 『라틴어 우미론(優美論)』 등이 있다.

유명했던 창녀 임페리아가 26세의 나이에 요절했을 때 로마 전체에서 성대한 장례식이 치러졌다. 산타그레고리아 성당에는 그녀의 무덤까지 멋지게 지어질 정도였다. 이처럼 이 시대의 창녀는 귀부인과 같이 수준 높은 교양을 갖추고 귀족 사회에 자유롭게 출입했음을 짐작할 수 있다.

이런 시대적 배경을 차근히 따져 보지 않으면 그 전설적인 보르자 가에 관련된 악덕이나 잔학 행위, 독살이나 배반, 그리고 권력욕 등에 대해 좀처럼 이해하기 힘들다. 지금의 기준으로 그 시대의 풍속이나 도덕적인 가치관을 판단하는 것은 매우 위험한 행동이다.

실제 르네상스 시대 사람들의 가치관을 현대의 도덕적 기준에 비춰 본다면, 그들은 모두 부도덕하기 짝이 없는 괴물로밖에 보이지 않을 것이다. 하지만 당시의 가치관 기준에서 볼 때 그들은 모두 일반인에 지나지 않는 평범한 사람들일 뿐이다.

그 당시 피렌쭈올라(르네상스 시대 이탈리아의 수도사, 문인)라는 작가가 쓴 『여성의 미에 대한 담화』라는 책이 있다. 이 책은 여인의 신체적 아름다움에 대해 자세히 논한 것으로, 당시 사람들이 내면의 미, 영혼의 미보다 외적인 아름다움인 육체의 미에 더 열중하고 있었음을 보여 준다. 이런 의미에서 르네상스기의 특징 중의 하나는 영혼에 대한 도덕적 불감증의 시대라고도 할 수 있다.

많은 역사가들이 보르자 가문이 극악무도하다고 주장한다. 그런 가운데 로든 브라운이라는 사람이 한 말은 매우 의미 있게 다가온다. 그는 "역사가들이

15, 16세기의 파렴치함을 묘사하기 위해 보르자 가문을 캔버스로 사용했다"고 주장한다.

즉, 보르자 가문의 사람들은 '역사'라는 한 장의 거대한 캔버스 위에 당시의 도덕적 퇴폐상을 원색의 격렬한 터치로 칠했으며, 이들이야말로 시대를 대표하여 도덕적 타락을 적나라하게 표현한 사람들이라는 것이다.

루크레치아 보르자의 혈통

그럼 여기서 루크레치아 보르자의 혈통을 살펴보자.

보르자 가의 계보는 11세기부터 시작되었으며, 그들의 선조는 스페인 아라곤 왕가의 혈통이 탄생한 발렌시아 지방의 명가였다. 이 명가에서 두 명의 로마교황이 배출되기도 하였다. 한 사람은 알폰소 보르자로 불리는 교황 카리스투스 3세이며, 또 한 사람은 그 조카인 로드리고 란투르 이 보르자, 즉 후의 교황 알렉산더 6세이다.

그리고 체사레와 루크레치아 남매는 이 알렉산더 6세가 취한 첩의 자식이었다. 즉, 이 일가의 선조들은 본래 스페인 태생이었으나, 로마의 바티칸 궁을 호령하는 지상 최고의 영예로운 지위까지 올랐던 것이다.

이 남매의 어머니는 반노짜라 불리는 로

교황 알렉산더 6세

교황 알렉산더 6세의 모습이 담긴 벽화
보르쟈(Borgia) 가(家)의 교황 알렉산더 6세와 그의 아름다운 애인의 모습이 담긴 벽화로서 이를 통해 교황 알렉산더 6세가 문란한 성생활을 했다는 사실을 짐작할 수 있다.

마 출신의 신분이 낮은 여인이었다. 아버지 로드리고가 아직 추기경이었을 때 그녀와 관계를 갖고 세 명의 아이를 낳았지만 후에는 다른 남자와 결혼했다. 그 외는 거의 알려진 것이 없다.

로마교황이나 되는 사람이 젊은 시절 몰래 정부를 두고 있었다면 이상하게 생각하는 사람이 많을 것이다. 그런데 르네상스 시대 당시 교황청 내의 이교주의적(異教主義的), 자유주의적 분위기는 참으로 놀라울 정도였다. 당시 교황이 바티칸 궁내에 악사나 예술가, 배우나 창녀 등을 모아놓고 화려한 연회를 벌이는 일은 예사로 일어났다.

남매의 아버지인 알렉산더 6세는 돈으로 교황 자리를 산 것으로 알려져 있을 정도로 역사상 1, 2위를 다투는 악명 높은 교황이었다. 실제로 권력욕이 강해 아들 체사레와 손잡고 얼마나 많은 적을 독살했는지 헤아릴 수 없을 정도다.

그 딸로 태어난 것이 루크레치아(1479년 4월 19일생)다. 그녀에게는 두 명의 오빠가 있었는데, 위가 조반니 보르쟈(1474년생), 아래가 체사레 보르쟈(1476년생)였다.

보르자 가문은 보기 드물게 인물이 좋은 집안이었다. 오빠인 체사레는 아름다운 적갈색 곱슬머리와 단정한 이마, 날카로운 콧날을 지닌 훤칠하고 당당한 풍채를 과시했다. 여동생인 루크레치아 역시 허리까지 내려오는 탐스러운 금발과 푸른 눈, 관능적인 입술을 가진 전형적인 라틴 여인의 고전적 아름다움을 한 몸에 지니고 있었다.

루크레치아의 결혼

루크레치아가 처음 결혼한 것은 14살 때이다. 상대는 밀라노 스포르차 가의 후계자로 페사로의 영주인 조반니라는 청년이었다. 물론 이 결혼은 밀라노와 로마와의 동맹을 도모하기 위한 정략결혼으로 그녀는 아버지의 명령에 따랐을 뿐이다.

결혼식은 1493년 6월 12일 바티칸 궁에서 성대하게 거행돼 식장에는 열 명의 추기경과 귀부인, 귀족, 그 외 페라라, 베니스, 프랑스 등 각국 사절들이 참석했다. 성악과 기악의 합주, 선정적인 공연 등이 열렸으며 무도회나 연회가 다음 날 아침까지 계속되었다고 하니 대단한 예식이었음을 알 수 있다. 바티칸 궁이라 하면 신성한 로마 가톨릭의 중심지이며, 대대로 교황의 거처였던 곳이다. 그런 곳에서 이런 가무가 벌어진 것조차 전대미문의 사건이었다. 이때부터 보르자 가의 상식을 벗어난 음란, 방자, 사치성 스캔들은 사람들 입에 오르내리기 시작했다.

그러나 첫 결혼은 어린 신부 루크레치아에게 있어 불행한 결혼이었다. 그도 그럴 것이 어린 남편이 성적으로 병약해, 소문에 의하면 결혼 생활에 지장을 줄 정도로 성기능 장애를 앓고 있었다고 한다.

바르톨로메오 베네토 작 · 루크레치아의 초상
교황 가문의 딸이었던 루크레치아는 훗날 르네상스 시대 교황들의 냉혹한 마키아벨리주의 정치와 성적 타락의 전형으로 묘사되는 인물이다. 따라서 루크레치아가 등장하는 수많은 미술품과 영화 등이 존재한다. 그러나 이 중 바르톨로메오 다 베네토의 초상화와 같은 몇몇 그림이 루크레치아를 묘사한 것이라는 소문이 있지만, 확실한 것은 아니며 다만 추측일 뿐이다.

결혼 후 몇 년 뒤 이상한 일이 일어났다.

어느 날 밤 그녀의 남편 조반니가 평소 애용하던 말을 타고 잠깐 오누홀 교회까지 산책을 다녀오겠다고 나간 뒤, 두 번 다시 로마로 돌아오지 않은 것이다. 그는 그대로 로마 시내를 벗어나 곧바로 북쪽을 향해 달리더니 자신의 영지인 페사로까지 가버린 것이다.

이 사건은 불가사의한 일로 여겨지면서 곧 여러 소문이 돌기 시작했다. 그 중 하나를 소개하면 다음과 같다.

어느 날 밤 루크레치아가 남편의 하인 쟈코미노라는 남자와 함께 자기 방에 있는데, 누군가가 문을 두드렸다.

레오나르도 다빈치 작 · 루크레치아 보르자

쟈코미노는 당황하며 루크레치아의 명으로 커튼 뒤로 숨었다. 문을 열자 들어온 것은 오빠 체사레였고, 그는 그녀에게 남편을 죽이라고 명령했다. 루크레치아는 오빠의 명령을 듣는 척 하다가 오빠가 떠나자 몰래 쟈코미노를 남편 방으로 보내, 빨리 로마를 떠나지 않으면 생명이 위험하다고 알려준다.

이에 조반니는 매우 당황하며 있는 힘껏 말을 달려 페사로의 영지에 도착함으로써 간신히 목숨을 구했다는 것이다.

만약 이 소문이 사실이라면 루크레치아는 병약한 남편의 눈을 피해 남편의 하인과 자기 방에서 부정을 저지르고 있었던 셈이다. 또, 남편은 남편대로 부정한 아내의 도움으로 유명한 '보르자 가의 독약'의 희생자가 되는 것을 간신히 피한 셈이 된다.

칸타렐라

칸타렐라란 보르자 가 사람들이 아주 독특한 방법으로 조합해서 만든 그들만의 독약이다. 예로부터 독의 성분인 프토마인(Ptomain : 육류의 부패에 의하여 생기는 유독성 분해물)은 오로지 두꺼비의 폐에서만 채취했는데, 보르자 가 사람들이 원료로 사용한 것은 돼지를 거꾸로 매단 뒤 때려서 죽여 그 내장에 아비산을 첨가한 것인 듯한데, 이것을 부패시켜 건조하거나 액체로 해서 정제한 것을 말한다. 이 독약은 신속하게 생명을 잃게도 하지만 아주 서서히 장기간에 걸쳐 목숨을 잃게 하는 경우도 있었다. 그들이 중세 이후의 독물학 지식을 풍부하게 갖고 있었다는 것은 '보르자 가의 독약'이라고 불려질 정도로 유명한 이 독특한 칸타렐라라는 독약만 봐도 의심할 여지가 없는 것 같다.

보르자 가의 집 벽화 속의 루크레치아
벽화 속에 그려진 루크레치아의 모습을 보면, 그녀가 허리까지 내려오는 탐스럽고 치렁치렁한 금발과 푸른 눈, 관능적인 입술을 가진 전형적인 라틴 여인의 고전적 아름다움을 한몸에 지니고 있었다는 것을 알 수 있다.

보르자 가의 독약

그런데 그토록 사람들이 두려워하던 보르자 가의 독약이란 어떤 것일까? 이에 대해서는 확실한 것이 아무것도 없다. 전해오는 말에 따르면 그 독약은 '칸타렐라'라 불리며 눈처럼 희고 맛좋은 가루약으로, 대개는 장기간에 걸쳐 서서히 효력을 발휘한다고 한다.

독살자는 반지의 보석 안에 가루를 숨겼다가 상대가 방심한 틈을 타 상대의 음료수에 가루를 뿌린다. 체사레도 루크레치아도 이런 기술에 있어서는 매우 숙련돼 있었던 것 같다.

루크레치아가 밤마다 남자를 구하러 로마 거리를 헤매고 다녔다는 이야기 이면에는, 이같이 불행했던 그녀의 결혼 생활이 있었던 것이다. 말하자면 그녀야말로 강제적 정략결혼의 희생자였다.

설령 그녀의 방탕이 사실이었던들 누가 이를 비난할 수 있겠는가. 보르자가에 대한 사람들의 또 다른 비난은 부모와 자식, 남매간의 근친상간에 관한 것이었다. 즉, 아버지 알렉산더 6세나 큰 오빠 조반니(간디아공으로 불렸다), 작은 오빠 체사레 모두 루크레치아에 대해 도덕에 어긋나는 사랑을 느껴 셋이 암암리에 서로를 질투하고 있었다는 것이다.

의문의 죽음을 당하는 루크레치아의 남자들

그리고 이런 억측을 낳은 원인 중 하나는 간디아공의 기이한 죽음에 있었다. 1497년 6월, 체사레와 간디아공 형제가 나폴리로 출진하기 전날 밤, 어머니 반노짜는 트라스테벨레에 있는 크고 호화로운 별장에 둘을 불러 많은 친지, 지인과 함께 송별회를 열었다.

연회가 끝난 것은 한밤중으로 두 형제는 하인을 데리고 밤길을 따라 로마로 돌아오려 했지만 문득 형인 간디아공이 말을 멈추고 "난 잠깐 여인 집에 들렀다 갈테니 너 먼저 가라"며 체사레에게 말했다.

그래서 체사레 혼자 돌아오게 되었는데, 다음 날이 돼도 형인 간디아공의 모습은 보이지 않았다. 이윽고 그의 말만이 거리에서 발견되고 그가 데리고 있던 유일한 하인은 중상을 입은 모습으로 발견되었다.

성 안젤로성

천사의 성이라고도 불리는 이 성은 원래 로마 황제의 무덤으로, 하드리아누스 황제가 그의 무덤(mausoleum)으로 쓰기 위해 135년경에 기공을 시작하여, 139년에 완성한 건축물이다. 아우렐리아누스 황제가 통치하던 시절에는 확장 공사를 하였으며, 이후 천사의 탑이 세워지는 등 계속적인 추가 공사 끝에 현재와 같은 모습을 갖추게 되었다.

바티칸 궁은 발칵 뒤집히고 아버지인 교황은 수사를 명령했다. 그러자 곧 로마시를 흐르는 테벨레강에서 온몸을 아홉 군데나 찔린 간디아공의 시체가 그물에 걸려 건져 올려졌다. 돈이 든 지갑도 보석 반지도 그대로 몸에 지니고 있었다고 하니 강도짓이 아님은 분명했다.

밤이었기에 소나무 사이로 비친 달빛에 비춰본 그의 얼굴은 살아 있을 때보다 한층 더 창백하고 아름다웠다. 장례 행렬이 성 안젤로성 다리를 건널 때 비통한 통곡 소리가 여기저기서 흘러나왔다. 그 누구보다 애통해 한 것은 평생 그토록 강직해 보이던 아버지 교황이었다. 그 후 3일간 교황은 방에서 두문불출한 채 아무것도 먹지 않고 아무도 만나지 않았다.

보르자 가의 불륜의 피는 교황으로 하여금 자신의 아들마저도 연인으로 바라보게 했는지 모른다. 이 기괴한 살인사건의 범인으로 여러 인물이 떠올랐지만 결국 사건은 미궁에 빠졌다. 일설에 따르면 성불구라는 이유로 이혼을 요구받은 루크레치아의 첫 남편 스포르차가 그 보복으로 간디아공을 죽게 해 보르자 가의 불륜 소문을 세상에 퍼뜨린 것이라고도 한다. 즉 여동생 루크레치아를 둘러싼 오빠끼리의 불륜적 사랑 또는 아버지도 포함될 수 있었던 사각관계가 마침내 살인사건을 일으켰다는 것이다.

여하튼 체사레가 여동생을 깊이 사랑하고 있는 만큼, 루크레치아의 남편이나 애인이 되는 남자는 생명이 위험할 수 있다는 것을 세상 사람들은 다 알고 있었다.

스페인 출신으로 교황의 시종이었던 페드로 카르데스도 체사레에게 쫓겨 마지막에는 교황에게 도움을 청했으나 칼로 끔찍하게 살해되었다. 그때 카르데스의 피가 교황의 얼굴에까지 튀었다고 한다.

살해 이유는 '마돈나 루크레치아의 명예를 훼손했다'는 것이었으나 실은 루크레치아가 그의 아이를 임신했기 때문으로 이 역시 오빠의 질투에 의한 것이었다고 한다.

첫 남편이 도망쳐버린 루크레치아 보르자의 두 번째 결혼 상대는 아라곤 가의 서자 비사그리아공 알폰소였다. 결혼식은 1498년 7월로 역시 바티칸 궁에서 매우 호화롭게 거행되었다.

신랑은 당시 17세의 미소년으로 루크레치아보다 한 살 젊었으며 신부에게 진심으로 만족해 하는 모습이었다. 루크레치아도 첫 결혼 때와는 달리 새로운 미소년 남편에게 푹 빠져 있었다. 1년 후에는 로드리고라는 사내아이도 태어났다.

그런데 이 행복도 잠시, 결혼 후 불과 2년 만에 새 남편은 또 다시 체사레의 음모로 루크레치아의 곁을 떠나게 되었다.

자초지종을 잠깐 살펴보면, 1500년 8월 어느 날 알폰소가 바티칸 궁 계단을 내려가자 대기하고 있던 자객들에게 습격을 당해 머리와 오른팔과 무릎에 중상을 입는다. 곧바로 바티칸 궁으로 옮겨져 간호를 받았고 많은 명의가 불러들여졌다. 그리고 한 달이 무사히 지나 이제 고비는 넘겼다고 보였을 때, 사람들의 예상을 깨고 그가 갑자기 죽어 버린 것이다.

일부 소문에 의하면 체사레가 갑자기 환자 방에 들어와 루크레치아와 시종들을 억지로 방에서 끌어내고 하인 미키엘이라는 자에게 이제 일어날 수 있을 정도로 회복된 알폰소를 침대 위에서 목졸라 죽게 했다는 것이다.

루크레치아의 한탄이 얼마나 컸을까. 그녀는 남편이 중상을 입자 무척 고통스러워했지만 용기를 내 병실에서 한 달이나 헌신적으로 남편을 간호했다. 체사레에게 언제 독살당할지 모른다는 두려움에 스스로 스토브로 식사를 만들어 병상의 남편에게 먹였다. 그만큼 조심하고 있었는데, 사랑하는 남편은 어이없게 살해당하고 말았다.

알폰소의 사체는 그 날 안에 몰래 성 마리아 델레페브레 성당으로 옮겨져 장례식도 없이 묻혔다.

상심한 루크레치아는 그 후 두 달간 자신의 성이 있는 네이피라는 마을에 틀어박혀 죽은 남편을 추억했다. 하지만 아버지에게 호출을 받고 다시 로마로 돌아와야 했다.

세 번째 결혼 | 세 번째 결혼이 아버지와 오빠에 의해 결정돼 있었다. 상대는 페라라의 지배자 에스테 가의 알폰소 1세였다.

이제 루크레치아는 그야말로 아버지와 오빠의 끝없는 정치적 야심을 위한 도구로 전락해 있었다. 반항해도 이제 와서 뭐가 달라질 수 있으랴.

1500년 12월, 에스테 가의 사자가 로마에 입성해 이듬해 1월 그녀를 데리고 페라라로 돌아갈 때까지 바티칸 궁은 연일 밤이면 밤마다 주연, 무도회, 발레 등 연회란 연회는 모두 열리고 있었다.

오빠 체사레가 환영회의 호스트를 맡아 스스로 말을 타고 페라라 일행을 마중나갔다. 함께 간 의장병은 4천 명으로 마구(말을 부리는 데 쓰는 기구)는 휘황찬란한 금박과 보석으로 장식돼 있었다. 루크레치아의 슬픔은 뒷전인 채, 바티칸 궁은 관현악 소리와 화려한 웃음소리로 넘쳐났다. 그녀도 아버지나 오빠의 등쌀에 검은 상복을 벗지 않을 수 없었다.

루크레치아의 세 번째 남편 알폰소 데스테(좌)와 루크레치아의 애인으로 알려진 피에트로 벰보(우)

베첼리오 티지아노(Vecellio Tiziano, 1488~1576)
이탈리아의 화가로 피렌체파의 조각적인 형태주의에 대항하고 고전적 양식에서 완전히 탈피하고자 노력하였다. 베네치아파의 회화적인 색채주의를 확립했으며 격정적인 바로크 양식의 선구자 역할을 하였다.

체사레는 어디에서나 남자다운 풍채를 보였다. 붙임성 있고 능숙하게 손님을 접대했다. 밤에는 귀부인과 우아하게 춤을 추고 낮에는 기마창 시합이나 투우로 대담한 솜씨를 뽐냈다. 그러나 때로 슬픔에 젖은 루크레치아와 시선이 마주치면 신도 두려워하지 않을 것 같던 대담한 그의 얼굴에 말할 수 없는 회한이 드리우기도 했다.

루크레치아가 로마에서 북쪽으로 떨어진 이탈리아 페라라로 출발한 것은 1501년 1월 6일이다. 혼수로는 보석과 하인을 합쳐 10만 듀카 정도되었다. 당시 '페라라' 하면 가장 세련되고 기품 있는 르네상스 문화의 중심지였다. 그리고 그녀의 남편이 된 에스테 가의 알폰소 1세는 당시의 명군답게 무인이면서 동시에 문예를 사랑해, 페라라 궁정을 예술가와 휴머니스트들이 동경하는 곳으로 만들었다.

아마도 루크레치아는 새 남편이 지배하는 곳에 와서 안도의 한숨을 내쉬지 않았을까. 교황청이 있던 로마의 수도, 아버지와 오빠가 있던 로마의 수도는 수많은 스캔들로 그녀의 가슴을 무참히 찢어놓았던 곳이지 않는가.

전해지기로 그녀는 희대의 창녀, 독극물 지식이 뛰어난 무서운 독살마로 되어 있지만, 우리가 아는 한 루크레치아는 오히려 아버지나 오빠의 정치적 야심에 이용될 대로 이용된 너무도 수동적이고 어린아이 같은 여린 여인에 지나지 않는다.

로마를 떠나고 난 후부터 루크레치아는 더 이상 스캔들에 휘말리지 않았다. 페라라에서 그녀는 호화로운 궁전을 다스리고 궁정에 아리오스트, 벤보 등 저명한 시인과 티지아노 등의 화가를 불러 그들과 예술을 논하거나 스스로 시를 짓기도 했다. 작시는 아이 때부터 해 오던 일이었다. 르네상스 시대의 귀부인이 모두 그랬듯이 루크레치아 역시 예술에 대해 높은 관심과 이해를 가지고 있었다.

그녀가 죽은 것은 1519년 6월 24일로 막 40세가 되던 해였다. 사산아를 낳은 뒤 오랫동안 산후통증으로 괴로워하다 남편과 시녀들에게 둘러싸인 채 쓸쓸히 죽어 갔던 것이다. 이때 그녀의 죽음을 지켜보던 모든 사람들이 진심으로 애통해했다고 한다.

ELIZABETH

잉글랜드의 여왕으로 절대주의 국가 시대에 영국의 전성기를 이끌었던 인물이다. 로마 가톨릭으로부터 국교회의 확립을 꾀하고 종교적 통일을 추진하였으며, 화폐 제도를 통일하고 중상주의 정책을 펼쳤다. 인문주의 학문을 공부하였으며, 프랑스어와 이탈리아어에도 능통했던 여왕이다. 그러나 그녀는 자신을 처녀왕이라 부르면서 결혼하지 않고 여러 애인을 두면서 악행을 저질렀는데……

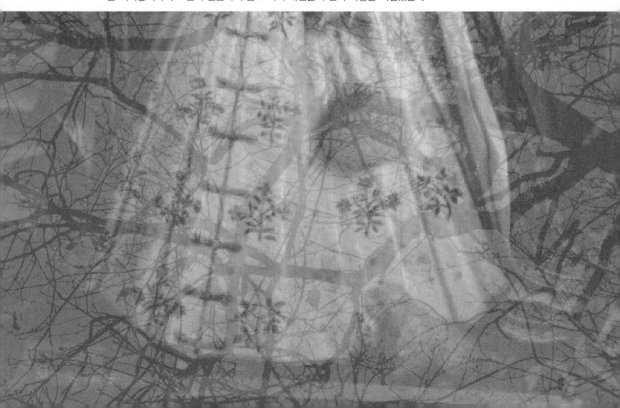

악녀로 군림한 처녀왕

엘리자베스

처녀왕 엘리자베스가 잉글랜드에 군림하던 시대만큼 갤런트리(부인에 대한 정중함을 나타내는 말)를 높이 사던 때도 없었을 것이다. 여왕의 생각 하나로 출세의 길이 열리는 세상이었기 때문이다. 그러다 보니 궁정을 둘러싸고 조금이라도 야심이 있는 남자는 갖은 기교를 부려서라도 이 까다로운 여왕 폐하의 눈에 들기 위해 필사적일 수밖에 없었다.

허영심이 강한 여인 런던탑의 감옥에서 나와 25세에 왕위에 오른 엘리자베스는 사실 매우 허영심이 강한 여인이었다. 모든 남자가 자기를 사랑하고 모든 정치가 자기를 중심으로 움직이지 않으면 성에 차지 않는 구석이 있었다.

엘리자베스 여왕의 의상

엘레자베스 여왕은 단연 16세기 최고의 패션 아이콘이었다. 3,000벌의 드레스, 80개의 가발, 27개의 부채 등으로 화려함의 극치를 보이던 엘리자베스 여왕은 번영하는 조국의 위상에 어울리는 화려한 의상과 보석들을 사용하며 당시 전 세계의 패션을 이끌었다. 이를 위해 여왕은 예술적 감각을 살려 제작, 관리하는 데 많은 인력을 동원하였으며, 전 세계로부터 금과 사치품을 들여와 가장 화려한 디자인의 시대를 이끌었다.

당시 궁정에는 극단적으로 여인의 수가 적었다. 위 아래 모두 합해 1500명 정도 되는 신하들 중 여인이라 하면 침실 시녀가 서너 명, 개인방 하녀가 7~8명. 그 밖에 더 신분이 낮은 자를 포함시켜도 기껏 30명 정도에 불과했다. 이런 상황이다 보니 여왕이 남자들의 관심을 한몸에 받는 것이 어쩌면 당연한 일이 아니었을까.

당시 궁정은 이러한 시대상에 걸맞게 실로 화려해 여왕과 귀부인, 귀족의 복장은 금빛 찬란했다.

16세기 중반 스페인에서 수입된 귀부인 복장은 극단적으로 가슴을 압박해 가슴선을 드러내었고, 소매를 우아하게 부풀렸으며, 허리선에서 아래쪽으로 크게 펼친 후프를 넣어 스커트를 부풀렸다. 러프라고 부르는 장신구는 얇은 실크를 풀로 굳혀 만든 것으로 매우 섬세했던 당시의 모습을 잘 보여 준다.

남자도 여자와 마찬가지였다. 셰익스피어의 연극을 보면 알 수 있듯이 당시 남성의 복장은 매우 화려했는데, 조끼에는 큰 진주가 보란 듯이 달려 있었으며 바지가 다리에 딱 붙어 각선미가 그대로 드러났다. 둥글게 부풀린 하의는 술통처럼 안감을 덧대어 부풀렸다.

게다가 이 시대 멋쟁이 남자들의 복장에서 보이는 특징은 바지 사이를 꿰맨 콧드피스(허벅지 주머니)가 있었다는 점이다. 이는 남성의 상징인 아랫도리를 넣어두기 위한 주머니였다. 나중에는 모두 이것의 크기를 두고 서로 경쟁까지 벌어졌다. - 말하자면 현대 여성들이 브래지어에 패드를 넣어 가슴 크기를 과시하는 것과 같은 것이다.

여왕의 주위에는 명문자제 50명으로 구성된 친위대라는 것이 있었다. 그들은 빛나는 금색 도끼를 지니고 늘 여왕 곁에서 호위했으며, 이들에게는 화려한 장래가 약속되어 있었다.

또한 여왕의 건강을 지키기 위한 여섯 명의 외과의, 세 명의 내과의, 세 명의 약사가 있었다. 또 점성 박사를 두었는데, 그는 여왕의 혈통과 천문 현상과의 상관관계에 대해 철학적으로 연구하는 자였다.

엘리자베스 자신도 약물학에 관심이 많아 스스로 '건뇌흥분제' 라는 것을 발명해, 연금술에 열을 올리던 신성로마 제국 황제 루돌프 2세에게 보낸 바 있다. 이 약은 호박, 사향, 영묘향 등의 향료를 장미액에 녹인 것으로 엄청난 고가품이었다. 상황이 이렇다 보니 여왕의 약제사인 휴 모건에게 여왕이 좋은 고객이었음은 두말할 나위가 없었다.

또 궁정에는 베네치아, 이탈리아, 프랑스 등지에서 온 외국인 음악가가 여럿 거주하고 있었다. 춤도 크게 유행해 우아한 춤 솜씨는 궁인이 갖추어야 할 필수 요건일 정도였다. 여왕도 춤 애호가로 거의 매일같이 신하들을 상대로 피렌체 풍의 춤을 추었다.

가면무도회, 야외극, 매사냥, 마상 시합 등 모두

루돌프 2세
합스부르크 가의 신성로마 황제(재위 1576~1612). 로마 가톨릭을 장려하는 정책을 써서 이에 반대하는 헝가리와 기타 다른 지역의 반란을 초래하였다. 국가의 정치에 신경 쓰기보다는 물리학, 화학 등의 학문을 연구하는 일에 심취하기도 했다.

여왕을 중심으로 한 사계절 행사로 가득했던 궁정 생활은 실로 화려함 그 자체였다. 남자 뺨치게 괄괄했던 여왕은 각국 대사를 잉글랜드 초원으로 초대하여 매사냥을 즐겼는데 오히려 남자 쪽이 익숙하지 않은 원거리 사냥에 먼저 지쳐버리곤 했다.

엘리자베스의 애인 로버트 더들리

영국 국민이 여왕의 연인이라 여겼던 로버트 더들리

이제 처녀왕 엘리자베스 곁에 머물던 몇몇 총신들에 대해 살펴보자.

먼저 엘리자베스 즉위 당시부터 중년까지 최측근이었던 레스터 백작으로 불리는 로버트 더들리. 그는 헨리 7세에게 미움을 사 살해당한 신하의 손자였다. 엘리자베스와 같은 나이라고는 하지만 확실치는 않다. 심지어 생일까지 여왕과 같았다는 설도 있다. 이미 에드워드 4세^{(엘} 리자베스의 이복동생) 때부터 이 미소년은 엘리자베스의 눈에 들었다. 아직 소년이었지만 잘생긴 그의 모습에 소녀는 반할 대로 반해 있었던 것이다.

로버트가 아버지와 함께 런던탑에 유폐되어 있었을 때, 엘리자베스도 사이가 좋지 않은 언니 여왕에 의해 탑에 갇히게 되었다. 석방된 후, 로버트는 프랑스와의 전쟁에서 세운 공로로 엘리자베스의 즉위와 동시에 말을 관리하는 장관으로 임명되었다.

엘리자베스의 그에 대
한 애착은 너무나 대단
했기 때문에 외국 사신
조차도 머지않아 여왕이
이 미남 청년과 결혼하
리라 믿어 의심치 않았
다. 여왕이 로버트의 방
을 자신의 침실 곁으로
옮겼다는 소문마저 돌았
다. 로버트의 아내는 유

런던탑 바이워드 타워
영국 런던에 소재. 정복 왕 윌리엄이 1066년 왕이 된 후 런던으로 들어오는 입구를 지키기 위
해 지은 건물이다. 한 때는 왕궁으로 사용되기도 하였으나 1282년 이후로는 감옥으로 사용되었
고 14세기부터는 사형수들의 처형장이 되기도 했다.

방암을 앓고 있었는데, 여왕은 그와 결혼하기 위해 그녀의
죽음만을 기다리고 있다는 소문도 있었다. 그런데 로버트
의 아내가 불의의 사고로 어이없이 죽은 후에도 여왕은 여
전히 결혼 의사를 조금도 내비치지 않았다. 연인은 몇이나
두고도 결혼만은 결코 하지 않는 여왕. 여기에 많은 역사
가들이 의심하는 엘리자베스의 화려한 연애 생활의 수수
께끼가 있다. 그녀는 과연 처녀였을까.

그렇다고 엘리자베스가 얼음 같은 정결함으로 가득 차
있었던 것은 결코 아니었다. 오히려 그 반대였다. 늘 아름
다운 남자들을 곁에 두는 것이 그녀의 최대 소원이었다.
아마도 그녀는 남편을 가지는 순간 여왕으로서의 지위권
이 약화된다는 것을 미리 간파하고 있었을지도 모른다.

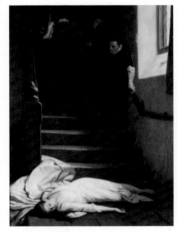

더들리 부인의 죽음
로버트 더들리의 부인은 계단에서 굴러 떨어
져 죽은 것으로 세상에 알려졌다. 또 다른 소
문에 의하면 병으로 그냥 죽은 것이라는 말도
있다. 그러나 이 사건이 터지자 세상 사람들은
여왕이 더들리와 결혼하려고 그녀를 죽였다고
입소문을 내기 시작했고, 이에 여왕은 괴로워
했다. 결국 여왕은 더들리와 결혼하지 않는다.

메리 스튜어트(1542~1587)
스코틀랜드의 여왕이며, 프랑스의 왕비이
기도 했던 메리 스튜어트는 골프에 빠져
살았다. 1567년 여왕의 부군인 댄리 경이
암살되었다는 소식을 들었을 때에도 그녀
는 궁녀들과 골프에 빠져 있었다고 한다.

헨리 8세와 앤 불린
헨리 8세(재위 1509~1547)는 왕비 캐서
린과의 사이에 아들이 없자 당시 궁녀였던
앤 불린과 결혼하려 하였다. 그러나 로마
교황이 이를 인정하지 않자 가톨릭 교회와
결별을 선언하고, 영국 국교회를 설립하기
에 이른다.

"나는 결혼 같은 건 생각하기 싫어"라고 그녀는 로드삭섹스
에게 말한 바 있다. "내 반쪽이 된 상대라면 무심코 비밀을
털어 놓기라도 할 거 아니에요?"

이는 무서운 권력 의지의 표시이다. 그녀의 숙명적 적대
자였던 스코틀랜드의 여왕 메리 스튜어트와는 달리 그녀는
결코 이성을 잃은 적이 없었다. 사랑 때문에 무너진 비련의
여왕 메리 스튜어트와 대비되는 권력 의지의 여왕 엘리자베
스는 여인이기 이전에 먼저 군주였다.

엘리자베스는 레스터 백작이나 그 외의 총신뿐만 아니라
여러 나라 왕으로부터 쏟아진 구혼 세례, 혼담 등을 모조리
자신의 의지로 차 버렸다. 그 중에는 좋지 않은 소문을 퍼뜨
리는 자도 있었다. 당시의 유명한 극작가 벤 존슨은 "여왕
에게는 남성을 받아들이지 않는 점막이 있으므로 아무리 사
랑을 갈구해도 안 된다"고 말했다.

그러나 이런 무책임한 말은 차치하고도 그녀에게 유년기
의 심리적 트라우마(심리적 스트레스 장애)에 의한 성적 결함이 있
었다는 것은 충분히 있을 수 있는 일이다. 그녀의 생활은 극
히 어릴 때부터 긴장과 공포의 연속이었다. 2살 8개월 때
그녀의 아버지(헨리 8세)는 어머니(앤 불린)의 목을 베었다. 아버
지의 정책이 변할 때마다 어린 그녀의 운명도 시시각각 변
해갔다. 아버지가 죽고 나서 15살 때에는 바람둥이 해군에
게 청혼을 받았다가 하마터면 그가 저지른 모반죄에 함께

걸려들 뻔했다. 이처럼 소녀 때 받은 심각한 심리적 타격 때문에 연애의 결정적 행위인 육체적 성교를 하려고 하면 잠재적인 혐오감을 불러일으켰고, 억지로 하려 하면 히스테릭한 경련을 일으키게 되는 것이었다. 이것은 정신의학적으로도 잘 알려져 있다.

여하튼 여왕은 자신의 처녀성을 무척이나 자랑했다. 그녀는 애인들의 고백을 듣는 것을 나이가 들어감에 따라 더욱 더 좋아하게 되었다.

정치나 외교상의 문제에 있어서는 그토록 신중하고 주도면밀했던 그녀도 사적인 감정에 있어서는 꽤 변덕스러운 구석이 있었다. 엘리자베스는 당시 평판이 나 있던 존 데이와 같은 학자를 궁중으로 불러 자신의 별자리를 점치게 하였는데, 이를 통해서 마술이나 미신에 대한 그녀의 탐닉이 얼마나 대단했는지 알 수 있다.

엘리자베스의 허영심은 거의 전설처럼 되어 있지만 이는 그녀의 과도한 명예욕의 표출이라 할 수 있다. 메리 스튜어트의 사신이 잉글랜드 궁정에 들어왔을 때, 엘리자베스가 자신과 메리 중 어느 쪽이 더 아름다운지를 물어 노련한 외교관을 곤란하게 했다는 일화는 그녀의 성격을 잘 보여 주는 대목이다. 어떤 의미에서 그녀는 평생 환상 속에 산 여인이었다고 할 수 있다.

프랑스 특사 드메스는 여왕을 만날 때마다 그녀의 재치에 혀를 내둘렀다고 일기에 쓰고 있다. 그가 들

로댕(Rodin) 작 · 시골 처녀 엘리자베스
엘리자베스는 영국의 여왕이 되기 전에 시골에서 시골 처녀로 살았다고 한다.

은 바에 의하면 여왕은 살아 있는 동안 자신의 옷을 단 한 벌도 남에게 주거나 버린 적이 없다. 옷장에는 3천 벌이나 되는 옷이 걸려 있었다고 한다.

하루는 여왕의 이상한 옷차림에 깜짝 놀란 적도 있었다. 엘리자베스가 창가에 더할 나위 없이 괴상한 차림새로 서 있었던 것이다. 이탈리아 풍으로 재단한 검은색 드레스가 넓은 폭의 황금색 띠로 장식돼 있었고, 트인 소매에는 주홍색 천이 덧대어 있었다. 드레스는 옷자락 앞이 트여 있어 속에 흰 비단 드레스를 입고 있는 것이 보였다. 그런데 이 흰 드레스도 허리까지 앞이 벌어져 있어 그 아래로 흰 속옷이 들여다보였다. 그리고 더 놀라운 것은 이 속옷 역시 앞이 벌어져 있었다는 것이다.

놀란 대사는 눈을 어디에 두어야 할지 난감했다. 그녀가 말을 하면서 머리를 뒤로 젖힐 때마다 겹쳐 입은 드레스 앞자락이 크게 벌어져 배가 훤히 들여다 보였다. 대사는 여왕이 자신을 유혹하려는 것이 틀림없다고 생각했을 것이다.

여왕의 또 다른 남자 월터 롤리

다음으로 등장하는 여왕의 총신은 담배로 잘 알려진 멋쟁이 월터 롤리이다. 그는 외모 외에는 별로 내세울 것이 없던 레스터 백작과는 달리, 재기와 패기로 가득 차 비범한 행동력과 호탕한 모험심을 가진 일세의 풍운아라 할 만한 인물이었다.

롤리는 명문가의 출신으로 데본셔 해안 근처에서 유년 시절을 보냈다. 만능 천재로 시와 글짓기에도 뛰어났지만 특히 바다에 대한 사랑과 열정은 그의 피를 타고 흘러 그의 운명을 지배하기도 했다. 그야말로 르네상스기의 천재적 인물이라고 할 수 있다.

그는 청년기에 옥스퍼드 대학을 중퇴하고 프로테스탄트 위그노(프랑스 지방에 있던 칼뱅파 교도)를 돕기 위해 의용군에 지원, 프랑스로 건너간다. 훗날 해상에서 이름을 날린 그가 처음 엘리자베스의 궁에 모습을 나타낸 것은 남자로서 한창 시기인 30세 때였다. 6피트의 훤칠한 키에 짙고 풍부한 머리카락과 턱수염을 가진 그는 위풍 넘치는 모습을 하고 있었다. 게다가 오랜 시간 바다에서 생활한 만큼 그의 짙은 눈동자는 사람을 꼼짝 못하게 할 만큼 매력적이었다.

월터 롤리
월터 롤리는 그림에서 보는 바와 같이 훤칠한 키에 당당한 풍모를 가진 대단한 미남이었다. 무인으로서의 기세와 용기를 보여 줬던 그는 바다를 항해하는 자유로운 탐험가였으며, 1580년에 아일랜드 반란군을 진압한 공으로 엘리자베스 여왕의 총애를 받아 기사 작위를 서임 받았다.

이런 외모와 달리 그는 매우 오만하여 무능한 궁궐 사람들을 처음부터 바보 취급하였으며, 그 태도는 안하무인의 극치였다고 한다. 그가 기꺼이 고개를 숙인 사람은 오직 여왕뿐이었다.

세상사에 닳고 닳은 궁궐 사람들도 벌어진 입이 다물어지지 않을 정도로 그의 웅변 실력은 실로 놀라워 세치 혓바닥으로 여왕을 움직이고 버지니아 경영의 막대한 자금을 쉽사리 손에 넣을 정도였다. 만사에 그런 식이었기 때문에 사람들은 그를 몹시 싫어했고, 20년 후 여왕이 사망했을 때 나라에서 가장 미움 받은 사람은 롤리였다고 한다.

또 그는 멋쟁이 중의 멋쟁이로, 이 화려한 허례허식의 시대에 있어서조차 여성을 극진히 받드는 데 그를 능가할 사람이 없을 정도였다. 옷 입는 스타일도 매우 세련되었으며, 조끼나 구두 여기저기에 박힌 큰 진주는 궁정 안의 화젯거리였다.

엘리자베스 여왕

프랜시스 드레이크(Sir Francis Drake, 1540~1596)
영국 출신의 군인, 탐험가로 영국인으로는 처음
으로 세계 일주를 한 항해가이다. 엘리자베스로
부터 지구탐험의 명을 받고 영국의 숙적 스페인
령의 신대륙을 항해하며 스페인 국적의 상선을
무차별 침탈하여 유럽에서는 드레이크를 최악의
해적으로 단정했으나 엘리자베스 1세는 영웅으
로 추대하여 오늘날까지도 넬슨과 함께 영국 최
고의 바다 영웅으로 추앙받고 있다. 1596년 파
나바 앞바다에서 51세에 열병으로 사망하였다.

모국어 외에 6개 국어를 자유롭게 구사하고 그리스
학에 조예가 깊었으며 음악이나 회화, 시에도 탁월하다
는 여왕 엘리자베스를 그 학식과 시로 감탄시키고 기지
에 넘친 대화로 매료했다고 하니, 여왕이 반했던 것도
무리는 아니었을 것이다. 이런 만능 재주꾼을 앞에 둔
엘리자베스에게 단순하고 아둔한 섹시남 등은 눈에 차
지도 않았을 것이다.

궁정에 담배를 유행시켰던 것도 롤리이다. 무엇보다
처음 담배를 유럽에 전한 것은 프랑스인 쟌니코(당시 프랑
스 대사로 포르투갈에 있었음. 니코틴의 이름은 그로부터 유래됨)이기 때문에
롤리의 경우, 정확하게는 흡연의 습관을 전했다고 해야
할 것이다. 말하자면 유행의 첨단을 연 것이다.

버지니아 개척에 실패하고 우연히 이곳에 들른 프랜
시스 드레이크의 함대를 나눠 타고 본국으로 돌아온 영
국 이민자들은 미국 인디언에게 배운 흡연 습관을 고국
에 가지고 돌아왔다. 하지만 이는 야만인 흉내라고 하
여 처음에는 맹렬한 공격을 받았다. 이것이 멋쟁이들
사이에 유행하기 위해서는 롤리와 같은 과감한 실권자
가 필요했다.

이런 일화가 있다. 하루는 롤리가 서재에서 잠깐 쉬
고 있는데 하인이 맥주를 큰 컵에 따라 그에게 가져 왔
다. 그때 그의 주인은 파이프를 입에 물고 책을 읽고 있

었다. 그런데 그의 입에서 몽글몽글
흰 연기가 피어오르는 게 아닌가! 간
이 콩알만해진 하인은 순간 들고 있
던 맥주를 그대로 주인의 얼굴에 마
구 퍼붓고는 2층 계단을 구르듯이 뛰
어 내려와 "큰일났다, 주인님께 불이
났다, 빨리 안 가면 재가 돼 버린다"
고 소리쳤다는 것이다.

또 이런 일화도 있다. 어느 날 롤
리가 여왕에게 담배의 효용에 대해
늘어놓다가 흥이 난 나머지 이런 허
풍을 떨기 시작했다. 자기는 담배에
관해서라면 뭐든 알고 있다, 담배 연
기의 무게도 잴 수 있다고 말이다.
여왕은 웃으며 말도 안 된다고 했다.
"천만의 말씀입니다, 바보 같은 일이
아닙니다." 라고 롤리는 정중히 대답

영화 『Fire Over England』(1939년작)
플로라 롭슨이라는 배우가 엘리자베스 1세 역을 맡아 열연을 펼쳤다.

엘리자베스 여왕의 행차

했다. 그러자 내기를 하게 되었고 테이블 위에는 금화가 쌓였다.

사람들이 마른 침을 삼키며 지켜보고 있을 때 롤리는 일정량의 담배를 집고
파이프에 채워 먹음직스럽게 피우고 나서 남은 재를 저울에 쟀다.

"이제 아시겠지요. 처음의 무게에서 재의 무게를 뺀 것, 즉 담배 연기의 무
게입니다."

수많은 여왕의 애인들 중에 '양'이라는 별명을 얻고 남들의 두 배로 귀여움을 받은 남자가 있었다. 바로 크리스토퍼 해턴이다. 이 남자는 원래 일개 군인이었으나 무도회날 밤 춤을 잘 춘다는 이유로 여왕의 눈에 들어 후에 대법관까지 지낸 사람이다. 해턴은 여왕이 롤리를 귀여워하는 것이 못마땅해 "그렇게 폐하가 저 녀석을 소중히 여기신다면 저는 저 녀석을 죽일 것입니다"라고 했을 만큼 광적인 열성 편지를 여왕에게 보냈다. 해턴뿐만 아니라 다른 총신도 자신의 문학적 재능이 허락하는 한 최대한의 형용사와 찬사를 늘어놓으며 여왕에게 광적인 연애편지를 써 보내고 있었다.

여왕은 궁중 남자들이 자기 하나만을 사랑하는 것이 아니면 성에 차지 않았기 때문에, 총신이 결혼하는 것을 용납하지 못했다. 롤리가 한때 여왕의 미움을 사 투옥되었던 적이 있는데, 그 표면상의 이유가 뭐든 진짜 이유는 그가 궁녀 중 하나인 엘리자베스 슬록모튼이라는 여자와 은밀히 여왕의 눈을 피해 비밀 결혼을 했기 때문이었다.

미남 청년에 빠진 엘리자베스

마지막으로 언급할 총신은 에섹스 백작이라 불린 로버트 데블이다. 스무 살이 될까 말까 한 미남 청년. 이는 자신의 몰락을 자각한 총신 레스터 백작이 다시 자신의 세력을 만회하기 위해 데려 온 그의 양자였다.

데블에 대하여 역사가는 '키가 큰 균형 잡힌 몸매, 놀랄 만큼 잘생기고 밝은 얼굴, 꿈꾸는 듯한 눈동자'라고 평한다. 다만 이 미남 청년은 실로 충동적이고 성격이 급하며 자유분방해 분별력이나 신중과 같은 미덕은 찾아볼 수 없었다.

53세의 여왕과 스무 살의 에섹스. 30살 이상 차이 나는 둘의 사랑은 어떤 것이었을까.

여하튼 눈부신 승진을 계속한 젊은이 에섹스에게 있어서는 정치적으로 연적이었던 근위대장 롤리의 존재가 늘 눈에 가시였다. 롤리에 관한 일로 에섹스는 여왕과 몇 번을 싸웠는지 모른다. 그리고 여왕과 충돌할 때마다 타협이나 양보를 모르는 이 분별없는 청년은 마치 떼쓰는 아이처럼 궁정을 뛰쳐나가 버린다. 여왕도 처음에는

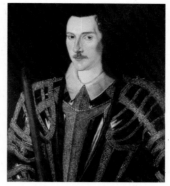

에섹스 백작
본명은 로버트 데블. 영국의 귀족으로 케임브리지 대학 출신이다. 1586년 네덜란드와의 전쟁에서 맹위를 떨쳐 엘리자베스 여왕의 총신(寵臣)이 되었으며, 여왕을 사이에 두고 서로 사랑을 독차지하기 위해 월터 롤리와 서로 경쟁하였다.

고집을 부리지만 금세 불안해져 신하를 보내 그를 불러온다. 둘은 그렇게 화해하는 것처럼 보였지만 사실은 여왕이 꺾인 것이다. 이것만 봐도 에섹스가 차츰 권세를 쥐게 되었음을 알 수 있다.

여왕도 나이에는 이길 수 없었다. 실제로 엘리자베스는 이 막무가내 총각 때문에 얼마나 휘둘리고 골치를 앓았는지 모른다. 단지 사랑 싸움뿐만이 아닌, 정치나 군사상의 의견 차도 있었다.

에섹스의 바람기에 대한 여러 소문이 돌기 시작하자 여왕은 궁정 내에서 나날이 까다로워지고 의심이 늘고 거칠어져 갔다. 소문의 상대는 마리 하워드 부인. 엘리자베스는 이 여인에게 어떻게든 보복하려고 기회를 노렸다.

어느 날 마리 하워드 부인이 평소보다 예쁘게 치장하고 외출했다. 부인의 드레스는 아름다운 옥으로 장식되어 있었으며 진주와 황금이 수놓아져 있었다.

노년의 엘리자베스 여왕
전해지는 엘리자베스 여왕의 초상화는 대부분이 젊은 시절의 모습이었는데, 한 경매장에서 다른 초상화들과는 달리 늙은 모습의 여왕이 그려진 그림이 발견되었다. 살아 생전 여왕은 완벽한 모습만을 추구하였기에 초상화를 그려도 예쁘게 나오지 않으면 버리거나 공개하지도 않았는데, 이러한 그림이 발견되었다는 것은 역사적으로도 가치가 매우 높다.

여왕은 아무 말도 하지 않았다. 그러나 다음날 아침, 여왕은 마리 부인의 옷장에서 몰래 옷을 가져오게 했다. 그날 밤, 여왕은 마리 부인의 옷을 입고 나타나 궁 안을 놀라게 했다. 그런데 그녀는 마리보다 훨씬 키가 컸으므로 옷이 짧아져 그 모양새가 참으로 우스웠다. "어때? 숙녀분들" 여왕이 물었다. 모두가 숨 죽여 조용한 가운데 여왕은 마리 부인 앞으로 성큼성큼 걸어가 "부인, 당신의 감상은 어때? 나한테는 너무 짧아 안 어울리나?"

파랗게 질린 마리 부인이 우물거리면서 "네"라고 대답하자 "어머나, 그래?"라고 여왕이 말했다. "만약 나한테 어울리지 않으면 당신한테도 안 어울리지 않을까? 나한테는 너무 짧고 당신이 입기엔 옷이 너무 아름다워. 어느 쪽이든 이 옷은 안 되겠네." 라고 하며 말이 끝나자마자 여왕은 밖으로 사라졌다.

아일랜드 총독을 임명하기 위해 최고회의가 열린 자리에서 엘리자베스와 에섹스의 의견이 갈린 적이 있었다. 이때 골수까지 권력 의지에 홀려 있는 여왕 엘리자베스가 외모로 자신을 조종하려는 젊고 경솔한 에섹스에게 처음으로 증오의 눈길을 보냈다. 둘은 서로 자신이 추천하는 사람을 내세워 양보하지 않는 통에 소리는 점점 높아졌다. 마침내 여왕은 단호히 "네가 무슨 말을 하든 나는 내 후보자를 임명하겠다"고 단언했다. 에섹스는 발끈해 조롱하는 몸짓으로 여왕에게 등을 돌렸다. 즉시 여왕은 그의 귀를 쳤고 "악마에게 돌아가라!"고 외치며 분노로 얼굴이 달아올랐다.

그 순간 이성을 잃은 그는 끓어오르는 화를 이기지 못하고 칼을 잡고 말했다.

"난폭하옵니다. 참을 수가 없습니다."

노팅검 경이 끌어안지 않았다면 그는 여왕을 베었을지도 모른다. 엘리자베스는 미동조차 하지 않았다. 숨이 막힐 듯한 침묵이 이어졌고 에섹스는 밖으로 뛰쳐 나갔다.

그리고 3년 후, 그는 아일랜드 제압에 실패해 여왕의 총애를 완전히 잃고 초조와 절망에 쌓인 나머지 런던 시민 봉기를 계획했다가 좌절해 투옥된 후 마침내 참수형에 처해졌다. 에섹스의 처형을 보고받은 여왕은 이미 67세의 노령이었다. 이제 영원히 사라진 그를 보고 처녀왕은 어떤 씁쓸한 눈물을 흘렸을까.

사형집행관이 내려친 도끼는 한때 그녀의 연인이었던 남자의 목숨을 끊음과 동시에 그녀 자신으로 하여금 화려했던 감정과 이별을 고하게 했다.

폴 들라로슈의 작 · 엘리자베스 여왕의 죽음

MARIE STUART

　　스코틀랜드의 여왕. 태어나자마자 여왕의 자리에 즉위하였고, 프랑스 황태자와 약혼하여 프랑스로
건너갔으나 급작스런 남편의 죽음으로 다시 귀국하여 재혼하였다. 사랑 때문에 살인을 해야 했던 이 비운
의 여인은 당시 신구교의 대립과 혼란스러운 사회의 변화 속에서 잉글랜드의 왕권을 위협하는 존재라는
이유 때문에 결국 45세의 젊은 나이에 처형되었다.

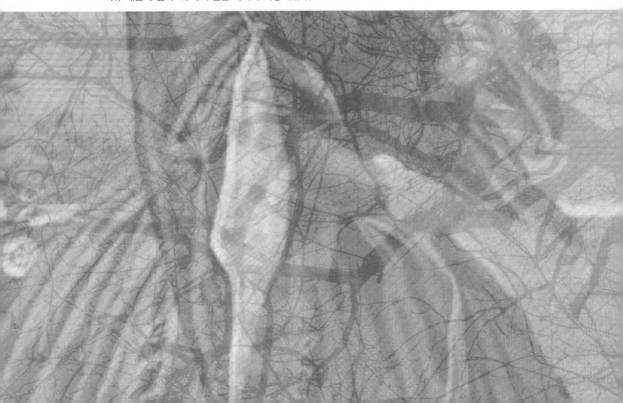

비운의 악녀

메리 스튜어트

16세기, 스코틀랜드에서 참혹한 종교 전쟁이 한창이었을 때, 그 열정적인 반생애를 불태운 비극의 여왕 메리 스튜어트야말로 필자가 가장 사랑하는 역사의 여인 중 하나이다.

현대 이탈리아의 작곡가 달라 피콜라의 『수인의 노래』는 이 메리 스튜어트가 사형을 선고받아 성 안에 유폐돼 있던 당시 상황을 곡으로 만든 것인데, 그 비장한

종교 전쟁

종교개혁을 계기로 탄생한 개신교와 로마 가톨릭으로 대변되는 구교의 대립으로 발생한, 16세기 후반에서 17세기 후반에 걸쳐 국제적 규모로 일어난 일련의 전쟁을 말한다. 이 전쟁으로 수천만 명의 인명이 살상되는 참극이 빚어졌다.

종소리와 함께 기도하는 여인의 합창을 듣고 있으면 필자는 그녀의 기이한 반평생의 극적인 장면이 차례로 떠올라 가슴이 답답해진다.

이 극단적인 로맨티스트 메리를 '악녀'라 불러도 되는지에 대해서는 의문이다. 어떤 사람은 그녀를 순교자로 찬미하고 어떤 사람은 그녀를 남편을 살해한 탕녀라고 비난한다. 많은 역사가나 시인에게 이렇게 다양한 형태로 그려진 여인도 드물다. 45세에 목이 잘려나간 여왕의 생애 전반은 그러나 실로 훌륭하며 지상 최고의 영예로 가득 차 있었다.

메리 스튜어트의 아버지와 어머니
스코틀랜드의 왕 제임스 5세와 프랑스 왕녀 마리 드 기즈의 모습

메리 스튜어트의 생애

생후 6일, 아버지 제임스 5세의 죽음으로 그녀는 이미 스코틀랜드의 여왕이 되어 있었다. 그녀는 6살에 프랑스 황태자와 약혼해 도버 해협을 건너 프랑스로 건너갔다. 세계에서 가장 섬세하고 우아하다는 프랑스 르네상스 문화의 빛을 온몸으로 느낀 그녀는 17살에 프랑스 왕비가 돼 파리 시민의 환호와 축복 속에 두 살 연하의 신랑과 함께 화려한 드레스를 입고 노트르담 사원의 식전으로 향했다.

북유럽의 가난하고 우울한 나라 스코틀랜드에서 중세 이래의 세련된 문화국가 프랑스로 건너와 그곳 궁정에서 자란 메리 스튜어트는 이미 소녀 때부터 라틴어를 읽고 썼으며 작시, 음악, 춤 등에 비범한 재능을 보여 프랑스 궁정의

꽃이라 불렸다. 선천적으로 미모도 우아하고 옷맵시도 좋았으며 품위 있는 태도는 정평이 나 있어 론사드나 드 벨리 같은 시인들도 열정적으로 그녀를 찬미하는 시구를 늘어놓았다. 연대기 작자인 브랑텀도 '15살에 그녀의 아름다움은 환한 빛처럼 찬란했다'고 쓴 바 있다.

그녀는 예술적 재능뿐만 아니라 스포츠나 모든 기사적 기예에도 탁월해 남자처럼 대범하게 말을 타고 거친 사냥을 즐겼다. 그녀가 이른 아침, 높게 치켜 든 주먹에 매를 앉히고 화려한 기마 자세로 시민들의 인사에 친절히 답하며 지나갈 때 사람들은 이 용감한 왕비를 자랑스럽게 바라보았다.

프랑수와 2세
프랑스의 국왕(재위 1559~1560). 나이가 어렸기 때문에 외척이었던 기즈공(公) 프랑수아 일파가 정권을 전담하였다. 이에 불만을 품은 귀족과 신교도들이 반란을 시도하였으나 곧 발각되고 말았다. 이 사건으로 프랑스의 종교 내란이 시작되었다.

이런 활달한 왕비와는 달리 남편 프랑수와 2세는 병약하고 바로아 왕가의 독이 섞인 혈통 때문에 처음부터 요절할 운명을 타고 났다. 1560년, 남편이 죽자 18세에 미망인이 된 메리는 슬퍼하며 고향인 스코틀랜드로 돌아가야 했다.

호수와 숲으로 우거진 스코틀랜드는 어두운 열정에 의해 찢겨나간 비극적인 나라이다. 네덜란드나 스페인, 프랑스와 같이 인구가 밀집된 상업이나 무역이 번창한 문화 수준이 높은 나라와는 전혀 다른 모습이었다. 셰익스피어의 『맥베스』가 자세히 그려내고 있듯이 귀족들은 피로 피를 씻는 싸움에 혈안이 돼 있었다. 한편 광신적인 카르바주의의 포교자 존 녹스는 설교 단상 위에서 프랑스에서 돌아온 젊은 여왕의 가톨릭 신앙을 맹비난했다.

소녀 때의 우아한 환경과는 너무나 다른 이 증오로 가득 찬 궁핍한 나라에서

존 녹스(John Knox, 1514~1572)

16세기 스코틀랜드의 종교개혁가. 처음에는 가톨릭신자였다가 프로테스탄트로 전향하면서 종교개혁 운동을 시작하였다. 메리 1세의 즉위로 가톨릭이 부활하자, 다른 종교개혁자와 함께 유럽 대륙으로 망명하게 되며, 제네바에서 칼뱅의 영향을 받게 된다. 귀국 후 종교 전쟁에서 개혁파가 승리하자, 엘리자베스 여왕의 원조를 받아 개혁파 교회의 확립과 민족 독립을 위해 투쟁하여 스코틀랜드 종교개혁에 큰 영향을 미친다. 주요 저서로 『일반의례서(一般儀禮書)』, 『스코틀랜드 종교개혁사』가 있다.

메리 스튜어트와 프랑수와 2세의 다정한 모습

젊은 메리는 정치에 진절머리가 났다. 점차 그녀는 싸우기 좋아하는 귀족과 수도사들 사이에서 점차 겉도는 자신을 발견한다. 그러므로 그녀가 자신의 주위에 작은 예술적인 사교계를 만들어 시인이나 화가와 같은 세련된 인사를 모았다고 하여 그녀의 향락습관을 통틀어 비난할 수는 없다. 그녀가 미망인이면서 몇몇 남자를 총애했다 하여 그 바람기나 단정치 못했던 생활을 통틀어 욕할 수는 없는 것이다.

그러나 그녀를 사랑한 남자들이 후에 모두 비참한 최후를 맞았다는 사실을 알면, 이 박복한 여왕의 성격에 무언가 남자의 이성을 잃게 하는 불길한 그림자가 있었다는 것을 인정하지 않을 수 없다.

전해오는 초상화로는 그 요염한 매력을 완전히 알 수 없지만 이 소녀와 같이 여리고, 어린가지와 같이 나긋나긋한 여왕의 몸에는 남자의 마음을 관능적으로 자극하는 무엇이 있었음에 틀림없다.

하나, 둘 죽어가는 메리 주위의 남자들

프랑스 궁정에서 그녀에게 열을 올리던 첫 번째 남자는 몬모란시 재상의 차남 댄 빌 경이었지만 스코틀랜드에 오고 나서는 시인인 샤트라르가 그를 대신했다. 샤트라르는 프랑스에서부터 여왕을 따라 온 남자이다. 그는 화려한 시 솜씨로 여왕의 총애를 받았지만, 무모하게도 여왕의 침실에 숨어들어 목이 베였다.

불행한 샤트라르야말로 메리 스튜어트를 위해 죽어야만 했던 첫 번째 남자였다. 그를 선두로 이 여인을 위해 단두대로 향한 남자들의 창백한 '죽음의 춤'이 시작된다. 젊은 음악가였던 데이빗 리치오도 여왕에게 사랑받아 많은 위세를 떨쳤지만 귀족들의 반감을 사 끝내 성 안에서 온몸을 난도질당해 죽었다. 마치 검고 불길한 자석처럼 그녀의 매력에 빠져 그녀를 위해 몸 바친 남자들은 모두 파멸의 길을 걷게 된 것이다.

두 번째 남편 댄리와 함께 하는 메리 스튜어트

메리가 두 번째 결혼을 한 것은 1565년 23세에 이르렀을 때였다. 상대는 헨리 7세의 증손자에 해당하는 19세의 청년 댄리 경이었다. 수도 에딘버그의 홀리루드 성에서 축제는 4일 밤낮으로 계속되었다.

사실 미망인으로서 여왕은 4년간, 이렇다 할 스캔들도 없이 더할 나위 없이 훌륭한 태도로 지내왔었다. 배우자가 없는 스코틀랜드 여왕을 둘러싸고 전 유럽의 궁정은 격렬한 신부 쟁탈전을 벌였다. 스페인과 오스트리아의 합스부르크 가, 프랑스의 부르봉 가가 각각 혼담 중개자를 보내왔다. 잉글랜드의 엘리자베스 여왕도, 일전에 자신과 염문이 퍼졌던 적이 있는

헨리 7세(Henry Ⅶ, 1457~1509)
잉글랜드 왕. 튜더 왕조의 창시자. 영국이 세계적인 나라로 성장할 수 있었던 기초를 닦아주었던 인물. 정치적 안정과 강력한 왕권을 이용해 세계의 패권을 제패할 수 있도록 기초를 닦은 조력자로, 명군으로 알려진 여왕들의 조상이다.

로버트 더들리 경을 메리의 남편으로서 추천해 왔다. – 이는 대단히 실례이다.

그런데 전 세계의 기대를 져 버리고 메리가 자신의 의지로 젊은 남자와 몰래 약혼해 버림으로써 사람들을 아연실색하게 만든 것이다.

엘리자베스 1세
잉글랜드의 여왕(재위 1558~1603)으로 영국 절대주의의 전성기를 이루었던 인물이다. 화폐 제도를 통일하고 중상주의 정책을 펼쳐 영국 제국주의를 확립하였다. 빈민구제법에 의하여 토지를 잃은 농민에게 기회를 주었고 영국의 동인도회사를 설립하기도 하였다.

불타는 사랑에 빠지는 메리

23세에 그녀는 처음으로 자신의 젊은 육체를, 자신의 생명의 의미를 발견했다. 그리고 그녀는 단지 자신의 가슴이 뛰는 대로 관능과 욕망의 의지에만 오로지 귀를 기울이는 여인이 되어 간다. 그녀만큼 격정적인 사랑의 여인은 세상에 없을 것이다. 메리와 비교해 볼 때 연애놀음밖에 할 수 없었던 엘리자베스는 참으로 건조하고 까다로운, 히스테릭한 여인으로 비춰질 뿐이다.

엘리자베스 여왕이 현실주의자로서 항상 국가에 전념했다고 한다면, 메리는 로맨티스트로서 항상 자기 자신에 전념한 여인이었다. 여기에 숙명적인 라이벌인 두 여왕의 성격적 특징이 선명하게 드러난다. 엘리자베스는 여인으로서 자유분방한 메리의 행동을 선망하고 질투심에 불탔을 것이다.

메리는 엘리자베스를 '언니'라 불렀고 엘리자베스는 메리를 '친애하는 동생'이라 부르며 둘은 표면적으로는 그야말로 친하게 편지도 주고받았지만 끝내 생전에는 한 번도 서로 얼굴을 맞대지 않았다. 양쪽 모두 서로를 피하고 있었기 때문이었다.

한편, 메리를 매료시킨 젊은 댄리는 미남자였지만 심지가 약한 허풍쟁이 바보였다. 여왕의 명목상 왕이 되자 이 20살 청년은 금세 오만해져 자기가 주인인양 국사에 간섭하기 시작했다.

이윽고 메리 스튜어트도 자신이 처음 품었던 아름다운 연애 감정을 이런 한심한 풋내기에게 낭비해 버렸다는, 참을 수 없는 후회와 분통에 사로잡힌다.

그녀의 감정 기복은 늘 격해서 극과 극을 오르내렸다.

짜증스러운 환멸과 육체적 혐오에 그녀는 괴로워했다. 임신한 것을 알자 여러 구실을 만들어 남편의 포옹을 피했다. 그녀가 좋아하던 음악가 리지오가 암살된 것은 이 맘때이다. 이 음모에 남편 댄리도 가담해 있었다는 사실을 알고 메리는 격노한다. 이로 인해 남편에 대한 증오와 복수심은 더욱 커져만 갔다. 그러던 중 압도적인 남성미를 풍기며 그녀 앞에 나타난 사람이 당시 30세 전후였던 열정적인 군인 보스 웰 백작이다.

메리 스튜어트의 전기를 쓴 트바이크에 의하면 보스 웰 백작은 '검은 대리석을 깎아놓은 것 같은 풍모의 인물'이었다. 그는 스코틀랜드의 오랜 귀족 집안인 명문 헤프반가 출신으로 교양 있는 독서가였으며, 동시에 기존 질서에 대한 반역자, 대담무쌍한 모험가의 면모도 갖추고 있었다. 법률이나 도덕을 무시하기 일쑤였고 아첨하기 좋아하는 천한 귀족들을 경멸했다. 뼛속까지 남자다운 전투적인 군인이었던 것이다.

자신 주위에 의지할 만한 사람이 없던 메리는 국가 경영을 위해 이 대담한 남자의 도움을 청했다. 보스 웰은 여왕을 위해 헌신적으로 일하여 여왕에게 중요한 지위를 임명받음으로써 눈 깜짝할 사이에 강대한 군사적 독재 권력을 확립해나간다.

처음부터 메리가 이러한 보스 웰을 열정의 상대로 본 것은 아니다. 그녀가 자신의 사랑을 깨달은 것은 꽤 나중이 되고 나서이다.

보스 웰 백작
메리 스튜어트는 리치오를 죽인 댄리 경에게 복수하기 위해서 '보스 웰' 백작과 짜고 댄리 경을 죽인 다음, 보스 웰 백작과 결혼하였다. 그러나 이 사건으로 인하여 스코틀랜집히고 결국 반란이 일어나 메리 스튜어트는 감옥에 갇히게 된다.

스코틀랜드의 왕가의 궁전이던 홀리루드(Holyrood)
메리 스튜어트가 머물었던 궁이다.

그렇다 치더라도 여왕 메리 스튜어트의 보스 웰 백작에 대한 사랑만큼 역사상 열정적인 사랑은 없었다. 이는 격렬하게 뿜어져 나온 한줄기 빛과 같은 것이었다. 그녀는 자신 스스로의 열정에 압도되어 휘둘리다 기진맥진하며 지쳐갔고 마치 의지가 없는 인형처럼, 몽유병 환자처럼 자력에 끌리듯 무서운 숙명과도 같은 범죄의 길을 걷기 시작했다.

이 열정에 대해 우리가 도덕적 비판을 가한들 무엇이 달라지겠는가. 어떤 충고도 그녀의 귀에는 들리지 않고 어떤 소리도 그녀의 눈을 뜨게 할 수는 없었다. 생애의 극히 짧은 기간 동안 그녀의 영혼은 비정상적인 열정에 사로잡혀 불타오르다 그 후에는 영혼의 빈 껍질만 남게 되었다. 그녀야말로 트바이크가 말하는 대로 '자기 낭비의 천재'였던 것이다.

메리 스튜어트가 쓴 것으로 알려진 일련의 연애편지나 시가 오늘날에도 남아 있는데, 이는 그녀의 연애가 어떠한 것이었는지 알기 위한 귀중한 자료이다.

그 분을 위해 그 후로 난 명예를 포기했습니다.

그 분을 위해 난 권세와 양심을 내걸었습니다.

그 분을 위해 난 가족과 친구를 버렸습니다.

젊은 시절의 메리 스튜어트

지금까지 메리가 안 남성이라 하면 15살의 병약한 남편 프랑수와 2세와 유약한 청년 댄리뿐이었다. 오히려 그녀가 보호자 입장에 있었다고 해도 될 것이다. 그런데 보스 웰은 몹시도 거친 남성적인 힘으로 지금까지 그녀가 한시도 잃은 적이 없는 자부심, 자신감, 이성을 산산조각 내버렸다. 단단한 껍질이 갈라져 이제껏 몰랐던 여인의 기쁨, 지배당하는 자의 기쁨이 그녀 안에 샘솟게 했다.

보스 웰은 메리에게 여인으로서의 자부심을 무너뜨린 대신, 헌신이라는 새로운 엑스터시(감정이 고조되어 도취 상태가 된 현상)를 가르쳐 주었다. 왕권, 명예, 육체, 영혼을 그녀는 이 열정의 샘에 아낌없이 던져 버렸다.

범죄의 어두운 그림자

그렇다고는 하나 이 사랑에는 처음부터 불길하고 숙명적이며 범죄적인 어두운 그림자가 도사리고 있었다. 메리에게는 남편이 있었고 보스 웰에는 아내가 있었다. 말하자면 이중의 간통을 스코틀랜드 여왕이 범하고 있었던 셈이다. 그리고 이 관계를 영원히 지속하려 한다면 범죄 위에 범죄를 거듭하게 됨은 자명했다.

게다가 메리 자신은 누구에게도 말할 수 없는 절망적인 고뇌가 있었다. 보스 웰은 그녀를 거의 사랑하지 않고 있었던 것이다. 그는 말하자면 말을 타거나 전쟁에 나가거나 하는 것처럼 남성적인 놀이 중 하나로 여인을 정복한 것에 불과했다. 한 번 그 몸을 빼앗아 버리면 그에게 이미 여인은 아무 의미가 없었다.

메리는 냉담한 남자 앞에 무릎 꿇고 그를 확실히 잡아두려고 안간힘을 썼다. 그토록 자부심 강했던 여왕이, 그토록 의연했던 여인이 이렇게 변할 수 있단 말인가! 보스 웰의 아내를 질투하고 그녀를 함정에 빠뜨리려고도 했다. 자신의 변함없는 애정을 믿어달라고 남자에게 애원하기도 했다. 그러나 행복한 결혼 생활을 하고 있는 야심가에게 있어 여왕과의 단순한 정사는 아무런 매력이 없었다.

보스 웰에게 있어 매력적인 것은 단지 하나, 왕관뿐이었다. 스코틀랜드의 왕위 말이다. 이렇게 생각해 보면 저주받은 두 연인이 합심해 명목상 국왕으로 되어 있는 댄리를 살해하기에 이르는 과정은 실로 필연적이었다고 하겠다. 불행한 여왕으로서는 싸늘한 남자를 계속 붙잡아두기 위해 왕관 이외의 먹이는 아무것도 없었던 것이다.

이제 메리 스튜어트의 생애 중에서도 가장 어둡고 끔찍한 일막이 시작된다. 사랑에 눈이 먼 그녀는 '맥베스 부인'과 같은 행동을 보인다. 범죄로 가는 길, 전락으로 가는 첫걸음을 내딛은 것이다.

1567년 1월 22일, 몇 주 동안 댄리와 동석하기를 피하던 여왕은 돌연 그래스고로 향한다. 표면상으로는 병중인 남편을 문병하기 위함이었지만, 실은 보스 웰의 명으로 에딘버그로 남편을 데려가기 위함이었다. 에딘버그에서는 죽음의

셰익스피어의 『맥베스』
영국의 세계적인 극작가 셰익스피어. 『맥베스』는 그의 비극 작품 중 하나로, 이 작품에서 맥베스는 자신의 부인을 부추겨 자신의 정적들을 살해한다. 여기서 맥베스 부인은 자신의 의도로 살인을 저지른 것이 아니라 남편 때문에 살해 사건에 가담하게 된다.

비수를 쥔 보스 웰이 이제나 저제나 하며 사냥감을 기다리고 있었다.

아무것도 모르는 병중의 남편은 마차에 실려 에딘버그 시 성벽 밖에 있는 황량하고 초라한 집으로 옮겨진다. 새벽 2시, 갑자기 대폭발이 일어난다. 폭파된 집 뜰에서 검게 탄 국왕의 시체가 발견된다. 하수인은 누구였을까?

의문의 여지는 없다. 모든 것이 계획대로였다. 시민들은 진실을 간파할 수 없을 만큼 바보가 아니다. 마을 광장이나 왕궁 문에는 범인을 고발하는 종이가 크게 나붙었고 귀족들은 깊은 의심에 빠져들었다.

그러나 메리 스튜어트는 음모를 조사해 범죄자를 처벌하기 위한 어떠한 조치도 취하지 않았다. 자신에게 몰리는 혐의를 딴 곳으로 돌리기 위해 어떤 노력도 하지 않았다. 프랑스의 카트린느 드 메디치도 잉글랜드의 엘리자베스 여왕도 범죄자를 엄벌하도록 강하게 요구했지만 그녀는 단지 사태를 방관하고 있을 뿐이었다. 엄청난 정신적 긴장 뒤에 온 일종의 허탈 상태였던 것이다. "별로 큰 병도 아닌데 단기간에 이 정도로 여왕만큼 크게 변해 버린 여인을 지금까지 본 적이 없습니다"라고 당시 증인은 말한다.

보스 웰과의 결혼식이 거행된 것은 이 꺼림칙한 살해 사건으로부터 불과 3개월 후의 일이다. 이것이야말로 전 세계를 향해 도전장을 내민 것과 같은 것이었다. 신도 두려워하지 않는 철면피적인 행동이었다. 그녀는 온 나라의 동정을 잃고 모든 사람들로부터 완전히 고립되었다. 그녀의 아름다운 얼굴에는 이후, 눈에 보이지 않는 남편 살인이라는 낙인이 찍혔다.

대체 그녀가 이렇게까지 결혼을 서두른 이유는 무엇일까? 그것은 바로 뱃속에 보스 웰과의 비도덕적 열정의 씨앗이 자라고 있었기 때문이다. 아이는 그 후 그녀가 유폐되어 있던 로치레벤 성에서 유산되었다고 한다.

천민 복장의 메리 스튜어트

"그 분을 위해 난 그 이후로 명예를 포기했습니다.
그 분을 위해 난 가족과 친구를 버렸습니다."
이 시구가 마침내 무서울 정도로 진실이 되었다.

이윽고 국내 귀족들이 결속해 반란을 일으키자 보스 웰과
여왕은 위험을 감지하고 홀리루드 성에서 도주하다가 잡혀
로치레벤 성에 감금된다.

허술한 천민 복장을 한 여왕이 병사들에게 둘러싸이자 금
세 민중의 증오에 가득찬 소리가 사방에 울려 퍼졌다. "탕녀
를 태워 죽여라! 남편 살인자를 태워 죽여라!"라고 말이다.
자기 나라 안에서 포로가 된 여왕이라니 사뭇 기묘한 구경거리였을 것이다.

여왕 메리 스튜어트는 단지 범죄자 보스 웰과 관계를 끊고 왕위를 물러나도
록 요구하는 민중의 의지에 스스로 승인을 내리기만 하면 후반생의 힘든 운명
을 견디지 않아도 되었다. 하지만 그녀는 그 길을 택하지 않았다. 자신의 생명
보다 여왕으로서의 자부심이 그녀에게는 더 소중했던 것이다.

보스 웰의 말로는 그녀 이상으로 비참했다. 폭도에게 쫓겨 산을 넘고 바다
를 건너 도망쳤다. 몇 번이나 군사를 모아 반격에 나서려 했지만 성공하지 못
했다. 오크니 군도로 건너가 해적 두목이 되었지만 폭풍우를 만나 노르웨이
해안을 표류하다 마침내 덴마크 해군에게 붙잡힌다. 덴마크 왕은 이 위험 인
물을 감옥에 쳐 넣었다. 쇠사슬에 묶인 채 어두운 벽에 둘러싸여 그는 엄청난
고독과 싸우며 그 강인했던 생명을 부패시켜 간다. 그리고 마지막으로 이 일
생의 풍운아는 광기어린 비참한 최후를 맞았다.

아름다운 호숫가에 있는 음침한 성. 그 성에 갇힌 여왕. 이는 실로 로맨틱

한 상상력을 불러일으키는 풍경이다. 이 풍경에 여왕의 탈주라는 한층 로맨틱한 주제가 결합된다.

죽음을 향한 탈주

탈주를 도운 것은 갇혀 있던 여왕을 사랑하게 된 청년 귀족이자 감시인의 아들인 더글라스 오브 로치레벤 경이었다. 청년은 노를 저어 5월의 달 밝은 밤, 호수 건너편 물가까지 배를 젓는다. 작은 배 안에는 시녀로 변장한 메리가 있다. 이 아름다운 로맨스는 메리의 생애 마지막 로맨스였을 것이다.

이렇게 탈주에 성공하자 메리 안에 다시금 예전의 대담함이 눈뜨기 시작한다. 금세 6천 명의 군대를 모으고 적과 대치하게 된 것이다. 하지만 운명의 신은 더 이상 그녀에게 미소 짓지 않았다. 싸움에 패한 여왕은 몇몇 신하와 함께 말을 타고 목장을 넘어 숲과 늪지대를 지나 필사적으로 도주한다.

이윽고 해변에서 가까운 던드레넌 수도원에 간신히 도착하자 그녀는 엘리자베스 여왕 앞으로 보낼 탄원서를 쓰고 잉글랜드로 건너갔다. 이것이 그녀의 운명의 갈림길이었다. 그때 메리의 나이 25세. 그리고 사실상 그녀의 생애는 이것으로 끝이었다.

말년의 감옥 생활과 단두대

그 이후 그녀의 삶은 감옥에서 감옥으로 옮겨지는, 자유를 박탈당한 회색빛 삶에 지나지 않았다. 종교적으로도 정치적으로도 메리와 다른 입장에 있던 엘

교수대로 가기 직전의 메리 스튜어트

리자베스는 결코 그녀를 자유롭게 해 주지 않았다. 1568년부터 1587년까지 19년간 그녀는 불안한 포로생활을 견뎌야 했다. 메리의 청춘은 시들고 그녀의 생명은 서서히 사그라졌다. 감옥 밖에서는 메리를 옹립하고 엘리자베스를 무너뜨리려는 음모가 몇 차례 계획되었지만 그때마다 좌절하고 만다. 잉글랜드의 양 의원들은 메리의 처형을 엘리자베스에게 강하게 요구한다. 이 위험한 유령을 쫓아버리기 전에는 정부도 두 다리 뻗고 잘 수 없다는 것이다.

　그러나 엘리자베스는 사람들 눈에 어디까지나 자비심 깊은 여왕으로 비치고 싶었기 때문에 좀처럼 사형선고를 내리지 않았다. 메리는 메리대로 자신을 배신하고 유폐시킨 '언니'에 대해 마지막 미움을 폭발시킨다. 이 수감된 여인이 옥중에서 엘리자베스에게 내뱉은 말만큼 심한 욕도 없었다. 엘리자베스는 자신의 육체적 비밀을 운운하는 그녀를 보며 분노에 질린다.

결국 하늘에 두 개의 태양은 존재하지 않듯 둘 중 하나는 사라져야 했다.

처형은 1587년 2월 8일 아침, 그녀의 마지막 수감소인 포더린게이 성의 강당에서 행해졌다. 메리는 가지고 있던 옷을 모두 뒤적여 마지막 죽음의 무대에 가장 호화로운 모습으로 서고자 했다. 이는 마치, 여왕이라면 단두대에 서더라도 이렇게 완전한 모습이어야 한다는 모범을 후세에 남기려는 듯 보였다.

표범 털로 장식한 흑갈색 빌로드 상의와 검은 비단 망토, 이 검은 옷들을 벗으니 비단으로 된 빨간 속옷이 사람들의 눈에 들어왔다. 이만큼 예술적인 수의는 없었으므로 그 효과는 대단했다.

여왕은 조금도 떨지 않고 마치 기쁘기라도 한 듯 사형 판결을 받았다. 단두대를 양팔로 껴안고 목을 내려치려는 사람의 도끼 밑으로 걸어가 목을 대었다. 마지막 순간까지 여왕다운 존엄을 조금도 잃지 않았다.

메리 스튜어트의 관

MARIE STUART

성바르톨로메의 대학살을 자행한 악녀 카트린느 드 메디치. 그녀는 왜 그토록 잔악무도한 행동을 해야 했을까? 그렇게 뛰어난 외모를 가지지 못했던 메디치 곁에는 디아느 드 푸아티에라는 절세미인이 도 사리고 있었다. 이러한 디아느에 대한 메디치의 질투는 상상을 초월할 정도로 대단했으며, 그로 인해 그 녀는 서서히 악녀로 변해 갔다. 그리고 주술적인 힘에 의지한 그녀는 온갖 악행을 거듭하는데……

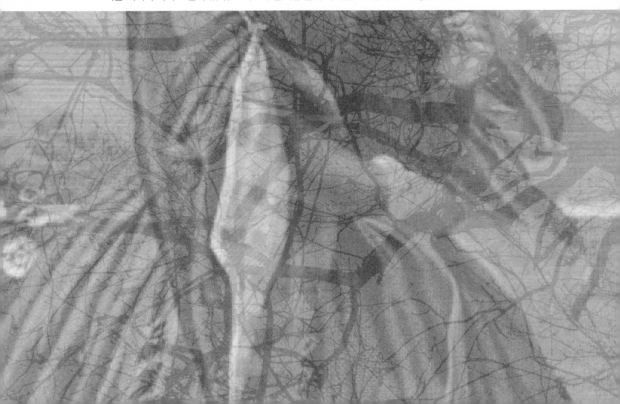

성 바르톨로메 대학살의 악녀
카트린느 드 메디치

　중학교 역사 교과서에 '성 바르톨로메 학살'이라는 제목으로 16세기 당시의 낡은 동판 삽화가 삽입된 것을 보고, 어린 시절 필자는 정교하게 그려진 그 잔혹한 집단 살육을 시간 가는 줄 모르고 바라봤다.

　아침 일찍 손에 총과 창을 든 사나운 병사들이 파리의 프로테스탄트들의 집에 침입해 침대에서 자고 있는 남녀를 알몸으로 만들어 창밖 도로가로 집어던진다. 길에서는 여인과 아이들이 끔찍하게 찔려 죽어가는가 하면 목에 줄을 감아 끌고 가서는 손발을 묶은 채 세느강에 던져버려졌다. 도처에 총이 연기를 뿜고, 머리를 풀어헤친 반라의 남녀가 시체로 뒹굴고 있다.

　메리메(19세기 프랑스의 소설가)의 『샤를르 9세 연대기』에 따르면 '피는 세느강을 따라 사방에서 흘러나오고, 그곳을 지나려는 사람은 끝없이 창밖으로 던져지는 시체에 깔릴 뻔 했다'고 한다.

성 바르톨로메 대학살
로마 가톨릭 교도들이 1572년 8월 24일부터 10월까지 개신교도들을 잔인하게 학살했던 끔찍한 사건이다. 이 사건은 당시 황후 카트린느 드 메디치의 딸인 마르그리트와 개신교 신자인 나바르의 앙리(후의 앙리 4세)와의 결혼식을 기념하기 위해서 모인 개신교 지도자 콜리니를 포함한 약 1만여 명의 개신교 신도들을 가톨릭 군대가 학살하면서 시작되었다. 이러한 사건이 일어난 이유는 황후 카트린느가 당시 로마 가톨릭과 극심한 대립 관계에 있었던 개신교의 정치적 영향력을 우려하면서 일어난 만행이었다.

전경에서 배경까지 여백 하나 없이 당시의 상황을 빽빽하고 극명하게 그려낸 동판화는 아무리 봐도 질리지 않았고, 마치 먼 역사의 참혹한 한 장면이 내 눈 앞에 생생히 펼쳐져 있는 것 같았다.

이 유명한 성 바르톨로메 학살을 감행한 것은 프랑스 왕 앙리 2세의 왕비로, 이탈리아의 메디치가에서 시집온 카트린느 드 메디치였다.

카트린느는 누구인가

20세기 프랑스의 유명한 작가 안드레 모로와는 카트린느에 대해 다음과 같이 쓰고 있다.

"르네상스기의 남녀는 동물적인 격정을 지니고 있어 마음이 육체를 결코 제어하지 못했다. 그들은 모범적인 가톨릭교도이면서 외출할 때는 반드시 허리에 비수를 찼다. 앙리 2세와 카트린느 드 메디치의 결혼은 이탈리아 궁정의 모략이나 처벌받지 않는 살인, 결투, 독 장갑을 착용하는 습관 등을 프랑스에 도입시켰다.

그리고 이탈리아의 용병대장
정신과 프랑스의 기사도 정신
이 혼합돼 기묘한 인간들을 만
들어 냈다."

앙리 2세와 카트린느 드 메디치
필롱이 제작한 앙리 2세와 카트린느 드 메디치의 모습으로, 파리에 있는 새인트 데니스
교회에 소장되어 있다.

　왕비 카트린느를 중심으로
루브르 궁에 군림하던 바로아
왕조의 말기 궁정에는 세련되면서도 기묘한 마술적인
분위기가 드리워져 있었다.

　당시 역사가의 설에 의하면 피렌체의 명문 메디치
가에서 프랑스 왕가로 시집온 카트린느는 미신을 맹신
하는 병적인 기질의 여인으로 마술사나 연금술사, 점성
술사나 향수 제조가 등 의심스러운 인물들을 가까이 두
었고, 후에는 자주 음탕한 모임에도 빠져 살았다고 한
다. 또 결혼 후 첫 10년간 아이가 없었기 때문에 점성학
자나 마술사에게 부탁해 아이가 생긴다는 마법의 물약
을 수시로 마셨다고 한다. 그 때문일까? 어떻게 해서인

**메디치 가문의 상징인 백합 문장을 들고 있는 사
자의 모습**

지 후에는 다섯 명의 아들, 딸을 차례로 낳았다. 그녀가 늘 부적을 지니고 다
녔다는 일화도 잘 알려져 있다. 그 부적은 금속 메달로 표면에는 나체인 비너
스 상을 중심으로 괴상한 카바라(유대인 신비학)의 기호가 가득 조각되어 있었다.
오랫동안 함께 살아온 남편 앙리 2세에게 사랑을 받지 못했기 때문에 그녀는
적잖이 히스테리 기미도 보이고 있었던 것 같다.

디아느 드 푸아티에
푸아티에는 '달의 여신 다이아나'로 비유되기도
할 정도로 16세기 프랑스의 절세 미인이었다. 앙리
2세의 아버지 프랑수아 1세의 정부였으며, 앙리 2
세가 카트린느 드 메디치와 결혼할 때 '아들을 남
자로 만들어 달라'는 왕의 부탁을 받고 결혼 선물
로 앙리에게 넘겨졌다. 그녀는 나이가 들어감에도
여전히 미모를 유지하여 사람들 사이에 마법의 약
이라도 먹고 있는 것이 아닌가, 하고 의심받을 정
도였다.

앙리 2세는 18세나 연상인 과부 디아느 드 푸아티에
(발랜티노와 여공으로 불린다)를 사랑해 늘 그녀와 함께 여행을
떠나거나 여러 가지 선물을 하거나 열렬한 연애편지를
보내기도 했다. 이러한 왕의 집착은 후에 작은 사고로
왕이 죽을 때까지 23년간이나 계속되었다.

디아느(다이아나)는 로마 신화에 나오는 달의 여신이
다. 당시의 연대기 작자 브란텀의 기술에 의하면 실제
이 디아느는 달의 여신처럼 냉정한 야심가이며 절세미
인이었다고 한다.

한편 왕비, 카트린느는 통통하고 못생긴 여인으로
코가 크고 입술은 얇으며 졸린 듯한 눈에 입매도 벌어
진 사람으로, 눈을 반쯤 뜬 상태로 늘 하품을 하고 있었
다. 이러니 남편이 싫어하는 것도 무리는 아니지만 그녀 자신은 불굴의 인내
심으로 남편의 방탕을 보고도 못 본 척했다.

라파이엣트 부인의 아름다운 연애소설 『크레이브의 영부인』의 서문에 '왕
비는 이제 풋풋한 젊음은 사그라들었지만 여전히 아름다운 분이었다'라고 쓰
여 있는데, 이는 작가의 소설 속 이야기일 뿐이다. 실제로 왕비 카트린느는 당
시의 초상화를 보더라도 빈말이라도 참으로 아름다운 분이라고는 할 수 없을
정도였다.

"왕비의 강직한 성품으로 보아 왕의 배우자로 칭송받는 지위에 있음을 즐기고
있는 듯했다. 발랜티노와 여공을 폐하가 총애하는 것에 조금도 기분 상해하지 않

는 듯 질투는 찾아볼 수 없었다. 그러나 이 분은 늘 본심을 가슴 깊숙이 숨기고 있었으니 그 진정한 마음까지 헤아리기란 쉬운 일이 아니었다."

『크레이브의 영부인』 중에서……

젊은 시절의 카트린느
그림에 나타난 모습으로 봐도 그녀는 통통하고, 코가 크며, 입술은 얇고, 졸린 듯한 눈에 입매도 벌어진 사람이었다는 것을 알 수 있다. 디아느 드 푸아티에와 비교되는 이러한 외모 때문에 남편이 싫어하는 것도 무리는 아니었던 듯하다.

사실 카트린느는 극단적으로 내성적이어서 질투나 굴욕을 참아가며 마지막까지 가슴 속에 쌓아두었던 것이다. 그러나 이것이 폭발하자 측근의 허리춤이나 사타구니를 채찍으로 때리는 가학적인 행동을 보였고, 또 남편 사후에 정치판에 뛰어든 뒤에는 독살이나 암살을 일삼을 만큼 권모술수에 능한 여인으로 변해갔다.

유명한 성 병리학자인 크라프트 에빙의 설에 의하면 성 바르톨로메 대학살도 그녀의 성 도착적 본능을 만족시키기 위해 이루어진 대대적인 음락살인에 지나지 않는다고 한다.

그러나 무엇보다 카트린느는 메디치 가 출신답게 미술이나 예술 등의 좋은 취미를 가지고 예술가를 보호했으며, 축전이나 화려한 음악회를 개최해 루브르 궁에 여러 미술품을 수집함으로써 이 시대의 프랑스 문화를 발전시키는 데 크게 공헌하기도 했다. 벽걸이, 칠보, 보석 세공, 희귀 문서, 도공 베르나르 바리시의 도기 등은 당시 공예 문화의 상징이었다.

크라프트 에빙(1840~1902)
- -
독일의 정신 의학자로서 최초로 성(性)의 정신병리학에 관해 연구하였다. 그의 연구는 범죄의 이상심리에서부터 유전, 간질, 전신마비, 편두통에 이르기까지 다양했다. 또한 그는 미개척 분야인 변태성욕을 다루는 성욕병리학 분야를 연구해 『성적 정신병질 Psychopathia Sexualis』(1886)이라는 유명한 성 관련 저서를 남기며, 성적 도착으로 사디즘과 마조히즘이라는 신조어를 창시하기도 하였다.

카트린느의 궁전

16세기 프랑스 예언가 미셸 노스트라다무스 (1503~1566)
프랑스 출신의 위대한 예언가로, 전생이 기독교의 천사장인 미카엘(Michael)이라고도 전해진다. 노스트라다무스의 예언 중에는 히틀러가 일으킨 제2차 세계대전이 있고, 또 1566년에 자신이 죽을 것이라 예언하여 사람들을 놀라게 했다.

카트린느가 파리에 세운 궁전은 '여왕관'이라 불렸고, 궁전 뜰에는 내부가 뚫린 나선형 계단이 있는 기묘한 원기둥이 서 있었다. 원기둥 꼭대기에는 원형과 반원형이 교차한 지구본 같은 구가 달려 있었다. 기둥 머리는 토스카나 양식, 기저부는 도리아 양식, 그리고 기둥 자체에는 18개의 홈이 나 있어 왕관이나 백합, 동물의 뿔이나 거울, 장신구나 다양한 마술의 상징물들이 가득 조각되어 있었다. 이 기묘한 원기둥은 왕비가 궁중 천문학자인 레니에를 위해 세워 준 점성술사용 관측소로 지금도 파리시 안에 그대로 남아 있다. 루이 15세 때는 원기둥의 머리 부분에 해시계가 놓였고 주위에는 샘물이 만들어졌다.

신비학이나 마술을 좋아한 카트린느의 궁전에는 레니에 외에도 피렌체 출신의 요술사 르지에리 등 유명·무명의 마술사들이 구름처럼 모여들었다. 이때 노스트라다무스는 카트린느의 남편 앙리 2세의 뜻하지 않은 죽음을 예언한 것으로 너무나 유명하다.

앙리 2세의 딸 마그릿트 드 프랑스와 사보와 공의 결혼식 때 왕은 젊은 근위대장 몽고메리 백작과 함께 흥에 겨워 들에서 시합을 하자고 했다. 백작은 처음에는 정중히 사양했지만 왕의 간절한 부탁에 결국에는 응하였다. 그래서 시합을 시작하게 되었는데, 어떻게 된 일인지 백작의 창이 왕의 황금투구를 관통해 한쪽 눈을 찔러 버렸다. 창은 뇌에까지 달했다. 그것이 원인이 되어 왕은 9일간 혼수상태에 빠졌다가 곧 죽고 말았다.

그런데 노스트라다무스의 『백 시편, 제1의 서』라는 예언집에는 다음과 같은 4행시가 적혀 있다.

젊은 사자는 노인에게 이기지 못한다.
전쟁 뜰에서 일대일 승부 끝에
황금의 비단 안에 싸인 두 눈을 도려내 뽑힌다.
비참하게 죽기 위해 두 개의 상처는 하나가 되지 않는다.

앙리 2세가 병상에서 신음하는 몸이 되자마자 카트린느는 왕에게서 그가 총애하던 발랜티노와 여공(디아스)을 멀리 떼어 놓았다. 여공이 왕을 병문안 오는 것조차 허락하지 않았던 것이다. "죽어가는 왕은 왕비의 것이다"라고 그녀는 단호히 말했다. 그리고 여공은 궁에서 쫓겨나 일찍이 왕이 내린 인장이나 왕관의 보석을 즉시 반환하고, 또 왕비가 목록을 적어둔, 왕이 보낸 선물을 돌려보내라는 명령을 받았다.

여공은 폐하가 이미 죽었는지를 물었고 그렇지 않다는 것을 알자 "그렇다면 아직 저에게 그런 명령을 내릴 수 있는 사람은 없습니다. 폐하가 저를 믿고 주신 것을 그 누구도 돌려달라고는 할 수 없는 것입니다"라고 대답했다.

오랫동안 아름다운 디아느의 그늘에 가려 눈에 띄지 않는 존재였던 왕비도 남편의 죽음과 함께 갑자기 여장부로서의 본령을 발휘하기 시작했다. 정치 무대에서 활약하기 시작한 것도 남편 사후부터이다.

쉬농소 성

프랑스에서 가장 아름다운 성으로 알려져 있다. 셰르(le Cher)강 위에 자리 잡고 있는 직사각형 모양의 이 성은 카트린느 드 메디치와 디아느 드 프와티에가 만든 정원이 둘러싸고 있어 그 아름다움을 더하고 있다. 역사적으로 쉬농소 성은 여섯 명의 여인들이 중요한 역할을 했기 때문에 '여인들의 성'이라고 불린다. 먼저, 토마스 보이에의 부인인 카트린느 브리코네가 성 건축을 도왔고, 1547년에는 앙리 2세가 이 성을 디안느 드 프와티에에게 주었다. 그녀는 필베르 델로마를 시켜서 셰르강을 건너는 다리를 건설하도록 했다. 앙리 2세가 사망한 이후에는 카트린느 드 메디치가 다리에 갤러리를 만들었다. 그 후에도 여러 명의 여성들이 이 성을 신축하는 데 관여하였다.

기지개를 펴는 섭정 왕태후 카트린느

앙리 2세의 횡사 사건 이후, 프랑스 왕가는 서서히 가슴 아픈 운명을 걷기 시작했다. 이제 왕태후가 된 카트린느에게 남겨진 것은 우매한 세 왕자와 종교 분쟁으로 갈기갈기 분열된 왕국뿐이었다. 세 왕자는 그 후 차례로 왕위를 잇게 된 프랑소와 2세, 샤를르 9세, 앙리 3세이다.

어머니의 피를 이어서인지 세 아들 모두 퇴폐적인 마술을 좋아했으며, 극단적으로 병약하고 또 게을렀다. 이는 멸망 직전의 바로아 가의 왕들에게 공통적으로 나타나는 성격이었다.

이보다 앞서 아직 남편인 앙리 2세가 살아 있을 무렵, 카트린느는 세 아들의 미래를 알고 싶다며 노스트라다무스를 파리로 불러온 적이 있었다. 그때 이 고명한 점성학자는 "세 아들은 하나의 옥좌에 오를 것이다"라고 예언했다. 그런데 세 아들은 노스트라다무스의 예언대로 잇따라 하나의 옥좌에 올랐지만 세 명 모두 비참하게 죽어갔다.

먼저 장남은 아버지의 뒤를 이어 15살에 왕위에 올라 프랑소와 2세를 자칭했지만 곧바로 1년 만에 급사했다. 교회에서 갑자기 고열에 괴로워하더니 처참하게 숨을 거둔 것이다. 일설에 의하면 독살이라고도 한다. 프랑소와 2세는 몸이 허약해 어릴 때부터 여드름이나 만성 중이염으로 고생했고, 성격도 어둡고 과묵해 거의 정신박약에 가까운 아이였다. 사인은 아마도 중이염에서 발단한 척수 수막염일 것이다.

루브르 박물관
프랑스 파리의 루브르 궁전을 미술관 건물로 사용하고 있으며, 소장된 미술품의 규모는 세계 최대를 자랑하고 있다. 원래 루브르 궁에는 역대 프랑스 국왕들, 특히 프랑수아 1세, 루이 13세, 루이 14세 등이 수집해 놓은 방대한 양의 미술품이 소장되어 있었다. 그러나 프랑스 혁명 후에 소집된 국민의회가 그것을 공개하기로 결정함으로써 루브르 박물관이 탄생하게 되었다.

차남인 샤를르 9세는 9세에 왕위에 올라 어머니인 카트린느가 섭정하였다. 그런데 그녀는 노스트라다무스의 예언이 조금씩 신경이 쓰이기 시작해 당시 페스트로 황폐해진 남 프랑스 살롱으로 아들과 함께 여행을 떠나 점성학자의 의견을 들으러 갔다. 이때 예언자가 상심한 그녀에게 무슨 말을 했는지는 알려져 있지 않다.

카트린느 드 메디치
당시 프랑스 왕실의 실세였던 사람으로 왕
이었던 샤를르 9세의 어머니이다.

샤를르 9세 역시 바로아 가의 사람답게 허약하고 게을렀
으며 미술을 좋아하는 소심쟁이였다. 메리메에(19세기 프랑스의 소
설가) 의하면 "그 안색은 우울하고 그 크고 푸른 눈은 결코 대
화 상대를 온전히 보는 일이 없었다"고 한다.

성 바르톨로메 살육이 벌어진 날, 루브르 궁 창문에서 긴
화승총으로 도망치는 프로테스탄트들을 조준 사격했다는
샤를르 9세는 이 무서운 학살이 있은 후 밤마다 악몽에 시달
리는 노이로제에 걸려 이를 잊기 위해 몸을 축내 가면서도
쾌락에 빠져들었다. 그리고 마침내 어머니 품에 안긴 채 24
세의 나이로 생을 마감했다. 의사는 폐병이라 진단했지만 일
설로는 너무 피를 많이 쏟아 빈혈로 죽었다고도 한다.

이 샤를르 9세의 원인 불명의 우울증에 대해서는 기이한 에피소드가 남아
있는데, 잠시 소개해 본다.

아들의 병이 날이 갈수록 악화돼 마침내 의사도 포기할 상태가 되자 왕태
후 카트린느는 도미니코 파의 배교 수도사와 함께 흑미사(어원은 죽은 이를 위하여 바치
는 미사임)를 열어 악마의 입을 통해 아들의 운명에 대해 알아보고자 했다.

미사는 밤 12시에 악마의 상 앞에서 거행되었다. 참석한 것은 카트린느와
샤를르, 그의 심복 부하뿐이었다. 먼저 쓰러진 십자가를 발로 짓밟은 요술사
가 흑백의 두 개의 성체를 바쳤다. 그 중 흰색의 성체를 희생양으로 선택된 예
쁜 어린아이의 입 속에 밀어 넣고 성체 의식이 끝나자마자 제단 위에서 아이
의 목을 베었다. 몸에서 잘려나간 목이 아직 실룩실룩 움직이고 있는 사이, 큰
검은 빵 위에 올려졌다가 램프가 켜진 테이블 위에 안치되었다.

곧이어 악마의 의식이 시작되고 악마는 아이의 입을 빌려 말하도록 돼 있었다. 샤를르는 머뭇머뭇하며 질문했지만 그 소리가 작아 누구에게도 들리지 않았다. 그러자 가냘픈, 도저히 인간의 소리라고는 생각되지 않는 기묘한 소리가 희생양이 된 아이의 작은 목에서 들려 왔다. 이는 라틴어로 'Vim patior(이런 심한 짓을 하다니)' 라는 뜻이었다.

샤를르 9세(Charles IX, 1550~1574)
프랑스 왕 앙리 2세(Henry II)와 카트린느 드 메디치(Catherine de' Medici) 사이에서 태어났다. 큰형인 프랑수아 2세(Francois II)가 일찍 죽음으로 인해 어린 나이인 10세에 왕위에 올라 14년 동안 프랑스를 통치하였다. 건장한 체격을 가진 그는 승마와 사냥을 즐겼으나 어머니로부터 물려받은 유전성 결핵으로 평생 고통 속에 살아야 했다. 그는 충동적이고 잔혹한 행동을 곧잘 하며 늘 불안한 생활을 하였다.

이 말을 들은 왕자는 너무나 두려운 나머지 사지를 떨며 쉰 목소리로 "그 목을 갖다 버려라. 가까이 오지 못하게 하라"고 외쳤고, 마지막 숨을 거둘 때까지 "피투성이 얼굴, 피투성이의 얼굴"이라는 말을 중얼거렸다. 주위 사람들은 왕이 외치는 말뜻을 알아들었다. 아마도 왕은 성 바르톨로메의 밤에 학살된 프로테스탄트의 우두머리, 코리니 제독의 환영을 본 것이리라. 아이의 입에서 흘러나온 "이런 심한 짓을 하다니"라는 말은 실은 코리니 제독이 죽어가며 내뱉었던 저주였다.

사실 샤를르 9세와 코리니 제독은 서로 매우 친한 친구였던 때도 있었다. 코리니 제독의 인품이 젊은 샤를르의 마음을 사로잡았던 것이다. 왕은 어머니에게조차 알리지 않고 코리니와 함께 심혈을 기울여 원정 계획을 세우기도 했다. 사실 태평한 샤를르에게 있어 이 정도는 전쟁놀이 수준에 불과했을 것이다. 그러나 카트린느는 격분했다. "코리니 제독은 내 사랑하는 아들을 무익한 전쟁터로 쫓아 보내려는 것인가"라고 하면서 말이다.

성 바르톨로메 대학살

카트린느는 고민했고 마침내 코리니를 죽이기로 결심한다. 구교 측의 우두머리 규이즈가와 공모해 계획을 짰다. 이렇게 해서 1572년 8월 22일 금요일, 코리니 제독은 모르베르라는 흉한이 쏜 화승총에 맞아 중상을 입었다. 이것이 그 무서운 8월 24일의 프로테스탄트 대학살, 즉 성 바르톨로메 참극의 발단이었다.

24일 새벽 1시 반, 학살을 개시하라는 종이 울렸다. "오늘만큼은 잔혹한 것이야말로 자비이고, 깊은 자비야말로 곧 잔혹이다"라는 카트린느 왕태후의 말이 여기저기서 터져 나왔고, 여인과 아이를 죽일 때는 반드시 복창되었다.

코리니 제독은 자고 있다가 습격당해 그 시체는 창 밖으로 내던져져 길거리로 질질 끌려 다니다가 마지막에는 몬포콘의 형장에서 교수대에 매달렸다. 이 과정을 지켜보며 한때 친구였던 자를 배신한 샤를르 9세는 태도가 급변해 일부러 형장까지 찾아가 코리니의 시체에 능욕을 가했다고 한다. 샤를르 9세

성 바르톨로메 축일의 대학살

가 죽을 때까지 외쳤던 '피투성이 얼굴'이란 이때 본 처참한 환영일 것이다. 그가 양심의 가책에 못견뎌 한 것도 어쩌면 당연한 일일지도 모른다.

그러나 다른 설에 의하면 샤를르 9세는 어머니의 손에 독살되었다고도 한다. 그 이유는 왕태후가 가장 사랑한 아들인 삼남(후의 앙리 3세)에게 왕권을 물려주기 위해서였다는 것이다. 만약 이 설이 사실이라면 카트린느는 아마도 샤를르 9세의 우유부단한 성격과 상식 밖의 방탕이, 계속되는 종교 분쟁으로 지리멸렬 상태에 있던 왕국을 파멸로 이끌 것이라 염려했기 때문일 것이다. 독살설이 제기된 유력한 증거는 죽기 직전 샤를르 9세의 얼굴에 기묘한 반점이 생겼다는 것, 그리고 피가 섞인 식은땀을 흘렸다는 점이었다.

독약의 본고장이라고 할 피렌체에서 온 카트린느는 그 주위에 독약을 제공해 주는 향료 상인을 몇 사람이나 거느리고 있었다. 그 중 가장 유명했던 사람이 산밋시르 다리 위에 상점을 차리고 있던 루네비안코라는 남자이다. 장갑이나 편지에 독이 스며들게 하는 방법은 그가 이탈리아에서 들여와 프랑스 궁정에 도입한 것이다.

카트린느가 보낸 독 편지의 희생이 되어 죽었다고 의심되던 사람 중 쟌느 달브레가 있었다. 당시 사람들도 거의 이 소문을 믿어 의심치 않았다. 쟌느는 아들 앙리와 마그릿트 드 프랑스(카트린느의 딸로 후에 여왕 마고의 이름으로 알려진 음탕한 왕비)의 결혼식에 참석하기 위해 파리에 왔지만 도착 후 6주 만에 죽었다.

마고 여왕(Marguerite de Valoi, 1553~1615)
프랑스 앙리 2세와 카트린 드 메디치 사이에서 태어난 프랑스 발루아 왕조의 마지막 공주로 수많은 남성편력과 방탕한 생활로 유명한 왕비였다. 그녀는 어머니 카트린느의 권력욕으로 신교 세력과의 평화공존이라는 목적으로 나바르 왕이었던 앙리 4세와 정략결혼을 하지만 사랑 없는 결혼으로 숱한 연애 행각을 벌인다. 마고는 잘 알려진 격정적이고 음탕한 생활과는 또 다르게 많은 시집과 서간집을 남겨 프랑스 문학사에서도 중요한 위치를 차지했고, 상당히 검소하고 절제하는 생활을 했다고 한다. 그녀의 작품 중 당대 프랑스의 모습을 생생하게 묘사한 『회고록 Memoires』이 잘 알려져 있다.

카트린느 드 메디치라는 이름은 정확히 이탈리아의 보르자 가와 같이 당시부터 독과 결합된 불길한 이름이었다.

어쩌면 쟌느 달브레는 오랫동안 결핵을 앓고 있었으므로 그의 죽음은 단순한 병사일지도 모른다. 그런데도 카트린느에게 원한을 품은 위그노파 무리들은 독살이 틀림없다며 카트린느를 비난했고, 소문은 소문을 불러 마침내 불길한 유언비어가 온 나라 안팎에 떨치게 되었다. 브란토므에 의하면 샤를르 9세는 '사람을 오랫동안 기절시켜 결국에는 촛불이 꺼지듯 절명시켜 버리는' 군소의 뿔을 갈아 만든 가루를 먹고 어머니의 손에 죽었다고 한다. 군소란 프리니우스 이래로 실존한다고 여겨져 온, 물에 서식하는 동물로 옛 독물 잡지에는 반드시 등장하는 이름이다. 물론 그런 동물이 현실에 존재할 리는 없다.

앙리 3세(1551~1589)
폴란드와 프랑스의 왕으로, 발루아 왕가 최후의 왕이다. 지적이고 세련된 외모를 가지고 있었으나 동성애적인 성적 취향을 보이는 등 기이한 행동을 하여 비난을 받기도 했다. 이런 그의 행동 때문에 사악했던 어머니 카트린느 드 메디치와 함께 많은 이들로부터 미움을 받았다. 또한 가톨릭 세력의 대표격이었던 기즈공과의 불화가 심해 가톨릭 당파로부터 강한 반발을 사쫓겨나기도 했었다. 그는 결국 가톨릭 수도사인 자크 클레맹에게 암살당하고 말았다.

카트린느의 최후

이렇게 샤를르 9세가 죽자 어머니의 명으로 폴란드에 가 있던 막내는 즉시 돌아와 신왕 자리에 앉았다. 그가 앙리 3세이다.

이 앙리 3세는 어머니보다 한 술 더 뜬 마술 애호가로 퇴폐적인 성 도착자였던 모양이다. 모로와의 『프랑스사』에는 "신왕 앙리 3세는 기묘하고 불안정한 매력을 갖고 있었다. 장신으로 야윈 몸매에 우아하고 친절했으며 자유주의를 표방했다. 그러나 사람들의 존경을 받지는 못했다. 그의 여성스러운 태도, 팔찌, 목걸이, 향수 등의 취미는 비위에 거슬리는 것이었다. 그가 궁정 잔치에서 여장을 했던 것이 알려졌을 때 사람들은 그를

'남색 전하'라 불렀다"고 기록되어 있다.

신왕은 파리 교외의 바센느 궁전에 머물렀는데, 고탑 안에 틀어 박혀 총신인 데페르논 공작과 함께 신 강령법이나 흑미사에 열중했다. 당시 파리 시민의 한결같은 소문에 의하면, 왕은 이곳에서 인간을 희생물로 바치고 있었으므로, 왕이 죽은 후 고탑에서 칼로 벗겨진 아이의 몸가죽과 흑미사용 은그릇 등이 발견되었다고 한다.

앙리 3세가 블로어에 삼부회를 소집한 후 그 자리에서 사람들이 방심한 틈을 타 정적인 규이즈 공을 암살시킨 사건은 영화로까지 만들어질 정도로 유명한 역사의 한 장면이다. 규이즈 공은 블로어 성에서 체포되어 도끼형으로 처형당했다.

아무도 해서는 안 된다고 생각한 것을 이 마음이 약한 여성스러운 왕은 어머니에게조차 상의하지 않고 혼자만의 생각으로 저질러 버렸다. 카트린느 드 메디치는 놀라서 "무슨 짓을 한 것이냐"고 힐문하자 "이것으로 나 혼자 왕이 되었습니다"라고 아들은 태연하게 대답했다.

이미 섭정에서 물러나 은퇴한 후 블로어에 있던 70세의 노모는 이 사건으로 심한 충격을 받았다. "나는 더 이상 아무것도 할 수 없다. 그저 잠들 뿐이다"라고 한탄한 그녀는 사실상 다시는 일어나지 못했다. 그리고 3주 후에 죽었다.

"죽은 것은 한 여인이 아니라 왕권이다"라고 당시 역사가 잭 드 토우는 꼬집어 말했다.

Erzsebet

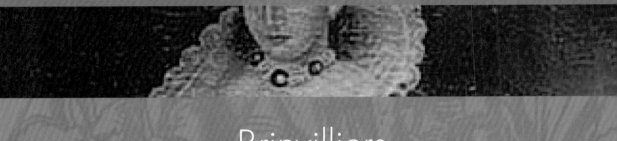

Brinvilliers

Marie

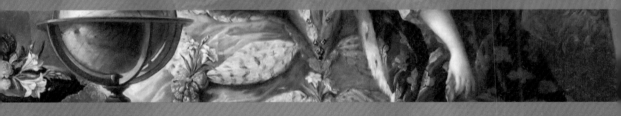

Magda

17세기부터
20세기까지의
악녀들

CHAPTER 03

ERZSEBET

트란실바니아에서 가장 유서 깊고 유복한 바토리 가(家) 태생이다. 그녀는 처녀의 피로 목욕할 정도로 역사상 가장 유명한 연쇄살인마로 유명하며, 이 때문에 '피의 백작부인'이라 불리기도 한다. 당시 사회에는 근친결혼을 많이 하였기 때문에 기형아나 정신 이상자가 나오기도 했었는데, 바토리 역시 정상적인 상태의 인간은 아니었을 것으로 추정된다.

피로 목욕했던 잔인한 악녀

에르체베트 바토리

인간의 피, 특히 젊은 처녀의 피가 미용이나 회춘에 신비로운 효과를 낸다는 설은 예로부터 전해지고 있으며, 연금술 이론에도 이러한 사상은 곳곳에서 나타난다. 성당 기사단이라 불린 중세의 이단적 비밀 결사단의 인간 희생이나 카트린느 드 메디치의 흑미사 등은 모두 이러한 이론의 악마적 적용이라 할 수 있다.

성서의 레위기에는 "피는 그 안에 생명이 있으므로 속죄하고자 하는 사람은 이를 통해 할 수 있다. 우리 중 누구도 피를 마셔서는 안 된다"라고 기록되어 있다. 인간의 피를 생명의 중심으로 보는 사상은 아마 이때부터 생긴 것이 아닐까.

레위기(Leviticus)
구약 성경의 세 번째 부분으로 모세 오경에 속한다. 이스라엘인들의 종교의식, 예배, 관습, 제사의식, 일상생활 속에서 지켜야 하는 율법에 대한 내용을 담고 있는 책으로 '레위기'라는 이름은 율법 가운데 예배규칙의 시행을 맡은 레위인의 이름에서 나온 것이다. 시기상으로는 출애굽기 이후 이스라엘인들이 가나안 땅을 향해 이동하던 시기의 내용이다.

피를 부르는 여인 에르체베트

에르체베트의 전기를 쓴 18세기 예수회 신부 라스로사의 말에 의하면 "그녀의 가장 큰 죄는 아름다워지려 한 것"이었다고 한다. 그녀는 자신의 육체를 아름답게 유지하기 위해서는 무엇을 희생해도 후회하지 않는 정신의 소유자였다. 그녀만큼 극단적인 자기중심주의자도 드물 것이다. 언제나 거울 속에서 자신의 아름다운 용모를 확인하지 않으면 성에 차지 않는 그녀에게는 신도 지옥도 안중에 없었던 것이다. 그 무참했던 생애를 통해서 그녀는 단 한 번도 회한으로 양심에 가책을 느낀 적이 없었다.

에르체베트가 빈의 숙소에서 자기가 원하는 대로 온갖 잔학행위를 일삼고 있었다는 것도 아마도 사실인 것 같다. 재판 기록에 보면 하인은 다음과 같이 증언하고 있다.

"그녀의 방에는 늘 4~5명의 처녀가 알몸으로 있었지만 처녀들은 몸 안에 피가 말라붙어 마치 숯처럼 검어 보였다."

에르체베트의 고문 방법으로는 손톱 사이에 핀을 찔러 넣거나, 불에 활활 타는 봉을 몸의 여러 군데에 갖다 대거나, 바늘로 입을 꿰매거나, 가슴에 바늘을 꽂거나, 발가벗긴 채 나무에 묶어 놓고 몸에 개미를 모여들게 하는 등 극히 초보적인 것에서부터 차마 눈뜨고 볼 수 없는 무참한 것에 이르기까지 실로 복잡다단했다고 한다. 상대방 입에 양손가락을 넣어 좌우로 힘껏 끌어당겨 입을 찢어 버리는 방법도 있었다. 인후 안쪽으로 뜨거운 봉을 밀어 넣은 적도 있었다. 어떤 때는 가정부가 구두를 잘못 신겼다는 이유로 인두를 가져오게 해 그녀의 발바닥에 갖다 대며 "어머나, 넌 예쁜 빨간색 구두를 신었구나!"라고 했다고 한다. 빈의 숙소는 방 안 가득 엄청난 피바다였으므로 걷기도 쉽지 않아 침대까지 가는 데 마루에 재를 뿌려야 했을 정도였다.

한 제철공을 시켜 철로 만든 거대한 새장 같은 것을 만들게 한 적도 있었다. 새장 안쪽에는 날카로운 철책이 둘러져 있었으며, 도르레 장치로 이 새장을 천정 높이 매달았다. 새장 속에는 물론 젊은 처녀가 갇혀 있다. 불에 태운 봉으로 잔인하게 새장 속 처녀를 툭툭 친다. 처녀가 뒤로 몸을 피하면 철책에 등을 찔린다. 아래에서 지켜보고 있던 백작 부인 위로 처녀의 피가 비처럼 쏟아진다.

처녀의 피를 요구했던 에르체베트

같은 아이디어로 그녀는 중세의 잔인한 형구로 유명한 '철의 처녀'도 만들게 했다. 당시 시계 수집에 열심이던 브른스위크 공이 드르나크루바 성에 머물렀을 때, 저명한 독일 시계사를 불러 복잡한 장치가 달린 정교한 시계를 만들도록 하자 인근 귀족들 간에 싸움이 붙었다. 이를 구경거리 삼아 지켜보았던 에르체베트는 몰래 솜씨 좋은 시계사에게 주문해 '철의 처녀'를 제작하도록 한 것이다.

철제 인형이 완성되자 에르체베트는 체이테 성 지하실에 설치하였다. 사용하지 않을 때는 떡갈나무 상자에 넣어 엄중히 자물쇠를 걸어 두었고, 사용할 때는 상자에서 꺼내 무거운 대좌 위에 세웠다. 처녀 모양을 한 인형은 분홍색으로 칠해져 있었고, 화장

철의 처녀
그녀는 좀 더 악랄한 살인 기구를 고안하던 중 '철의 처녀'라는 기구를 도안했다. 이 기구는 인형 모양으로 생겼으며, 여자를 그 안에 넣고 기구를 작동하면 인형이 껴안아서 죽이는 기구였다. 기구의 안쪽에는 날카로운 칼날이 설치되어 있어서 인형에 안긴 여자는 인형의 몸 안에서 비명을 지르며 몸부림을 치다가 비참하게 죽어가는 것이다.

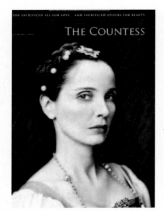

처녀의 피로 목욕을 즐긴 악녀 에르체베트
바토리를 다룬 영화. 줄리 델피 주연

처녀들 목을 자르고 욕조에 피를 받아 목욕하고
있는 에르체베트

을 입힌 얼굴에는 각 기관들이 인간의 그것처럼 생생하게 그려져 있었다. 기계를 움직여 입을 벌리면 공포스러우면서도 잔인한 미소를 띠었다. 이도 제대로 만들어졌으며, 눈동자도 움직였다. 진짜 여인의 머리카락이 마루에까지 닿을 정도로 풍성하게 달려 있었다. 그리고 가슴에는 보석 목걸이가 걸려 있었다.

이 보석으로 된 구슬을 누르면 기계가 차츰 움직이기 시작했다. 톱니바퀴 소리가 끔찍하게 울려 퍼지고 인형은 양팔을 천천히 높게 들어올린다. 이윽고 일정 높이까지 팔을 올리고 나면 양팔로 자기 가슴을 껴안는 시늉을 한다. 이때 인형의 손이 닿는 범위 내에 있던 사람은 너나 할 것 없이 인형에게 꼭 안기는 모양이 된다. 이와 동시에 인형의 가슴이 양쪽으로 벌어지며 열린다. 가슴 안쪽은 비어 있다. 좌우로 열린 문에는 예리한 5개의 칼이 꽂혀 있다. 따라서 인형이 꼭 껴안은 사람은 그 몸 안에 갇혀 5개의 칼에 찔려 압착기에 눌린 것처럼 피를 흘리며 고통스러운 최후를 맞게 되는 것이다.

다른 보석을 누르면 인형의 팔은 다시 원 위치로 돌아와 그 얼굴의 미소는 흔적 없이 사라진다. 이윽고 인형은 졸린 듯 눈을 감는다. 찔려 죽은 처녀의 따뜻한 피는 인형의 몸 안에서 파인 홈을 따라 아래의 욕조에 고인다. 이 욕조에 백작 부인은 몸을 지긋이 담근다.

그러나 그녀는 곧 이런 무시무시한 형구를 사용하는 데도 질려 버렸다. 직

처녀들을 살해하는 에르체베트 바토리

접 손을 댈 여지가 없으면 그녀로서는 재미가 없는 것이다. 게다가 복잡한 톱니바퀴에 피가 엉겨 붙어 금세 움직이지 않게 되었다. 나중에 그녀가 체포되고 나서 사람들이 성 안을 조사해 보니 붉게 녹슬어 고장 난 '철의 처녀'가 어두운 지하실에서 음침하게 돌아가고 있었다고 한다.

이 '철의 처녀'의 등장은 백작 부인이 여인들만 골라 죽였다는 사실과도 맞물려 그녀의 성격을 파악하는 데 도움을 준다. 혹시 그녀는 레즈비언이었을지도 모르고, 또 무의식중에 고대 동방의 대모신을 받드는 무녀와 같은 역할을 하고 있었는지도 모른다.

> **대모신**
>
> 고대 동양과 그리스 로마의 여신으로 신들의 위대한 어머니라 불리며 고대 세계를 지배한 여신. 지역에 따라 여러 이름으로 알려져 있는데 Cybele, Cybebe, Agdistis라고도 한다. 이러한 대모신은 본질적으로 모두 똑같은 특징을 갖고 있었다. 그런 특징들 가운데 가장 중요한 것은 보편적인 모성이었다. 대모신은 신들의 어머니일 뿐 아니라 인간과 짐승의 어머니이기도 했다.

격세유전이라고나 할까. 고대의 비밀 종교 사원에서도 체이테 성 지하실에서 처럼 실로 엄청난 양의 피가 흘렀었다고 한다.

점점 밝혀지는 피의 살해 현장

질드레(Gilles de Rais, 1404~1440)
프랑스 귀족이자, 군인으로 잔다르크와 함께 전쟁에서 승리한 전사였지만, 연금술과 흑마술에 빠져들어 소년들을 잡아서 자기의 성에 가두어 강간하며, 고통스러운 모습을 보기 위해 산채로 목을 자르고, 때로는 목을 대들보에 매달고 시체 위에서 자위를 하는 등 온갖 잔혹한 행위를 했다. 구국의 영웅이라 하지만 모두들 그의 행위에 경악을 금치 못했으며 결국 사형에 처해지게 된다.

성 안의 하인들에게 있어서는 사체 매장이 고민거리였다. 처음에는 교회 방식대로 목사를 불러 매장했지만 점점 시체가 늘어나면서 사실을 은폐하기 힘들어졌다. 불안감에 딸을 만나러 성으로 찾아오는 어머니도 있었다. 하지만 딸은 이미 차마 눈뜨고는 볼 수 없는 모습이 되어 처참하게 죽은 후였다. 어머니를 만나지 못하게 빨리 묻어 버려야 했다. 소문은 소문을 불러 백작 부인의 입장은 점점 위태로워졌다. 그런데도 그녀는 너무나 무모했다. 천민 출신 처녀의 피에는 만족할 수 없게 되어 귀족 처녀의 고귀한 피까지 원하게 된 것이다.

이러한 그녀의 무모함, 대담함은 영아 살인자 질드레가 연금술에 쏟았던 광기를 떠오르게 한다. 하지만 질드레와 그녀 사이에는 한 가지 결정적인 차이가 있었다. 질드레는 항상 악마 내지는 신에 관심을 가졌던 남자 몽상가로 악행을 저지를 때마다 후회에 시달리곤 했다. 한편 백작 부인의 마음에는 저 세상에 대한 동경은 찾아볼 수 없었고 후회도 끝내 생기지 않았다.

진정한 인간적 공포는 죽음 그 자체가 아니라 '혼돈(카오스)'이라는 허무함에서 오는 것일 것이다. 생애의 마지막에 회개하고 기꺼이 화형대에 뛰어든 질드레는 그런 점에 있어 극히 인간적이었다. 그런데 백작 부인은 끝까지 무서운 허무의 암흑에 둘러싸여 자기만의 호사에 빠져 고독하게 죽어갔다. 그녀만큼 극단적인 나르시스트, 극단적인 자기중심주의자도 없을 것이다.

당시 에르체베트 바토리가 살았던 체이테 성

체이테 성이 수색을 받게 된 것은 1610년 12월의 일이다. 눈과 얼음이 산 위의 성을 가로막아 밖은 온통 새

현대의 체이테 성의 잔해

하얀 침묵에 싸여 있었다. 검을 가진 수색관이 달빛을 따라 지하실로 내려가자 악취가 코를 찔렀다. 고문방 벽에는 피보라 흔적이 생생히 남아 있었다. 불 꺼진 솥 옆에는 처형 도구가 뒹굴고 있었다.

그리고 위층으로 이어지는 돌계단 곁에 알몸의 처녀가 살해당한 채 쓰러져 있었다. 유방은 도려내지고 살에는 칼

카오스

그리스의 우주개벽설(kosmogonia)에서 우주가 발생하기 이전의 원시적인 상태를 말하며, 여기서 모든 것이 생겼다고 여겨졌다. 혼돈이나 무질서 상태를 말하는데 원뜻은 '입을 벌리다(chainein)'이며, 이것이 명사화로 굳어지면서 '캄캄한 텅빈 공간'을 의미한다. 그리스 신화에서 카오스의 의미는 최초의 신이 나타난 존재를 뜻한다. 최초에 카오스로부터 태어난 존재는 가이아, 타르타로스, 닉스, 에레보스이고, 이는 각각 땅, 지하, 밤, 어둠의 신이다.

집이 나 있고 머리는 다발로 묶여 끔찍했던 최후의 모습을 얼굴에 고스란히 담고 있었다.

한층 더 안쪽으로 들어가자 다른 시체도 발견되었다. 다 죽어 있는 모습이 었지만 아직 살아 있는 사람도 있었다. 살아남은 자의 증언에 따르면 그녀들은 며칠을 굶은 후 먼저 죽은 다른 처녀들의 시체를 먹도록 강요당했다고 한다.

에르체베트 바토리가 다스리던(체이테) 성
그림에서 보는 바와 같이 아주 높은 언덕에 위치해 있었기 때문에 세상과 단절되었고, 아무도 접근할 수 없었던 그야말로 난공불락의 요새였다.

희대의 살인마에 대한 재판

재판은 1611년 1월, 헝가리의 비트시에서 열렸다. 그러나 에르체베트는 출두하지 않았다. 친족들이 낸 탄원서가 마침내 황제의 마음을 움직여 그녀는 사형까지도 면할 수 있었던 것이다. 공범자인 도로코, 이로나 등은 모두 화형되었다. 백작 부인에게는 종신 금고형이 내려졌다. 체이테 성에 죽을 때까지 갇혀 있게 된 것이다.

판결이 내려지자 석공이 성으로 찾아왔다. 성 안에 부인을 감금한 채 그들은 돌과 옻으로 성의 창이라는 창은 전부 칠하기 시작했다. 부인의 시야에서 빛이 들어오는 부분은 점점 사라져 갔다. 그녀는 살아 있으면서 거대한 어둠의 무덤에 매장된 셈이다. 빛을 통하게 하는 어떤 작은 틈새도 모조리 막아버렸다. 그리고 마지막으로 음식과 물을 넣어주기 위한 작은 구멍이 벽에 뚫어졌다.

성의 네 귀퉁이 높은 곳에는 4개의 교수대가 설치되었다. 이곳에 사형돼야 할 죄인이 살고 있다는 것을 알리기 위해서였다. 모든 빛이 차단된 절대적 고독, 그것이 그녀가 감수해야 할 마지막 운명이었다. 우물 바닥과 같은 칠흑 같은 어둠 속에서 들려온 것은 오직 바람 소리뿐이었다. 그녀의 검은 눈동자는 흰 손조차 바라볼 수 없게 되었다. 빌로드 모피를 걸치고 그녀는 그렇게 짐승처럼 살아가야 했다.

이렇게 1년이 지나고 2년이 지난 3년째 여름, 에르체베트 바토리는 드디어 죽음을 맞이했다. 향년 54세. 죽기 전에 또렷한 의식으로 유언을 남겼다. 그러나 그녀의 피투성이 영혼이 모든 출구가 막힌 영원한 감옥에서 과연 어떤 세계로 갈 수 있었겠는가.

BRINVILLIERS

역사상 가장 돋보이는 천재적 독살 상습범을 꼽으라 하면 브랭빌리에 후작 부인을 들 수 있을 것이다. 그녀의 범죄행각은 그녀의 첫 남편 브랭빌리에 후작이 바람을 피우면서부터 시작되었다. 이후 그녀는 점점 희대의 독살마로 변해 갔으며, 아버지와 자신의 동생들, 그리고 계속해서 가족들을 독살해 나갔다. 그러던 어느 날 우연치 않게 그녀의 범죄 사실은 만천하에 드러나게 되었고, 그녀는 물고문을 당하며 범죄 사실을 실토하게 된다.

희대의 여 독살마

브랑빌리에 후작 부인

루이 왕조가 군림하던 17세기 파리에 기괴한 독살 사건이 빈번하게 일어난 적이 있었다. 사람들은 이를 '독약 사건'이라 했다.

당시는 베르사유 궁전으로 대표되는 현란하고 호화로운 로코코 시대로 절대 군주 루이 14세의 통치 아래, 프랑스 파리가 유럽 문화의 중심지로 떠오르던 시대였다. 이러한 화려한 시대에 마치 중세의 암흑기를 연상시키는 미신이나 독살 사건, 마약 매매나 악마 숭배 등이 사회 이면에서 악덕 사제나 궁정 귀부인들 사이에 몰래 행해지고 있었던 것은 주목할 만하다.

어느 학자에 의하면 루이 13세의 재상 리슐리외가 그의 주변에 고양이를 길렀던 것은 단지 그가 고양이를 좋아했기 때문만이 아니라 고양이를 통해 음식에 독이 들었는지를 확인하기 위함이었다고 한다. 그만큼 독살의 위협은 당시 일반적으로 행해지고 있었다.

역사상 유명한 일련의 '독약 사건'은 정치적 음모나 루이 14세를 둘러싼 궁정 여인들의 질투와 맞물려 왕좌를 전복시킬 수도 있는 일대 스캔들로까지 발전했지만, 그 중에서도 단연 돋보이는 천재적 독살 상습범으로 범죄 역사에 빛나는 이름을 남긴 여인이 있다. 그녀가 바로 지금부터 이야기하려는 브랑빌리에 후작 부인이다.

독살의 여인 브랑빌리에의 탄생

딕슨 카의 추리소설『화형법정』에 이 브랑빌리에 부인의 에피소드가 잘 나타나 있으므로 관심 있는 독자는 읽어 보면 좋을 것이다. 필자는 이 괴이한 소설을 무척 좋아하는데, 이는 과거와 현대가 맞물리는 묘한 긴장감으로 독자들을 미스터리 속으로 빠져들게 한다.

딕슨 카의 소설에서는, 고풍스러운 고양이 머리 장식이 달린 팔찌를 한 17세기 여성 독살마와 꼭 닮은 여인이 나타나 독살 혐의를 받는다. 즉 브랑빌리에 후작 부인은 처음 17세기에 사형이 선고돼 화형에 처해져 죽었으나 '불사의 인간'으로 여전히 살아

루이 14세
프랑스 부르봉 왕조의 왕(재위 1643~1715). 프랑스의 최전성기 시절에 나라를 다스린 왕으로 베르사유 궁전을 지어 이곳에서 나라를 다스렸으며, 절대왕정을 상징하는 존재로 남아 있다. 전통적으로 이어져 왔던 재상제를 폐지하고 파리고등법원을 격하시켰다. 프랑스를 유럽 문화의 중심이 되게 하는 역할을 하였으나 지나치게 화려한 궁정생활로 프랑스 재정 결핍을 초래하였으며, 신교도를 박해하기도 하였다.

존 딕슨 카(John dickson Carr, 1906~1977)
미국의 유명한 미스터리 작가. 세 살 때 이미 역대 대통령의 이름을 모두 암기할 정도로 영리하였고, 고등학교 재학 중에는 첫 밀실 미스터리 단편『람세스의 루비(The Ruby of Rameses)』를 교지에 발표할 정도였다. 역사 미스터리, 소극(farce), 불가능 범죄물, 아서 코넌 도일의 평전에서 서평에 이르기까지 다양한 방면에서 활약했으며, 엘러리 퀸과 같이 본격파 작가에게 많은 영향을 주었다. 특히, 그의 작품 중『화형법정』은 부인 독살이 유행처럼 번졌던 17세기와 현대가 야릇하게 맞물리며 묘한 긴장감을 더하는 미스터리물로 괴기스러운 색채로 독자적인 세계를 구축했다고 할 수 있다.

남아 20세기에 다시 독살 사건으로 단두대에서 처형되는 것으로 다뤄진다. 이 소설에 등장하는 것은 말하자면 부활한 브랑빌리에 후작 부인인 셈이다.

재미있는 것은 이 부활한 독살 사건 용의자가 부엌에서 깔때기를 보고 두려워하는 대목이다. 왜냐하면 일찍이 17세기의 후작 부인은 화형에 처해지기 전 재판소 고문방에서 받침대 위에 누워 그 입에 가죽 깔때기를 물고 숨을 못 쉬는 상태에서 대량의 물을 들이마셔야 했던, 소위 물고문 형을 받은 적이 있었는데, 그 공포스러운 기억이 20세기에 부활한 여인에게까지 눈에 보이지 않는 실처럼 연결되어 묘사된 것이 흥미롭기 때문이다.

그럼 이 추리소설의 귀재에 의해 현대에 소생할 수 있었던 희대의 여독살마 브랑빌리에 후작 부인의 태생과 그 범죄 및 최후에 대해 살펴보자.

화형법정
살인·추리소설의 거장 존 딕슨 카의 대표작. 대략적인 줄거리는 다음과 같다. 출판사 편집인 에드워드 스티븐슨은, 어느 날 인기 작가의 원고에 딸려 온 한 사진을 보고 놀란다. 그 사진에는 17세기 독살범의 모습이 담겨 있는데, 놀랍게도 자신의 아내 마리와 너무나 똑같았기 때문이다. 17세기의 독살 사건과 현대의 독살 사건이 묘하게 맞물리며 벌어지는 미스터리물이다.

그녀는 1630년 7월 22일, 고매한 파리 사법관의 여섯 남매 중 장녀로 태어났으며, 어렸을 때는 '마리 마그리트 드불레'라 불렸다. 그녀가 자란 가정에 대해서는 별로 알려진 것이 없으며, 아버지는 몇몇 직업을 겸하고 있어 매우 바쁜 사람이었던 것 같다. 그녀는 어려서부터 재색을 겸비한 것으로 유명했지만, 종교적 신앙심이 부족했고 바람기가 있었으며 무언가에 금방 빠져드는 성격이었다. 게다가 색을 밝히는 경향이 있어 스무 살도 되기 전에 남동생들에게 차례로 몸을 맡겼다고 한다. 이는 후에 그녀의 고백록을 통해 알려진 사실이다.

21세 때 '안트와느 고블랭 드 브랑빌리에'라는 후작과 결혼했지만 이 남자는 육군 출신 건달로 머리가 그다지 좋지 않은 사람이었다. 결혼식 당시 밤색 머리에 푸른 눈을 한 그녀는 놀랄 만큼 아름답고 요염했다고 한다.

남편은 도박을 좋아하고 여색을 즐겼기 때문에 주변에 나쁜 친구들이 많았으며, 이 친구들을 종종 집으로 데려오곤 했었다. 그 가운데 고단 드 산트크로와라는 기병대의 토관이 있었는데, 이 타락남이 브랑빌리에 부인의 일생을 결정해 버릴 만큼 큰 영향력을 미치게 되었다.

고단은 분명 머리가 좋고 매력적인 남자였다. 남편의 사랑을 받지 못했던 브랑빌리에 부인은 곧 바로 그의 매력에 빠져들었다. 둘은 공공연하게 사교계나 극장에 모습을 보여 금세 사람들 입에 오르내렸다.

남편은 자기 일만으로도 바빠 부인의 행동을 나무라지 않았지만 보수적인 그녀의 아버지는 둘의 관계에 눈살을 찌푸렸다. 가정이 무너지는 것은 용납할 수 없었던 것이다. 이에 아버지는 사법관인 자신의 권한을 이용해 괘씸한 딸의 연인, 고단을 바스티유 감옥에 6주간 감금하기도 하였다.

그런데 고단은 바스티유 감옥에서, 세계를 돌며 악행을 일삼아 온 기괴한 남자를 만난다. 그 남자는 스웨덴 크리스티나 여왕의 하인이었던 엑질리라는 이탈리아인으로 일찍이 교황 이노센트 10세 때 150명 이상을 독살한 적도 있는 악인 중의 악인이었다. 이때도 독약 제조 혐의로 옥살이를 하고 있었다.

벨라스케스의 작 · 교황 이노센트 10세의 초상화
궁중 화가로서 명예와 부를 누렸던 벨라스케스의 작품. 벨라스케스는 초상화의 대가였다. 그는 인물의 모습을 있는 그대로 표현할 뿐만 아니라 그 그림 속에 인물 내면의 심리 상태, 성격 등을 반영하는 것으로 유명하다. 교황 이노센트 10세의 초상화를 통해서도 이노센트 교황의 내면 세계가 잘 드러나 있다. 그는 교황이라 하여 아름답고 온화하고 자비롭게 표현하지 않았다.

고단은 이 독약 전문가 엑질리의 열성 제자가 되어 출소 후 그를 집으로 불러 독약 제조법을 배웠다. 복수심이 강한 그는 자신을 감옥에 가둔 브랑빌리에 부인의 아버지를 죽이고자 한 것이다. 둘은 무서운 독약 실험에 빠져들었다. 고단에게 푹 빠져 있던 후작 부인도 아버지의 처사를 원망해 생부를 빨리 죽이고 유산을 손에 넣고 싶어졌다.

유산 상속의 가루

당시 프랑스에서 가장 유명하면서도 격렬한 효과를 지녔던 독약은 '유산 상속의 가루'라 불렸다. 이를 사용하면 유산이 자기 손에 들어온다 하여 붙여진 이름이다. 엑질리에게 비법을 전수받은 고단은 이미 스승을 능가하는 기술을 익혀 이 '유산 상속의 가루'를 만드는 데도 탁월했다.

그러나 일을 치르기 전에 우선 실험해 볼 필요가 있었다. 어느 날 브랑빌리에 부인은 과자와 과일을 가지고 파리시립자선병원에 모습을 나타내 환자들에게 그것을 나눠 주었다. 그녀의 목적은 해부했을 때 독이 발견되는지 여부를 시험하는 것이었다. 이는 오랫동안 발각되지 않아 병원에서는 그녀를 신앙심과 자비로움의 귀감으로 칭송했다.

독약 실험의 대상이 된 것은 환자뿐만이 아니다. 부인 집에서 일하던 하인도 과일 시럽을 먹고 건강을 해쳐 폐인 같은 비참한 모습이 돼 버렸다.

이렇게 몇몇 실험이 성과를 보이자 다음은 아버지 차례가 되었다. 아버지는 옷페몬 영지에 딸과 함께 머물던 중 원인불명의 병에 걸려 파리로 돌아오고 나서도 8개월간 고통스러워하다 마침내 숨을 거두었다. 딸은 그가 죽기까지 병상에서 헌신적(?)인 간병을 했다. 사실은 매일 조금씩 독을 먹이고 있었던 것이다!

계속되는 독살 살인 사건

귀찮은 아버지가 사라지자 그녀는 전보다 더 방탕해져 계속해서 여러 남자와 관계를 가졌다. 남편의 사촌동생 나다이야크 후작과의 사이에서는 아이도 낳았다. 또 아이의 가정교사로 집에 드나들던 브리안 쿨이라는 젊은이의 정부가 되기도 했다. 물론 고단과의 관계도 여전히 지속하면서 그와의 사이에 두 명의 아이를 두기도 하였다. 이런 방탕한 생활을 계속하자 막대한 재산은 점점 사라져갔다.

이렇게 되자 남은 유산을 혼자 차지하기 위해 다음으로 처치해야 할 것은 자신의 남동생들이었다. 이번에도 고단이 5만 5천 리불을 받고 그녀의 계획에 협력해주겠다고 했다. 고단의 조수인 라송세라는 사람이 명을 받아 남동생들에게 독약을 먹였다. 이때 독살 당한 작은 동생의 사인에 의문이 제기돼 해부 결과 독살이라고 밝혀졌지만 가까스로 그녀는 추궁을 면한다.

이때부터 그녀의 앞날에 불길한 그림자가 드리우기 시작했다. 경솔하게 자기 계획을 남들에게 말하거나 신뢰할 수 없는 연인 고단에게 만사를 맡겨 왔던 것이 문제였다. 악랄한 고단도, 그 제자인 라송세도 그녀의 비밀을 미끼로 끊임없이 그녀를 협박해 돈을 우려냈다.

어떤 사람에게 독살은 일종의 취미이자 성적 흥분을 불러일으키는 유혹이기도 해, 한 번 이 병적인 습관에 사로잡히면 도저히 그만둘 수 없게 된다. "화학자가 자기만족을 위해 실험하는 것처럼 특별한 목적 없이 그 자체의 쾌락을 위해 독살자는 자신과 아무 관련 없는 사람들까지 죽인다"라고 소설『스쿠델리양』에서 브랑빌리에 부인의 사건을 저술한 E. A 호프만은 말하고 있다.

이미 광적인 독살 상습범자가 되어 버린 부인은 다음으로 자신의 여동생과 올케를 살해하고, 나아가 옛 연인인 브리안 쿨도 살해하려 했다. 마지막으로 남편이 고단과 남색 관계에 있다고 의심하여 이를 질투한 나머지 남편도 독살하기로 결심한다.

호프만(Ernst Theodor Amadeus Hoffmann, 1776~1822)
독일 후기의 낭만파 소설가로 공상적이고 탐미적인 꿈의 세계를 표현함으로써 내면의 인간성을 추구하였고 기지·풍자를 많이 담은 작품을 써서, 후대 작가들에게 많은 영향을 주었다. 음악에 대한 재질도 뛰어나 음악사상가, 작곡가, 평론가 등 다방면으로 재능을 발휘했다. 음악사적으로는 음악 작품보다 문필 활동에 더 의의가 있으며 평론가로서 그는 근대 음악비평의 창시자라고 일컬을 수 있다. 그의 주요 작품으로는『칼로풍(風)의 환상편(幻想篇)』,『클라이슬레리아나』,『돈 후안』,『스쿠델리양(孃)』,『벼룩의 우두머리』등이 있다.

남편이 죽으면 고단과 결혼할 생각이었지만 고단으로서는 그녀와 결혼할 생각이 조금도 없었다. 그래서 그녀가 남편에게 독을 쓴 것을 알자 곧바로 해독제를 써 그를 살려낸다. 불쌍한 남편은 죽지도 못하고 건강을 해쳐 가냘픈 생명을 유지해간다. 이를 막간 희극이라 해야 하는 것일까.

부인과 고단 사이는 점차 삐걱거리기 시작했다. 지긋지긋한 관계가 된 것이다. 마지막에는 어느 쪽인가가 상대를 죽이지 않으면 해결이 나지 않는 상황으로까지 몰리며 둘 사이에서 먹느냐 먹히느냐의 심리적 암투가 계속되었다.

그러던 중 생각지도 못하게 고단이 갑자기 숨을 거두었다. 1672년의 일이다. 전하는 바에 따르면 집에서 독극물 실험 중 유독 가스를 마시지 않기 위해 붙여두었던 판유리의 마스크가 떨어져 나가 독가스를 마시고 죽었다고 한다. 이 그럴듯한 설을 유포시킨 사람은 소설가 알렉산더 듀마였다. 그러나 사실은 병사인 듯하다.

밝혀진 비밀 | 고단에게는 상속자가 없었으므로 모베엘 광장 귀퉁이에 있던 그의 집과 재산은 즉시 경찰의 배려로 봉인되었다. 그때 이상한 상자가 경찰의 손에 입수되었다. 이 상자에는 고단의 필적으로 다음과 같은 편지가 들어 있었다.

"이 상자를 손에 넣은 분께 나는 부탁한다. 부디 이 상자를 느브 상 폴 거리에 사는 브랑빌리에 후작 부인에게 돌려주기 바란다. 상자의 내용물은 모두 그녀에 관한 것이므로 그녀가 가져야 마땅하다."

그 전에 고단이 죽었다는 전달을 받은 그녀는 안색을 바꾸고 "내 상자는 어떻게 됐어?"라고 외쳤다고 한다. 여하튼 경찰은 이 비밀 상자를 열어야 하나 말아야 하나 오랫동안 망설였다. 부인은 이를 열지 못하게 하려고 온갖 방법을 동원했지만 허무하게도 상자는 열려 버리고 말았다.

상자에서 나온 것은 부인이 고단 앞으로 보낸 36통의 연애편지와 비소, 염화제2수은, 안티모니, 아편 등의 극약이었다.

혐의를 받고 있다는 것을 안 부인은 몰래 시골로 피신해 상자 안의 편지는 모두 위조품이라고 떠들었다. 그러는 사이 고단의 조수 라슝세가 체포돼 고문을 받았다. 그는 알고 있는 것을 모두 자백하고 그 날 중에 사지가 찢기는 형으로 처형되었다.

결국 런던으로 도망가 있던 후작 부인에 대한 결석 재판이 진행되었고, 재판 결과 참수형이 선고되었다. 이윽고 영국 정부가 그녀에게 추방령을 내리자 부인은 네덜란드, 피카델리, 바렌시엔누, 리에주 등지로 도주했다. 그 후 리에주의 한 수도원에 몸을 숨기고 있다가 프랑스 사법경찰의 교묘한 함정에 걸려 마침내 체포되고 말았다.

경찰은 수도원 안에 있던 그녀를 도저히 잡을 수 없었기에 경관대장인 데글레라는 사람을 수도사로 변장시켜 수도원으로 잠입시켰다. 그는 미인계를 써서 만날 약속을 잡고 교묘하게 부인을 밖으로 꾀어냈고, 부인은 강제로 마차에 태워져 경관대에게 이끌려 파리로 호송되었다.

수도원 몽생미셸의 모습
우리나라 사람들에게 특히 유명한 수도원으로 바다 한가운데 솟아 있어 그 웅장함을 더해 준다. 이 수도원을 처음 지으려고 마음먹은 사람은 꿈에서 계시를 받고 수도원 건축 구상에 들어가 이 수도원을 지었다고 한다.

부인이 파리로 호송된다는 이야기가 퍼지자 호기심 많은 무리들이 길가로 나와 수군거렸다. 유명한 범죄자를 직접 보고자 하는 심리는 신문과 같은 매체가 없던 당시, 지금 이상으로 매우 컸을 것이다.

경관대장 데글레의 손에 압수된 부인의 물건 속에는 세상을 떠들썩하게 한 충격적인 『고백록』도 있었다. 이는 그녀의 일기 같은 것으로 그간의 온갖 음탕하고 잔학한 행동이 낱낱이 기록돼 있었다.

이에 따르면, 그녀에게는 소녀 때의 근친상간을 비롯해 낙태, 강간, 구강성교 등의 성경험이 있는 것으로 알려졌다. 이는 킨제이 보고서에 대해 알고 있는 20세기 현대인의 관점에서 본다면 그리 놀랄 만한 일도 아니지만, 가톨릭교의 윤리가 지배하던 17세기 당시로서는 어느 하나를 보더라도 그것만으로 사형에 처해질 정도로 극악무도한 죄였던 것이다. 또 그녀는 부채로 고민하다 채권자와 부동산 관련으로 싸웠을 때, 분을 삭이지 못해 자기 집에 불을 지르려 한 적도 있었다.

수많은 독살 관련 얘기도 그대로 『고백록』 안에 담겨져 있었다. 대체 그녀는 왜 자신에게 불리하게 될 것이 뻔한 대죄의 증거를 일부러 남겨 둔 것일까? 그러나 이 의문에 답하기 전에 우리는 역사상 유명한 독살마는 대부분의 경우, 그 범죄에 대해 어떠한 형태로든 말하거나 남기고 싶어 했다는 사실을 염두에 둘 필요가 있다. 특히 여성 독살범들이 그러한 경향이 두드러진다.

마찬가지로 17세기의 유명한 여성 독살범 마리보스는 술기운에 "독살은 수지맞는 장사야. 이제 세 명만 더 죽이면 난 부자가 돼서 이 일에서 손 뗄 수 있어"라고 떠벌린 탓에 그 자리에 잠복해 있던 경찰에게 잡혀 결국 처형되었다. 1851년에 처형된 가정부 엘레느 제가르트는 "내가 가는 곳마다 사람이 죽는 다"라고 의기양양하게 말했고, 1887년에 사형된 간호사 반덴린덴은 "1개월 안에 당신 차례가 온다"고 예고하며 범행을 거듭했다. 이 두 여인은 모두 범죄 역사상 유명한 독살 살인범들이다. 그들의 범행에는 동기가 거의 없었다.

브랑빌리에 부인도 어느 날 밤, 술에 취해 약국 처녀에게 분말 가루를 보여 주며 "이걸로 나는 적들에게 복수해. 이걸로 유산은 내꺼야"라고 자랑하듯 말 했다고 한다. 아무래도 독살 애호가에게는 떠벌리고 싶은 충동이 있기 마련인 가보다.

독일의 의학자 이완브룃흐가 브랑빌리에 부인을 평가한 문장 중에 "성적 갈망은 원래 잠재적 에고이즘에 지나지 않지만 타인의 운명이나 고민에 대한 감수성을 마비시킨다. 이것이 진행되면 살인 욕구로 바뀐 다"고 언급했는데, 이는 그녀의 성도착적 기질을 본질적 으로 범죄와 묶어 고찰하고 있다는 점에서 뛰어나다 할 수 있다.

한편, 수감된 브랑빌리에 부인은 교도관을 유혹하기 위 해 모든 힘을 쏟았지만 그것도 헛된 일임을 깨닫자 유리 파편이나 병을 삼키거나 항문에 봉을 꽂아 자살을 시도했 다. 이러한 행동들은 그녀의 히스테릭한 성격을 여실히 보 여 주는 대목이다.

에고이즘

자기 자신에 대한 애착을 말하는 것으로 '에고(ego)'란 말은 본래 희랍어에서 1인 칭 대명사인 '나'를 의미하며, 여기에서 파생된 에고이즘(egoism)이란 용어는, 우 리말로 흔히 '이기주의'라고 번역하고, '자기의 이해관계나 이익을 중심으로 생 각하는 주의, 주장'을 의미한다. 윤리학에 서 에고이즘이란 자기의 쾌락을 증진시킴 을 도덕적 행위의 유일한 목적이라고 하 는 이기적 쾌락주의를 말하는 것으로 자 애주의, 주아주의라고도 한다.

거만하게 재판에 임하는 브랑빌리에

재판은 1676년 4월 29일부터 7월 16일 밤까지 라모와 논 재판장 담당으로 22차례에 걸쳐 진행됐다.

귀부인다운 거만함과 위엄을 한 순간도 잃지 않고 늘 판사석을 향해 얼굴을 빳빳이 들고 있던 후작 부인에게 판사들은 혀를 내두르며 두려워했다고 한다. 그녀는 선천적으로 도덕성이 결여된 인간이 아닌가, 하고 말이다.

실제로 그녀는 눈물 한 방울 흘리지 않았다. 여러 사람이 증인으로 출두해 눈물을 흘리며 부인을 참회시키고자 했지만 정작 그녀는 비웃고만 있었다. 옛 연인 브리안 쿨은 13시간에 걸쳐 그녀에게서 참회의 말을 끌어내려 노력했지만 마침내 포기하지 않을 수 없었다.

"당신, 울고 있는 거야? 남자 주제에 그리 나약해서야, 원!"

그녀가 뱉은 말은 이것뿐이었다.

물고문 당하는 브랑빌리에 후작 부인

7월 15일, 마지막 기회로 피고에게 반성과 회개가 요구되었다. 하지만 부인은 여전히 완강하게 입을 열지 않았다.

부인이 더 이상 버티지 못하고 마침내 모든 것을 고백하도록 하기 위해서는 도입부에 언급한 것과 같은 『화형법정』에서의 물고문이 필요했던 모양이다. 깔때기로 위 속에 대량으로 들이부어진

물은 그녀의 철저한 범죄성까지 무너뜨려 그대로 흘려보내게 될 지 모른다. 무엇보다 이 물고문은 판결을 내린 후 공범자의 이름을 자백시키기 위해 행해진 것이라 한다. 어쨌든 권력에 의한 화형 법정의 잔학상은 개인의 범죄성 을 웃돌고 있었다.

'화형법정'이란 17세기 루이 왕조 때, 특히 요술이나 독살 등 에 관한 재판을 심리해 피고들에

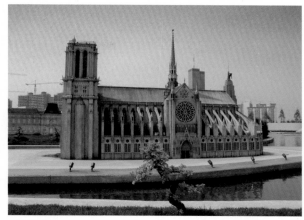

노트르담 사원
프랑스의 전형적인 고딕양식의 건물로 왕의 대관식이나 주로 유명 인사의 장례식 을 치르는 장소로 이용되었다. 노트르담 사원에는 성모의 문, 최후 심판의 문, 성녀 안나의 문 등 세 개의 문이 있다.

게 능지처참형이나 화형을 선고한 법정으로, 이곳은 검은 천이 둘러져 낮에도 빛이 거의 들지 않는 음산하기 짝이 없는 방이었다.

법정의 검은 벽면에 나무 그림자가 드리워진 모양이 마치 불이 타오르는 것처럼 보였으므로 이런 이름이 붙었다고 한다. 이곳은 국왕 직속 재판소로 파리의 바스티유 감옥 근처의 병기고에 설치되어 있었다.

고문을 당한 후 브랑빌리에 부인은 부모를 죽인 범인들만 태우는 호송차에 태워져 밤새 재판소 부속 감옥에서 노트르담 사원으로 옮겨졌다. 군중들은 사 원 문 앞에서 불 켜진 초를 양손에 든 맨발의 후작 부인이 여위고 창백한 얼굴 로 참회하는 것을 구경했다. 그때 그녀는 겨우 37세로 그 미모도 빛이 바래고 있었다.

최후의 브랑빌리에

브랑빌리에 부인은 사원 앞에서 그레이브 광장으로 끌려가 하룻밤을 지샌 후 드디어 단두대에 올랐다. 군중들 사이에서 조소와 심한 욕이 폭포수처럼 쏟아졌다.

그러나 그녀는 생애 마지막 순간을 함께 보낸 소르본느 대학의 신학 교수 에드몬피로의 깊은 감화로 진심으로 회개하게 된다. 어떤 사람들의 눈에 그 모습은 성녀와 같이 고매해 보였다고 한다.

사형 집행관은 기욤이라는 노련한 남자였다. 부인의 목은 단칼에 떨어졌고 떨어져 나갈 때까지 그 목은 귀부인답게 꼿꼿하고 반듯하게 들려 있었다. 때는 1676년 7월 16일이었다.

"그녀의 가엾은 작은 시체는 처형 뒤 이글거리는 불 속에 던져졌고 그 재는 바람에 날렸다"고 세비니에 부인은 딸에게 보낸 편지에 쓰고 있다. 따라서 우리는 그녀의 재가 섞인 공기를 실제로 들이마시고 있었으므로 영혼의 교류를 통해 일종의 유독성을 공유하고 있었던 것이다.

일반 여느 사람과 똑같은 생각을 가졌던 작가인 세비니에 부인은 악녀 브랑빌리에 부인의 처형에 대해 비판적, 조소적, 방관자적이었지만 마지막 순간에 그녀가 보여 준 단두대 위에서의 숭고함, 회개한 영혼의 아름다움에 눈물을 흘리는 자가 없었던 것은 결코 아니었다고 한다.

처형 다음날, 아직 피어오르는 뜨거운 재를 헤집어 처형자의 유골을 주우러 그레이브 광장으로 나온 사람도 여럿 있었다. 그리고 후에 브랑빌리에 부인의 유골은 귀신을 막는 부적이라 하여 고가에 팔리기도 했다고 한다.

참고로 브랑빌리에 부인과 함께 17세기 '독약 사건'의 주역으로 악명 높았던 여자 요술사 라보와잔의 처형상도 앞서 말한 세비니에 부인의 말을 통해 살펴보자. 부인은 라보와잔의 당당한 악녀상에 오히려 감탄한 듯 다음과 같이 쓰고 있다.

"노트르담 사원에 끌려가서도 그녀는 결코 용서를 청하려 하지 않았다. 그레이브 광장에 도착하자 그녀는 죄수 호송차에서 나오지 않으려 힘껏 저항했다. 그러자 경찰이 억지로 끌어 내렸다. 철사에 묶여 땔감들 위에 앉아 짚으로 둘러싸이자 그녀는 큰 소리로 욕하며 56번이나 짚을 밀쳐냈다. 그러나 마침내 불이 타오르고 그녀의 모습은 보이지 않았다. 그녀의 재는 지금도 허공을 떠돌고 있을 것이다."

우리는 이 철저한 지옥 신봉자 라보와잔과 마지막에 성녀로 돌변한 브랑빌리에 부인 사이에서 두 개의 대조적인 죽음을 볼 수 있다. 악녀의 최후에도 여러 가지가 있다는 것이다.

최근 필자는 콜린 윌슨과 패트리시아 피트맨 공저의 『살인자의 사전』(1961년)이라는 책을 탐독하고 있는데, 이 안에서 브랑빌리에 후작 부인도 물론 한 인물로 등장한다. 아마도 이러한 유형의 책이 나올 때마다 그녀의 이름은 영원히 반복돼 사람들의 기억에 되새겨질 것이다. 마치 딕슨 카가 공상한 '죽지 않는 사람' 처럼 말이다.

MARIE ANTOINETTE

합스부르크(오스트리아) 왕가의 딸로 태어나 부르봉(프랑스) 왕가로 출가한 마리 앙트와네트. 그녀의 출가는 두 나라 사이에 오랫동안 지속되었던 불화를 종식시키기 위한 정략 결혼 때문이었다. 이 때문에 프랑스 말도 서툰 15세의 마리 앙트와네트는 역사의 중심에 서게 되었고, 프랑스 대혁명 때는 문란한 사생활로 인해 국민들의 증오심을 불태우는 중심 대상이 되었다.

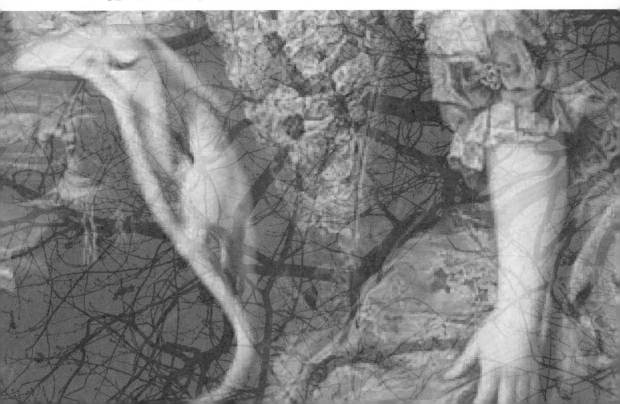

콧대 높던 악녀

마리 앙트와네트

시인 장 콕트는 마리 앙트와네트의 초상에 대해 짧은 글로 다음과 같이 쓰고 있다.

"마리 앙트와네트에 대해 생각할 때 목이 베인다는 것은 극단적이며 비극적인 의미를 갖는다. 행복했던 시절 그녀의 거만하고 경박했던 태도는 사정이 여의치 않게 되었을 때, 불행을 앞둔 숭고한 아름다움으로 탈바꿈한다. 의례적으로 꾸민 마음만큼 품위 없는 것도 없다. 무대가 변해 희극이 비극이 되었을 때, 궁정의 허식에 질식당한 영혼만큼 고상한 것도 없다."

"기존의 하늘을 찌르던 그녀의 명문 의식이 후키에 탄빌 재판소에서는 그대로 그녀의 역할에 천재적 빛을 더한다. 그녀의 하얗게 샌 곱슬머리에서 더 이상 거만함이란 찾아볼 수 없다. 모욕당한 한 어머니가 저항을 시도하고 있을 뿐이다. 그녀의 말은 이제 자존심 때문에 왜곡되지 않는다. 사람들의 휘파람 소리에 둘러싸인 이 여배우는 실로 위대한 비극 배우가 되어 관람석의 관중을 감동시킨다."

"여왕의 초상화 중 최고는 물론 다비드에 의해 그려진, 짐수레 안에 앉아 형장으로 향하는 그것이다. 그녀는 이미 죽어 있다. 산 퀼로트들이 단두대 앞으로 데려간 것은 그녀가 아닌 다른 여인이다. 날개 장식이나 빌로드, 제등 등으로 가득한 상자 아래 몸을 감추고 자신의 진을 다 빼버린 다른 여인인 것이다."(183p 참조)

역사의 대격동에 휘말린 악녀

분명히 콕트가 말한 대로 행복했던 시기의 콧대 높던 '악녀'가 어느 날 본의 아니게 역사의 대격동에 휘말린다. 그리하여 생각지도 못한 온갖 시련을 받음으로써 비련의 여주인공으로 변해가는 과정은 지극히 감동적이기까지 하다. 운명이 휘두르는 채찍에 평범한 인간이 역사 속 놀림감이 되고 그 운명에 어울릴 정도로까지 성장해 가는 과정을 마리 앙트와네트만큼 훌륭하게 보여준 이도 없을 것이다.

마리 앙트와네트의 아기 때 모습(1755)

오스트리아의 여황제 마리아 테레지아의 딸로 태어나 한껏 무르익은 로코코 시대의 프랑스 궁정으로 출가한 그녀는 그 경박한 정신, 허영심, 섬세함, 우아함, 교태를 과시함으로써 18세기 로코코 시대의 대표자가 되었다. 격동기를 눈 앞에 둔 이 18세기 말이야말로 가장 세련되

고 향락적인 귀족 문화의 절정기였다 할 수
있다. 그리고 그녀의 태도, 용모, 생활 그 자
체가 실로 완벽하게 시대의 이상향을 반영
하고 있었다.

10살 때 오빠인 조셉 공작의 결혼식에서 형제들과 발레를 추는 마
리 앙트와네트

독자적 왕국을 구축하고
향락에 빠지는 앙트와네트

　마리 앙트와네트는 자신의 취향에 따라 베르사유 정
원 한 귀퉁이에 작은 독자적인 왕국을 구축했다. 이것
이 그 유명한 쁘띠 트리아농 별장으로 일찍이 프랑스
풍으로 고안된 건물들 중에서도 가장 매혹적인 것 중
하나이다.

　아담한 이 별장은 아름다운 여왕에 걸맞게 극도로 선
이 가늘고, 여차하면 무너질 것 같이 섬세하고 정교한
모습이 로코코 예술의 정수라 부를 만했다. 마리 앙트와
네트는 여기서 가면무도회를 개최하거나 베르사유 내부
의 화려한 왕비의 방에서 하던 연극을 하게 했는데, 나
중에는 연못과 시냇물, 동굴, 농가와 양떼목장까지 갖춘

트리아농 별장
이곳은 왕비가 정한 법에 의해 특별하게 운영되
는 곳이었으며, 루이 16세가 이곳에 와도 이곳에
서는 손님에 불과했다고 한다.

그 목가적인 정원에서 젊은 기사들과 숨바꼭질을 하거나 볼 던지기를 하고 그
네를 타거나 하면서 오로지 노는 일에만 빠져 있었다.

베르사유 궁전
파리 남서쪽 베르사유에 있는 바로크 양식의 대궁전. 루이 14세가 루이 13세 때 별장으로 지었던 것을 확장하여 완성시킨 것으로 역사상 유명한 궁전 중 하나가 되었다. 웅장한 규모의 건축물 내부에는 '거울의 방', '왕비의 방' 등 화려하고 눈부신 방들이 11개나 있다. 규모도 엄청나 가로 길이가 580m에 이를 정도이다.

베르사유에서 마차를 타고 마음에 드는 시종과 함께 밤마다 파리의 극장이나 도박장으로 가서는 동틀 무렵이 돼서야 겨우 돌아오는 일도 자주 있었다. 의상이나 장신구, 보석 등에 들이는 돈이 엄청났기 때문에 빚이 불어나 도박으로 메꿔야 했다. 경찰은 왕비의 살롱에는 발을 들일 수 없었다. 이런 점을 이용해 왕비의 친구들이 사기도박을 하고 있다는 불명예스러운 소문이 돌아 항간의 화제가 되기도 하였다.

베르사유 궁전 내부의 화려한 왕비의 방

베르사유 궁전 내부의 모습

베르사유 궁전의 왕실

끊임없이 무언가에 쫓기듯 차례로 놀이를 바꾸어 가며 새로운 유행에 매달려들던 그녀의 광기어린 향락의 끼는 도대체 어떤 성격에 의한 것이었을까.

신심이 두터운 엄격한 어머니의 꾸중에 마리 앙트와네트는 다음과 같이 솔직하게 답했다. "어머니는 제게 무엇을 하라고 하시는지요? 저는 따분해지는 것이 두렵습니다."라고. 왕비의 이 말은 18세기 말의 정신 상태를 고스란히 보여 주고 있는 대목이다. 붕괴 직전의 고요함이랄까, 혁명 전 모든 것이 충족되어 있는 귀족 사회에서 따분함 외에는 아무것도 찾아볼 수 없었던 것이다. 이러한 내면적인 위기에서 벗어나기 위해 사람들은 결코 끝나지 않는 춤을 계속 추어야만 했다.

루이 16세
프랑스 부르봉 왕조의 왕(재위 1774~1792). 오스트리아의 왕녀 마리 앙트와네트의 남편이기도 하다. 성불능자로 마리 앙트와네트를 만족시켜 주지 못하였으나 정치적으로는 재정개혁을 단행하기 위해 삼부회를 소집하여 절대왕정에 대신하는 입헌군주제 수립을 추진하는 등의 활동을 하였다. 그러나 프랑스 혁명이 일어나면서 민중의 감시하에 생활하다가 결국 처형되고 말았다.

게다가 마리 앙트와네트의 경우, 부자연스러운 결혼 생활이라는 특별한 이유가 더해져 있었다. 만천하가 다 아는 사실이지만 그녀의 남편인 루이 16세는 일종의 성불능자로 결혼 후 7년이나 아내를 처녀로 방치해 두었다. 이것이 마리 앙트와네트의 정신적 성장에 미친 영향을 결코 간과해서는 안 될 것이다.

그녀가 쾌락을 쫓는 변덕스러운 생활을 하면서 따분함을 잊으려 발버둥쳤던 것은, 허무한 자극만 있을 뿐 단 한 번도 만족한 적이 없는 몇 년간에 걸친 침대에서의 굴욕 때문이었다. 처음에는 단지 아이 같은 놀이였던 것이 점차 광기어린, 병적인, 그리고 온 세상 사람들이 스캔들이라 느낄 만한 향락의 끼로 변해 이제 누구의 충고도 이 열병을 막기란 불가능해졌다.

이렇게 왕비가 트리아농 별장에서 사치스러운 축제에 빠져 있는 동안, 그녀가 모르는 외부 세계에서는 점차 새로운 시대의 움직임이 일어나고 있었다. 긴박했던 시대의 천둥소리가 파리에서 베르사유 정원에 울려 퍼질 즈음이 되어도 그녀는 여전히 가면무도회를 그만두려 하지 않았다. 시대의 흐름을 뒷전

요셉 2세
1765년부터 1790년까지 25년 동안 신성로마 제국의 황제 겸 오스트리아의 대공, 헝가리 왕, 슬라보니아 왕, 보헤미아 왕, 이탈리아 왕이라는 타이틀로 신성로마제국과 오스트리아를 통치한 그는 일반적으로 계몽주의의 옹호자라고 불렸다.

으로 하고 여전히 향락을 포기하지 않고 국고의 돈을 물 쓰듯 탕진하는 그녀에 대해 비난의 목소리가 높아지기 시작했다.

한편, 국왕 루이가 가졌던 이상한 취미는 자물쇠 작업과 사냥으로, 전용 작업장에서 묵묵히 망치를 내려치거나 짐승을 쫓아 숲을 뛰어다니거나 하는 것이었다. 그의 이러한 취미는 사치스러운 아내와는 맞지 않았지만 그는 아내에게 남자로서 미안함을 느끼고 있었기에 간섭할 수도 없었다. 또한 선천적으로 둔하고 서투른 데다 우유부단한 그에게 섬세함이라든가 민감함이라든가 하는 기질은 남의 얘기였다. 그는 아내와는 정반대의 기질을 갖고 있었던 것이다. 이 둘 사이에 아이는 없었지만 그렇다고 부부 사이에 풍파가 일어난 적은 한 번도 없어 겉으로는 실로 느긋하고 평화로운 부부로 지냈다.

후에 마리 앙트와네트의 오빠 요셉 2세가 빈에서 파리로 와 국왕 루이에게 권한 것이 외과 수술이었다고 한다. 그 결과 힘을 얻은 왕은 새로운 용기가 솟아나 결혼의 의무를 수행하려고 노력했다.

이렇게 해 7년간에 걸친 악전고투 끝에 간신히 마리 앙트와네트는 어머니가 되는 행복을 맛보았다. "나는 생애 최대의 행복을 느낍니다"라고 그녀는 처음으로 남편이 만족스럽게 의무를 완수한 다음 날, 어머니 마리아 텔레지아에게 편지를 써 보냈다.

불만은 점점 커지고

오를레앙 공의 비호 아래, 파레 로얄에 모인 개혁주의자, 루소주의자, 입헌론자, 프리 메이슨 등 불평분자들 사이에 활발한 팸플릿 배포 활동이 전개되었다. 프랑스 왕비는 '적자 부인'이라는 별명이 붙었고, 천한 '오스트리아년'이라는 멸시도 뒤따랐다.

왕비는 자신의 배후에서 악의에 찬 음모가 꾀해지고 있는 것을 분명히 감지하고는 있었지만, 선천적으로 어떤 일에 집착할 줄을 모르고 합스부르크 가문 출신이라는 자부심을 한시도 잊은 적이 없었기 때문에 이러한 모든 비방, 중상은 애당초 무시하는 편이 용기 있는 태도라고 믿었다. 왕비의 존엄이 일개 천민의 전단이나 풍자곡으로 손상될 리 없다고 자신하고 있었던 것이다. 자부심 강한 미소를 띠우고 그녀는 위험 속을 태연하게 걸어갔다.

왕비에 대한 시민들의 반감을 부추기는 원인 중 하나가 된 것은 그 유명한 '목걸이 사건'이다. 이 어처구니없는 사기 사건에 왕비는 실제로 무엇 하나 책임이 없었지만 적어도 왕비의 이름 아래에서 이러한 범죄가 이루어졌다는 사실, 그리고 세상이 이를 믿어 의심치 않았다는 사실은 지울 수 없는 그녀의 역사적 책임이라고 할 수 있다. 오랜 기간 트리아농에서의 경솔하고 어리석은 행동이 세상에 알려지지 않았다면 아무리

마리 앙트와네트와 자녀들
첫 아이 마리 테레즈, 둘째 루이 조세프, 그리고 루이 샤를이 있다.

화려한 모습으로 치장한 마리 앙트와네트

사기꾼들이라 해도 이런 엄청난 범죄를 저지를 용기는 나지 않았을 것이다.

'목걸이 사건'으로 구 제도의 추한 내막이 한꺼번에 폭로되었다. 시민들은 처음으로 귀족이라 불리는 사람들의 비밀을 엿볼 수 있었다. 전단이 이렇게 잘 팔린 적도 없었다. '목걸이 사건'은 혁명의 서곡이었다고 주장하는 역사가도 있다.

이 사건 직후 왕비가 극장에 모습을 나타내자 사람들의 혀 차는 소리가 일제히 들려왔고 그 이후 그녀는 극장을 피하게 되었다고 한다. 쌓일 대로 쌓인 시민의 분노가 단 한 명에게 집중되었다. 정면 공격을 받은 것은 마음 약한 국왕이 아니라 '그의 코를 쥐고 후리는 오스트리아의 문란녀'였던 것이다. 왕비

빈사의 사자상

덴마크의 조각가 Torwaldzen의 작품. 1792년 파리 튈르리 궁전에서 스위스 용병들이 루이 16세와 마리 앙트와네트를 보호하다 786명이 장렬하게 전사하였다. 이 조각품은 이를 추모하기 위해 만든 작품이다. 죽어가는 사자의 모습에서 몰락하는 왕가와 그들을 지키려 했던 스위스 용병의 모습을 떠올릴 수 있다.

는 더 이상 참지 못하고 "그 사람들은 나에게 무엇을 원하는 거죠? 내가 그 사람들에게 무슨 짓을 했다고 그러는 거죠?"라고 측근에게 말하며 절망에 가득 찬 한숨을 쉴 정도가 되었다.

그러나 그녀에게는 역사의 흐름을 이해하는 능력도 없었고 이해하려는 의지도 없었다. 2천만 프랑스인에게 선택된 국회의원들을 그녀는 '미치광이, 범죄자 집단'이라 불렀고, 민중을 선동하는 정치가에 대해 모든 증오를 퍼부었다. 처음부터 끝까지 그녀는 혁명이라는 것을 저질스럽고 야만적인 본능의 폭발로밖에 생각하지 않았던 것이다.

파국으로 치닫는 대 격변기

정치적으로 극히 시야가 좁았던 그녀는 내일 먹을 빵이 없어 힘들어하는 사람이 있다는 것조차 염두에 두지 않았다. 끝까지 세상의 어두운 면을 모르고 있었다면 그렇게 섬세하고 우아한 로코코의 소우주에 군림할 수도 있었을 것이다. 그런데 지금은 이 소우주도 비눗방울처럼 부서져 폭풍우가 눈 앞에 와 있었다. 무자비한 운명은 역사상 가장 파란만장했던 사건의 소용돌이 속으로 당황하고 있는 그녀를 밀어 넣었다.

7월 14일, 루이 16세는 여느 때처럼 사냥에서 돌아와 10시에 잠자리에 들었다. 파리에서 얼굴이 새파랗게 질려서 온 리안클 공이 국왕을 깨워 일으키고는 다음과 같이 보고했다.

"바스티유가 습격당했습니다. 요새 사령관은 살해되었습니다!"

"그럼 반란이라는 말인가?"라고 잠이 덜 깬 왕은 놀라 우물거린다.

악셀 폰 페르센
마리 앙트와네트의 연인으로 유
명하다. 프레드리크 악셀 폰 페
르센의 아들로 아버지와 마찬가
지로 스웨덴군에서 프랑스군으
로 편입했다. 미국 독립전쟁
(1775~1783)에도 참전했으며,
1780년대 초에 앙트와네트와 가
까운 친구가 되었다. 프랑스 혁
명이 일어나자 자신이 직접 왕
과 왕비를 책임지고 도피시킬
계획을 세웠으며, 국왕 부처를
태운 마차를 몰고 파리 탈출을
시도했다.

"아닙니다, 혁명입니다"라고 신하가 대답했다. 이는 유명한 에
피소드이다.

마리 앙트와네트의 애인이었던 것으로 보이는 인물 중에 아직
까지 수수께끼에 싸여 있는 자가 스웨덴 출신의 귀족 페르센 백작
이다. 그녀와 이 젊은 북국 태생의 귀공자 사이에는 존경 이상의
어떤 것이 있었던 것으로 보인다.

페르센 백작의 존재는 오랫동안 사람들 입에 오르지 않았지만
그가 왕비의 신뢰와 애정을 한몸에 받고 있었다는 것은 그의 여동
생 소피나 아버지 앞으로 보낸 편지를 보더라도 짐작할 수 있다.
왕비의 측근으로 보이던 무리들이 모두 그녀를 두고 떠난 후에도,
위험을 무릅쓰고 그녀에게 다가가 참혹한 동란 속의 베르사유와
취리히에서 그녀와 모의를 도모하거나 바렌느로 같이 도망간 사람
이 바로 이 페르센이라는 용감한 남자였다.

1792년 2월 13일, 페르센이 엄중한 경계망을 뚫고 마지막으로
튈르리 궁으로 왕비를 찾아 왔을 때, 그는 하룻밤을 왕비의 침실에서 보냈다
고 한다. 아마도 죽음과 파멸이라는 위기감으로 고양된 사랑의 밤은 둘 사이
의 벽을 허물기에 충분했을 것이다. 두 사람이 정신적, 육체적으로 엄연히 연
인 사이였다는 것은 이 점으로 봐도 의심할 여지가 없다.

왕비에게는 그 밖에 다른 총신들도 있었다. 그러나 공공연하게 인쇄된 애
인 리스트에 실려 있는 드코와니 공이나 기누 공, 에스테르라지 백작, 브잔바
르 남작들은 모두 단순한 놀이 상대에 지나지 않았고 어디까지나 평화로운 시
대에만 측근이었다. 그들과 달리 페르센에게는 일관된 성실함이 있었다. 이에

대해 왕비 역시 죽을 때까지 변함없는 열
정으로 보답했던 것이다.

불행과 함께 이 경박한 왕비의 내면에
새로운 변화가 일어난다. 희극이 끝나고
비극이 시작된 것이다. 그녀는 말하자면
세계사적인 자기 역할을 인식하고 자각
했다고 하겠다.

"불행 속에 있고 보니 처음으로 내 자
신이 누구인지 알게 되었습니다"라고 그
녀는 편지에 쓰고 있다. 지금까지 인생이
라고는 유희밖에 모르던 그녀가 운명의
가혹한 도전을 받아 인생에 맞서 싸우기

생드니 성당에 있는 루이 16세 부부를 추모해 만든 조각상

시작한 것이다. 튈르리 궁에서 스스로 반혁명 외교 협상에 나선 그녀는 이제
더 이상 놀이나 스포츠에 넋이 나간 사람이 아니었다. 한 발 물러서 있던 겁
쟁이 남편을 대신해 외국 사신과 협의해 암호문을 엮어 편지를 썼고, 괴물이
라고까지 불리던 미라보 백작을 찾아가 군주제 유지를 위한 음모를 구상하기
도 했다.

바스티유가 함락되고 같은 해 10월 6일 이후, 화난 민중에 의해 파리로 강
제 소환된 국왕 일족은 마치 인질과 같이 황폐화된 튈르리 궁에 갇혀 있게 되
었다. 당시 왕비의 유일한 상담자는 페르센이었다. 그 후 얼마 지나지 않아 바
렌느로 도망가던 중, 페르센은 국왕 일가와 헤어져 그 후 1792년에 다시 튈르
리를 방문하게 된다.

그리고 이것이 연인의 마지막 만남이었다. 혁명의 소용돌이는 무서운 기세로 정세를 시시각각 변화시켜 국민의회에서 헌법까지는 2년, 헌법에서 튈르리 습격까지는 불과 2~3개월, 튈르리 습격에서 탕플로 호송되기까지는 겨우 3일이라는 국면으로 치달았다. 아무리 용감무쌍한 페르센이라도 어찌할 도리가 없었던 것이다.

소환되는 루이 국왕과 앙트와네트

1792년 8월 13일 저녁, 왕실 일가는 페치온의 지휘하에 음침한 요새인 탕플로 이송된다. 이곳에 이르기까지 마리 앙트와네트는 국민의회에서 파리로 소환되는 도중 길가에서 혹은 튈르리에 난입해 온 국민군 병사들 앞에서 쏟아져 나오는 험담과 매도에 견디기 힘든 굴욕을 맛보아야 했다.

왕실 일가란 국왕 루이, 마리 앙트와네트, 두 사람의 아이, 여기에 국왕의 여동생 엘리자베트를 합한 다섯 명을 말한다. 그때까지 함께 했던 왕비의 친구 랑발 부인도 왕비가 탕플에 수감되면서 그녀와 헤어졌다. 1개월 후 랑발 부인은 성난 민중

루이 16세의 처형
루이 16세는 국왕이란 신분 때문에 바로 처형당하거나 하지는 않았다. 그러나 루이 16세의 부인 '마리 앙트와네트'가 여러 국가들에게 프랑스 대혁명을 진압할 것을 부탁하면서 이 기밀이 들통나 국왕 일가는 감옥에 갇히고 만다. 이때 프랑스 대혁명 후 루이 16세를 처형하자고 주장한 '자코뱅당'과 처형해서는 안 된다고 주장하는 '지롱드당'이 격돌하지만, 결국 자코뱅당이 승리하여 루이 16세와 마리 앙트와네트는 단두대에서 목이 잘리고 만다.

에게 학살돼 시체가 알몸으로 벗겨진 채 온 파리 시내로 끌려 다니게 된다. 창끝에는 피투성이가 된 부인의 목이 걸린 채로 말이다. 강직하게 잘 버텨온 왕비도 친구가 학살되었다는 소식을 전해 듣자 절규하다 못해 정신을 잃고 쓰러진다.

콩시에르쥬리
원래 왕궁으로 지어졌던 곳으로 파리에서 가장 오래된 감옥이다. 이곳은 요새 모양을 하고 있으며, 중세부터 국가와 왕실에 죄를 지은 죄수들을 가두어 두는 곳으로 이용되었다. 프랑스 대혁명 기간 동안에는 무려 4천여 명의 반혁명 죄수들이 수감되기도 하였으며, 들어온 죄수들은 단두대에 올라 처형될 날만을 기다려야 했던 무시무시한 곳이기도 하다.

국왕의 재판이 시작된 것은 같은 해 12월, 그리고 끝내 루이 16세가 기요틴에서 처형당하게 된 것은 이듬해 1월 21일이었다. 처형 전날, 한 관리가 마리 앙트와네트에게 와서 오늘만 예외적으로 가족과 함께 남편을 만날 수 있게 해주겠다고 한다. 아내, 여동생, 아이들은 어두운 요새의 계단을 따라 왕이 혼자 수감돼 있는 방으로 향한다. 이것이 마지막 이별이었다.

탄불에서 왕국 일가의 감시를 맡았던 사람은 1789년 혁명의 주모자 중에서도 가장 성질이 악날했던 '미친개'라는 별명을 지닌 극좌파 에베르였다. 이미 남편을 잃고 무기력해진 마리 앙트와네트에 대해 집요한 협박을 계속한 사람이 바로 그였다.

7월 3일, 가장 사랑하던 그녀의 아이가 그녀 손에서 떨어져 나갔고, 8월 1일 그녀는 마침내 국민공회의 결정에 따라 콩시에르쥬리로 옮겨졌다. 마리 앙

감옥에 수감 중인 앙트와네트
그림에서 앙트와네트가 검은 상복을 입고 있는 것으로 봐서 이때가 루이 16세의 사후라는 사실을 짐작할 수 있다.

트와네트는 침착하게 고발문에 귀를 기울였지만 한마디도 하지 않았다. 혁명재판소의 기소는 사형과 같은 의미였으며, 한 번 콩시에르쥬리에 수감되면 단두대를 거쳐야만 그곳을 나올 수 있다는 것을 그녀는 잘 알고 있었다.

그러나 그녀는 탄원도 항변도 유예도 바라지 않았다. 그녀에게는 더 이상 잃을 것이 없었던 것이다. 아직 38세였지만 머리는 백발이었고 얼굴에는 불안감이 아닌 망막하고도 무관심해 보이는 표정이 어려 있었다. 콕트가 말하듯 이미 그녀는 '자신의 진이 다 빠져' 다른 여인이 되어 있었던 것이다. 왕비 마리 앙트와네트는 세상에서 버림받고 이제는 고독한 마지막 계단의 칸에 서 있었다. 이제 남은 것이라고는 왕비의 이름에 걸맞게 자부심을 가지고 훌륭한 죽음을 맞는 것뿐이었다.

10월 14일부터 그녀에 대한 공판이 시작되었다. 그 자리에서 미친개 에베르의 말에 의해 생각지도 못한 오명이 그녀에게 씌워진다. 그녀가 오래 전부터 9살인 아들에게 불결한 쾌락을 맛보게 해 아들과 더러운 근친상간에 빠져 있었다는 것이다. 이에 아들과 왕의 여동생인 엘리자베트도 증인으로 출두해 재판관의 심문을 받았다. 이때 아들이 검사의 유도심문에 말려 어머니에게 불리한 진술을 한 것은 사실이다.

이제 겨우 9살밖에 안 된 아이의 이런 파렴치한 증언에 과연 얼마만큼의 신빙성이 있었을까. 그러나 마리 앙트와네트는 색을 밝히는 타락한 여인이라는 확신이, 엄청난 양의 팸플릿 덕분에 혁명가들의 머리 속 깊이 스며들어 있었으므로 친모가 8세 6개월밖에 안 된 아들을 성적으로 데리고 논다는, 쉽게 믿어지지 않는 죄상까지도 에베르와 같은 무리들에게는 아무 의심 없이 받아들여졌던 것이다.

콩시에르쥬리에서 70일을 보내는 동안 마리 앙트와네트의 몸은 서서히 늙어갔다. 햇빛을 차단당한 눈은 붉게 충혈돼 찢어지는 듯 고통스러웠다. 입술과 하반신의 심한 출혈

형장으로 들어가는 마리 앙트와네트
마리 앙트와네트가 형장으로 끌려갈 때 남긴 유명한 일화가 있다. 즉, 앙트와네트가 형장으로 올라가는 도중 실수로 형집행관의 발을 밟고 말았다. 그때 앙트와네트는 가장 먼저 이렇게 말했다고 한다. "어머, 죄송해요. 일부러 그런 건 아니에요."

로 인해 그녀는 몰라볼 만큼 초췌하게 되었다. 그러나 법정에 나왔을 때 그녀는 머리를 반듯하게 세우고 동요하는 기색 없이 침착한 눈빛으로 재판관을 바라보았다.

먼저 귀신 검사 푸키에 탄빌이 일어나 기소장을 낭독하였다. 왕비는 거의 듣고 있지 않는 모습이다. 그러나 심문이 시작되자 그녀는 확신을 가지고 대답한다. 이때 한 번도 흐트러지거나 자신감을 잃지 않았다.

그러나 계획대로 배심원들은 만장일치로 마리 앙트와네트에게 걸린 죄상에 대해 유죄라고 판결하였다. 이 판결을 들었을 때도 그녀는 아무런 감정이 일지 않는 듯 불안도 분노도 나타내지 않았다. 재판관의 질문에는 한마디도 답하지 않고 다만 부인한다는 뜻으로 머리를 흔들 뿐이었다. 마치 이 인생에 모든 희망을 잃고 단지 1초라도 빨리 죽고 싶다고 바라기라도 하듯 말이다.

루이 다비드
19세기 초 프랑스의 화가로 고전주의 미술의 대표적 인물이라고 할 수 있다. 그는 나폴레옹에게 중용되어, 권력자의 반열에 들면서 예술적·정치적으로 프랑스 미술계에 커다란 영향을 끼쳤다.

단두대의 이슬로 사라지는 앙트와네트

그녀가 콩시에르쥬리의 감옥에서 나와 짐마차에 태워져 군중들로 메워진 혁명 광장으로 끌려간 것은 1793년 10월 16일이었다. 사형 집행관인 삼손이 그녀의 양손을 등 뒤로 묶을 줄을 쥐고 있었다. 왕비는 마지막까지 정신을 잃지 않으려 온 신경을 집중해 앞을 노려보고 있었다.

이 광경을 적절한 스케치로 훌륭히 그려낸 것이 혁명파 중 유일한 예술가인 루이 다비드이다. 그는 평범한 종이에 단순한 소묘로 마차에 실려 단두대로 향하는 왕비의 얼굴

마리 앙트와네트의 처형
앙트와네트는 처형 직전 루이 16세의 상중이라 검은 상복을 입고자 했다. 그러나 집행관들로부터 눈에 띄는 검은 상복이 군중을 흥분시킬 수 있다는 이유로 이를 금지하자 앙트와네트는 하얀 드레스를 입고 단두대에 올랐다.

을 생생하게 그려냈다. 그는 카멜레온처럼 색을 바꿔 권력에 편승하는 비열한 인간이었지만, 화가로서는 당대 최고로 한 치의 오차도 허락치 않은 손을 가진 달인이었다. 콕트가 말한 마리 앙트와네트의 최고의 초상화가 바로 이것이다. 단두대의 칼날이 둔한 소리를 내며 떨어지자 사형집행관이 창백해진 왕비의 목을 주워 군중을 향해 높이 들어 올렸다. 그러자 시민은 참고 있던 한숨을 내쉬며 "공화국 만세!"를 일제히 외쳐댔다.

마리 앙트와네트의 마지막 가는 길
미술의 거장 루이 다비드가 형장으로 끌려가는 마리 앙트와네트의 모습을 스케치한 것이다. '입은 거만하게 다물고, 눈은 내리깔고 있으며, 손을 뒤로 묶인 채 마치 왕좌에라도 앉아 있는 것처럼' 죄수 호송마차에 꼿꼿이 앉아 있는 모습이 잘 그려져 있다. 마리 앙트와네트는 마지막 죽는 순간까지도 왕비로서의 권위를 잃지 않으려 했다.

MAGDA GOEBBELS

마그다는 유복한 집안의 딸로 독일 베를린에서 태어났다. 여섯 살 때부터 수도원에서 종교 교육을 받고 자랐으며, 유명한 부호 귄터 크반트와 스무 살 때 결혼했다. 그러나 이혼 후 괴벨스를 만나게 되었고, 괴벨스와 재혼 후 파란만장한 인생 후반부의 삶을 맞이하게 된다.

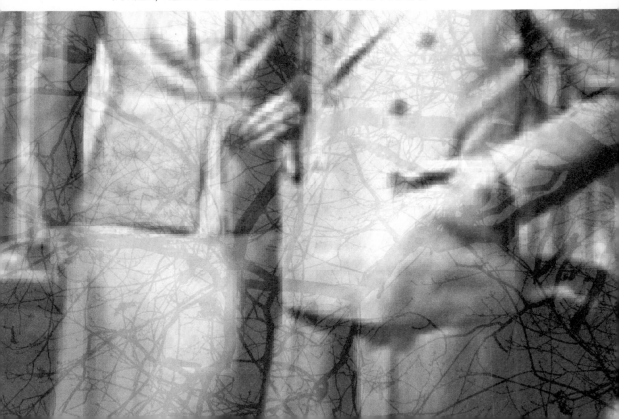

나치스와 최후를 같이 했던 여인

마그다 괴벨스

제2차 세계대전 중 나치스의 선전 장관으로서 악마와 같은 활약상을 펼쳤고 베를린 함락 직전에 히틀러와 운명을 같이하여 자살한 파울 요제프 괴벨스 박사. 그에게는 마그다라는 아름다운 금발의 부인이 있었다.

> **나치스(국가사회주의 독일노동자당)**
> ------------------
> 1919년부터 1945년까지 존재했던 독일의 정당으로 히틀러를 당수로 한 독일의 파시즘 정당이다. 1933년에 정권을 잡고 독재 체제를 확립하였으며, 1939년 제2차 세계대전을 일으켰으나 1945년에 패전과 함께 몰락하였다. 나치스란 원래 정적(政敵)들이 만들어 낸 상대를 얕잡아 부른 명칭이었으나, 오늘날에는 이 말이 전 세계의 통칭이 되었다.

로맨틱한 기질의 여인 마그다

권력욕에 사로잡힌 프티부르주아(소시민) 출신의 니힐리스트(허무주의자) 정치가와 대부르주아 가정에서 태어난 로맨틱한 기질의 여인. 이 둘은 언뜻 보기에 정반대의 성격처럼 보인다. 그런 만큼 악몽 같은 동란의 한 시기를 배경으로 파멸을 향해 달려가는 두 남녀의 만남에는 어떤 운명적인 불길한 기운이 감도

요제프 괴벨스(1897~1945)
독일 나치스 정권의 선전 장관. 국회의원, 당 선전
부장으로 활약했다. 교묘하고 능수능란한 선동 정
치와 새로운 선전 수단을 구사하여 당시 나치당
이 세력을 떨치는 데 크게 기여하였다. 2차 세계
대전 당시에는 국민계발선전 장관 등으로 문화면
을 통제하였고, 국민을 전쟁에 동원하는 데도 큰
역할을 했다.

는 것을 느낄 수 있다.

괴벨스와 만나기 전인 마그다의 생애 전반부는 그녀
일생의 프롤로그와 같다고 할 수 있다. 마그다는 유복
한 엔지니어 집안의 딸로 1901년, 독일 베를린에서 태
어났다. 여섯 살 때부터 수도원에서 종교 교육을 받고
소녀 시절에 우연히 알게 된 독일의 유명한 부호 귄터
크반트와 스무 살 때 결혼했다.

크반트는 당시 이미 마흔에 가까운 나이의 실업가
로 첫 번째 부인과 사별한 상태였다. 마그다는 그의 두
번째 아내로 크반트와의 사이에 사내 아이 하나를 낳
았다. 하지만 결국 사업에만 열심이고 가정을 돌아보
지 않는 현실주의자 남편과 성격이 맞지 않아 몇 년 후
에 헤어지게 된다. 마그다는 젊은 남자와 내연의 관계
에 있었는데, 이 사실을 남편이 알게 된 것이 이혼의 직
접적인 원인이 됐다.

이혼한 마그다는 이제 두 번 다시 결혼하지 않겠다고 마음먹었다. 내연 상
대는 연하의 학생으로 예술을 이야기하거나 댄스를 추기에는 그럴싸한 상대
였지만 그녀를 진심으로 만족시킬 수 있는 남자는 아니었다. 마그다는 아들을
키우면서 마음껏 자유로운 생활을 하리라 결심했다. 그녀의 미모를 보더라도
즐길 친구가 부족할 일은 없었다.

당시 베를린에서는 나치당과 공산당이 격렬한 전쟁을 벌이고 있었다. 보이
지 않는 곳에서 심각한 사회불안이 서서히 커져가고 있었다. 그러나 마그다를

포함한 인텔리 계급의 그 누구도 이 위기의 징후를 전혀 깨닫지 못했고, 23년 후에 히틀러가 정권을 장악하게 되리란 것은 상상도 하지 못했다.

마그다와 괴벨스의 운명적인 만남

독일의 손꼽히는 부호의 아내로서 지금까지 아무런 불안 없이 호화로운 생활을 해온 마그다에게 정치적 관심이 있을 리 없었다. 이혼한 그녀는 방이 일곱 개 있는 호화로운 아파트를 빌려 그림을 모으거나 젊은 연인과 매일같이 극장에 다니는 등 새로운 생활을 마음껏 즐기고 있는 것처럼 보였다.

머지않아 다가올 위기를 앞두고 있던 1920년대의 베를린은 국제적인 환락의 도시였다. '우파(UFA) 영화'가 한 시대를 풍미해 『회의는 춤춘다』 등 화려한 작품이 속속 만들어진 것도 이 시기의 일이다. 그녀의 집은 젊은 부르주아의 아들과 예술 청년들의 집합 장소가 되었다.

이런 생활로 세월을 보내던 그녀가 어떻게 베를린 체육관에서 열린 나치당 집회에 가게 된 걸까. 아마도 우연한 호기심이었을지 모른다. 그러나 그것이 그녀의 운명을 가르는 갈림길이 됐다는 것을 누가 알 수 있었을까.

집회장을 가득 메운 오천 명의 군중과 펄럭이는 붉은 나치스 깃발, 그리고 사기를 고무하는 야만스러운 음악에 마그다는 혼비백산했다. 정치적 시위라

우파(UFA) 영화(Universum Film Aktiengesellschaft)

1917년 독일에서 정부의 재정적 지위를 받아 군소 영화 제작사들이 모여 조직한 영화사로 설립 목적은 독일 국민들의 정신을 고양시키고 수준 높은 영화 제작을 통해 해외에 독일의 명성을 높이는 것이었다. 우파 영화사는 대규모 스튜디오를 건설하여 할리우드 메이저 스튜디오에 버금가는 배우들과 감독, 제작진을 규합하여 세계적인 성공작들을 제작하였다. 나치가 권력을 장악하자 나치 선전 영화를 만들면서 정치적인 방향으로 흘러 우파는 나치 정권과 운명을 같이 하게 된다. 결국 나치의 몰락과 함께 우파 영화사도 문을 닫게 된다.

는 것을 이때 마그다는 처음으로 보게 됐다. 그녀는 불안해졌다. 이윽고 체구가 작고 빈약한 한 남자가 절뚝이면서 연단으로 올라갔다. 탄탄한 저음으로 격한 공산당 탄핵 연설을 쏟아내기 시작하자 마그다의 마음은 완전히 이 남자에게 빼앗겨버렸다. 작은 몸집에서 어떻게 저런 힘찬 목소리가 나오는 걸까. 듣는 이의 신경을 곤두서게 하는 묘한 억양과 울림이 있는 어조였다. 연설이 열기를 띰에 따라 신랄한 비판은 더욱 날카로워졌다.

마그다는 처음에는 어안이 벙벙했지만 점차 흥분해 가는 자신을 자제하기 힘들었다. 연설이 끝났을 때는 취한 듯이 멍해졌다. 초라한 복장을 입은 궁상스러운 남자가 불같은 언변으로 군중 속의 아름다운 한 부르주아 여인의 영혼을 단번에 사로잡아버린 것이다. 이 남자가 바로 후에 '유럽의 메피스토펠레스(중세 파우스트 전설에 나오는 악마)'라 일컬어진 제3제국의 영수 중의 한 사람이었던 괴벨스 박사였다. 당시 그는 당의 선전 부장이었다.

다음 날부터 마그다의 세계는 완전히 변했다. 지금까지의 공허한 생활이 순식간에 의미 있는 하나의 목적을 가진 생활이 됐다. 그녀는 그날로 독일국가사회주의노동당(나치당)에 입당하였다. 24시간 전까지만 해도 이런 사태가 일어나리라고는 그녀 자신조차 꿈에도 생각지 못했을 것이다. 부호의 부인이었던 베를린 제일의 기품 있는 여인이 야비한 불한당 같은 정치가와 어울리다니!

나치스에 관련된 인사들이 등장할 때면 어련히 당당한 풍모의 군복을 입고 있음을 알 수 있다. 그런데 유일하게 괴벨스만은 군복이 아닌 양복을 입고 연설하는 장면이 나온다. 이는 나치스 당에서 유일하게 박사이자 나치의 수뇌부다운 모습을 보여 주기 위함이라고 해석된다.

초기 나치당 포스터

그녀의 주변 사람들도 놀랐지만 당 쪽에서도 처음에는 반신반의했다. 그러나 마그다의 결의는 일시적인 것이 아니었던 것 같다. 나치당에서 낸 『나의 투쟁』과 『20세기의 신화』를 사서 읽고 신문이나 강령을 꼼꼼히 연구했다. 고가의 향수향을 풍기는 금발의 미녀가 당의 부인회에 출입하는 것을 노동자의 아내들은 시기와 의심의 눈초리로 바라보았다.

그녀의 젊은 연인 에른스트도 마그다가 정치에 열중하는 것을 달가워하지 않았다. 그도 당연할 것이 당시 나치는 지식 계급 사이에서 소수의 불한당 집단처럼 여겨지고 있었기 때문이다. 순진한 에른스트는 절망과 질투에 이성을 잃고 결국 어느 날 밤 괴벨스에 대한 욕설을 퍼부으며 마그다에게 방아쇠를 당긴다. 물론 위협하려는 의도였기 때문에 탄환은 피해갔다. 그녀는 옆방으로 피해 전화로 경찰을 불렀고, 방 안에 있는 기물을 닥치는 대로 부수고 있는 청년을 가리켜 냉정한 목소리로 말했다. "이 청년은 미치광이입니다. 데려가서 하룻밤 유치장에 가두세요." 이것이 두 사람 관계의 종말이었다.

괴벨스는 마그다를 베를린 지구 기록 보관소의 정리계로 임명했다. 이는 선전 부장에게 직속된 비서 같은 역할이다. 마그다는 이를 기꺼이 받아들였다. 이제 두 사람이 맺어질 시간이 다가온 것이다.

도대체 괴벨스의 남성적 매력은 무엇이었을까. 그는 장애인으로서 빈약하고 얇은 입술을 가진 각박한 용모의 소유자였다. 그럼에도 불구하고 뛰어난 연설가의 선전 활동은 천재적이었으며, 하이델베르크 대학 철학박사라는 타이틀까지 가지고 있어 당내에서는 유일한 인텔리에 속하는 사람이었다. 그렇지만 그의 성격은 어둡고 허무적이며 나치의 이상이라는 것은 거의 믿지 않는 것처럼 보였다. 완고한 국가주의자도 아니며 유태인 배척론자도 아닌 시니컬한 일개 니힐리스트(허무주의자)에 지나지 않았다.

로젠베르크(나치당의 정치가) 같은 광신적인 이상주의자와 달리 그의 이성은 항상 명석하며 자신이 믿지 않는 일이라도 태연히 해낸다. 환영을 만들어내는 명인이지만 자신은 그 환영을 믿지 않는다. 즉, 그는 그만큼 철저하게 냉혹할 수 있는 남자였다.

괴벨스와 재혼하는 마그다

히틀러(1889~1945)
오스트리아 태생의 독일 정치가로 1919년에 독일 노동당에 입당하여 1921년부터 나치스의 당수를 지냈다. 그는 헐벗고 굶주린 독일을 과감한 결단성과 정치적 명민함으로 유럽에서 강국으로 부상시켰다. 그러나 그러는 과정에서 2차 세계대전을 일으키고, 유태인 대학살이라는 엄청난 살육을 저질러 전 세계를 공포의 도가니로 몰아넣고 말았다. 결국 세계대전에서 참패한 그는 연합군의 공격에 밀려 1945년 베를린 함락 직전에 자살하였다.

괴벨스에게 빠져드는 마그다

이런 기이한 남자에게 마그다는 빠져들었다. 아마도 그녀는 자신의 불순한 몽상을 걸 상대를 원했는지 모른다. 자신의 생활 전체를 무언가 악마적인 것과 대립하며 살아가고 싶었을지도 모른다. 생각해 보면 확실히 괴벨스라는 남자에게는 이런 극단적인 부족함에도 불구하고 인(燐)처럼 차갑게 타는 기묘한 에너지와 같은 인상이 있었다. 게다가 무엇보다 마그다는 예술가적 소질을 가진 여인이었다. 두 창백한 혼은 어둠 속에 춤추는 도깨비불처럼 서서히 타들어가면서 가까워진 것이다.

두 사람이 결혼한 것은 1930년 12월이었다. 그 해에는 선거에서 나치당 의석이 12석에서 107석으로 대폭 늘어나 갑자기 히틀러가 전 세계의 주목을 받게 된 해였다. 결혼식은 메클렌부르크에 있는 마그다의 전남편 크반트의 저택에서 올려졌다. 이 저택은 그녀가 자유롭게 사용할 권리를 얻은 곳으로 그녀는 때때로 이곳을 나치의 회합 장소로도 이용했다. 결혼식에는 괴벨스의 입회인으로서 히틀러도 친히 참석했다. 나치스 깃발 아래 새롭게 탄생한 부부는 격식대로 사랑의 맹세를 나누었다.

결혼 후 괴벨스의 당내 지위는 점점 굳건해졌다. 마그다의 넓은 집은 쾌적한 분위기였기 때문에 히틀러를 비롯해 당의 간부가 거의 매일 밤 편히 쉬기 위해 찾아와 살롱에서 음악을 듣거나 이야기꽃을 피우는 일도 자주 있었다. 아름다운 여주인이 항상 상냥하게 그들을 맞았다. 1932년에 암살 미수 사건이 있고부터 히틀러가 베를린에 체재할 때는 항상

마그다와 괴벨스, 그리고 그의 아이들
마그다 괴벨스는 전남편 크반트와의 사이에서 태어난 아이와 괴벨스와의 사이에서 태어난 아이를 포함해서 모두 일곱 명의 아이를 두었다.

마그다의 집에서 그녀가 손수 만든 요리를 먹었다. 히틀러는 혼자서 장황하게 이야기하기로 유명한데, 그가 차 마시는 자리에서 이야기를 시작하면 모두 졸음이 와서 하품을 참기 위해 고생했을 정도였다고 한다.

결혼 후 열 달이 지나 첫 딸 헬가가 태어났다. 그리고 차례로 네 명의 딸과 한 명의 아들이 태어났다. 괴벨스는 마그다의 전남편 크반트와의 사이에서 태어난 아이를 포함해서 모두 일곱 명의 아이들을 한결같이 사랑했다고 한다.

괴벨스와 그의 부인 마그다

독일 나치스 군대의 행렬

1933년, 히틀러가 드디어 정권을 손에 넣자 괴벨스는 신설된 '국민계몽선전부'의 장관으로서 각료가 된다. 장관 관저는 빌헬름 광장의 레오폴드 궁이다. 그러나 그는 그곳에 살기를 원하지 않아 베를린의 주택가에 조용하고 넓은 오래된 저택을 구해서 거주했다. 그 넓은 정원에는 울창하게 우거진 숲과 연못이 있어 도저히 도회지 한가운데라고는 믿기 어려운 정취가 있었다.

실내 장식이나 가구 구입을 지휘한 것은 장관 부인 마그다였다. 괴벨스의 주장으로 저택 내에 영화를 보기 위한 넓은 시사실이 만들어졌다. 미술관에서 고블랭 벽걸이나 르네상스 시대의 명화, 그 밖의 미술품 등을 몰래 운반해 온 것도 괴벨스였다. 이에 대해서는 마그다도 놀랐다. 이런 일을 해도 되는 걸까. 그러나 당시 나치 고관들 - 괴링, 헤스, 히틀러 등 - 은 모두가 이런 행동을 했다고 한다. 공과 사를 혼동하는 것을 아무렇지도 않게 생각했던 것이다.

괴벨스는 유력한 선전 수단으로서 특히 영화에 힘을 쏟았다. 젊은 시절 소설이나 시나리오를 쓴 적도 있는 그는 예술에 대한 조예가 깊었다. 인기 있는 영화 배우나 감독들이 자주 그의 저택으로 초대됐다. 『민족의 제전』을 찍은 유명한 여류 감독 레니 리펜슈타르(기록영화 감독)를 비롯해 빌리 프리취, 릴 다고퍼, 레나테 뮐러 등이 모여들었다.

독일에서 금지된 외국 영화를 괴벨스 저택에서 관람하는 일도 있었다. 어느 날 『나는 나치의 스파이였다』라는 미국 영화의 시사회가 이루어졌다. 그 영화 속에 괴벨스로 분한 배우가 나왔는데, 세계의 평화를 어지럽히는 전쟁 도발자로서 영화 속의 괴벨스는 상당히 희화화돼 있었다. 나치스 깃발과 히틀러의 흉상으로 둘러싸인 그는 큰 사무실에 으스대며 앉아 있었다. 이윽고 영화가 끝나자 괴벨스는 싱긋 웃으며 말했다. "딱 한 가지 마음에 안 드는 게 있군. 미국에서는 내가 저렇게 촌스러운 취향이라고 생각하는 모양이지. 내 사무실에는 나치스 깃발도 총통의 흉상도 없어!"

괴벨스의 외도는 시작되고

그러던 어느 날부터 메르세데스벤츠에 아름다운 여배우와 동승하고 극장 특별 관람을 하러 가는 괴벨스의 모습이 종종 보이기 시작했다. 어째서 그가 이렇게 여인들에게 인기 있는지 헤스나 괴링과 같은 촌스러운 남자들은 이해하기 힘들었다. 이윽고 스캔들이 퍼지기 시작했다. 상대는 리다 바로바라는 작은 체구의 가냘픈 슬라브계 미인 여배우였다. 그녀는 구스타프 프뢰리히라는 배우와 결혼한 상태였으므로 스캔들은 더욱 충격적이었다.

괴벨스가 리다를 알게 된 것은 그녀가 우파(UFA) 영화였던 파울 베게너(독일 표현주의 영화의 창시자) 감독의 『유혹의 시간들』이라는 영화에 출연했을 때다. 1936년 베를린 올림픽이 개최되기 얼마 전이었다. 괴벨스는 비공식 회합에 리다와 함께 출석하는 것을 주저했기 때문에 두 사람의 관계는 오랫동안 숨겨져 있었다. 마그다가 이 사실을 처음 알게 된 것은 관계가 지속된지 2년이나 지나고 나서였다.

　어느 여름날 오후, 슈바넨베르더의 호반에 있는 괴벨스의 별장에 몇 명의 손님이 초대됐다. 사람들은 화창한 날씨 속에서 요트를 타고 수영을 즐기게 되었다. 괴벨스는 남에게 자신의 마른 몸을 보이는 것을 좋아하지 않았기 때문에 흰색 셔츠를 입고 갑판 위 의자에 드러누워 있었다. 그 옆에 화려한 수영복을 입은 리다가 앉아 있었다. 이때 마그다는 선실 옥상에 있었기 때문에 두 사람의 모습을 보고 말았다. 두 사람은 어깨를 나란히 하고 손을 마주잡고 있었던 것이다.

　괴벨스가 리다의 남편 프뢰리히에게 맞았다는 소문이 난 것도 이 무렵이다. 실제로 따귀를 맞은 것은 괴벨스가 아니라 리다였다. 어느 날 그가 애인을 차로 바래다 주고 집 앞에서 헤어지려고 하는데, 느닷없이 차 문이 열리고 프뢰리히가 리다를 끌어내려 괴벨스가 보는 앞에서 그녀를 심하게 때린 것이다. 자신의 무력함을 잘 알고 있던 괴벨스는 애인을 감싸려고도 하지 않고 그대로 차를 몰고 도망쳐버렸다.

　또 이런 일도 있었다. 드레퓌스 사건을 다룬 에밀졸라 원작의 프랑스 영화 『나는 고발한다』의 시사회가 베를린의 한 영화관에서 열렸다. 선전 장관은 리다 바로바와 나란히 맨 앞자리에 앉

에밀 졸라(1840~1902)
프랑스 소설가이자, 문학평론가이다. 비참하고 어두운 사회현상을 실험적 방법으로 관찰하고 이를 소설에 적용하여 '자연주의'라는 새로운 장르를 탄생시켰다. 그는 유명한 평론 『나는 고발한다 J'accuse』를 발표하여 드레퓌스 사건을 신랄하게 비판하므로 행동하는 지식인의 대명사가 되었다. 그러나 에밀 졸라는 이 사건으로 인해 무고죄로 유죄판결을 받았고, 생명의 위협을 느껴 망명까지 하게 된다. 1902년 돌연 의문의 가스 사고로 사망하는데, 여기에 반유대인파에 의해 암살됐다는 설이 있다.

드레퓌스 사건
- - - - - - - - - - - - - - - - - - - -
19세기 후반의 수년 동안 프랑스를 양분시켰던 정치적 추문 사건으로 내용은 이러하다. 1894년 프랑스 육군대위 알프레드 드레퓌스는 군의 기밀문서를 독일 측에 넘겼다는 간첩혐의를 받고 종신형을 선고받는다. 그러나 사실 드레퓌스는 무죄였으나, 잘못된 증거 자료에 기초를 둔 유죄 판결을 받은 배경에는 그가 유대인이라는 사실이 크게 작용했다. 유대인에 대한 편견이 드레퓌스를 간첩으로 몰고 간 것이다. 이 사건으로 양심적 지식인, 사회주의자, 공화주의자 등은 사건의 재심을 강력히 요구하는 반면, 왕정복고주의자, 군부, 반유대주의자 등은 국가안보와 군의 사기를 내세우며 결사적으로 재심을 반대하면서 프랑스 공화제에 크게 내분이 일어났다.

아 있었다. 마그다도 뒤편 좌석에 혼자 앉아
있었다. 그러다 휴식 시간에 불이 켜졌는데,
나란히 앉아 있는 두 사람이 손을 꼭 잡고 있
는 것이 아닌가! 작은 상영관이었기 때문에
그 장면은 누구의 눈에도 뚜렷이 보였다. 마
그다의 눈도 꼭 잡은 두 손 위에서 시선이 멈
췄다. 그때 남의 이목을 전혀 신경 쓰지 않는
두 사람의 태도에 분을 참지 못한 한 남자가
영화의 타이틀을 반복하며 "여러분 저도 고
발합니다!"라고 외쳤다.

히틀러와 괴벨스
두 사람은 모두 뛰어난 웅변가인 동시에 증오심으로 대중을 탁
월하게 선동한 점이 유사하다. 당시와 같은 포퓰리즘 정치 시대
에 히틀러와 괴벨스는 마치 실과 바늘과 같은 역할을 하였다고
볼 수 있다. 이는 독일 국민들이 환호하고 열광하는 이유가 되
기도 하였다. 히틀러는 끝까지 괴벨스를 전폭적으로 지지하였
고, 괴벨스 또한 히틀러에게 충성을 맹세하였다.

　　용감하게 항의를 한 남자는 오래 전부터
괴벨스의 충실한 부하였던 한케라는 사람이었다. 그는 상사의 정사를 일일이
보았던 만큼 상사의 부인을 깊이 동정한 것이었다.

　　이윽고 부부 사이에는 심각한 위기가 찾아온다. 마그다는 충실한 한케의
협력으로 괴벨스가 벌인 불륜의 증거를 모두 모아 히틀러 앞에 제출하고 이혼
소송을 하려고 한다. 그러나 히틀러는 결과적으로 계몽선전 장관의 추문을 국
민 앞에 폭로하는 꼴이 될 이혼 소송에는 무슨 일이 있어도 찬성할 수 없다고
못 박고 그녀의 의뢰를 부드럽게 거절한다. "당신들처럼 훌륭한 아이들이 있
는 부부가 이혼을 해서는 안 됩니다"라고 히틀러는 웃으며 말했다. "일 년만
남편은 수도사처럼 부인은 수녀처럼 살아 보십시오. 그러면 다시 부부 관계가
좋아질 겁니다."

　　히틀러는 농담조로 말했지만 마그다는 웃는 척도 하지 않고 "그런 거면 저

는 이미 일 년도 더 전부터 수녀처럼 살고 있어요"라고 대답했다. 이로써 히틀러는 이들 부부 사이의 심각한 상황을 파악할 수 있었다.

이 스캔들로 괴벨스에 대한 히틀러의 신임도가 현저하게 떨어졌다. 만약 전쟁이 없었다면 그대로 괴벨스는 점차 히틀러와 소원해져 낮은 지위로 내려가 생애를 마감했을지도 모른다. 원래 그는 당내에 적이 많아 히틀러 같은 인물의 비호가 없이는 출세할 수 없는 사람이었다.

마그다도 이 스캔들로 상당히 괴로워했다. 한때 그녀를 숭배하던 한케마저 괴벨스 편으로 돌아서고 말았다. 결국 그녀는 괴벨스와의 이혼을 단념할 수밖에 없었다. 이혼 청구는 그녀 쪽에서 취하했다.

대중을 선동하는 데 탁월한 능력을 발휘했던 괴벨스
"대중을 지배하는 자가 권력을 장악한다!"라고 남긴 그의 말은 현재까지도 유명한 '명언'이 되고 있다. 그는 특히 나치의 선전을 진두진휘하기 위해 세계 최초로 라디오를 전 국민에게 공급한 후 이를 통해 히틀러의 일거수 일투족을 끊임없이 방송을 통해 알려주었다. 요즘은 이런 방법이 보편화되고 있지만 당시에는 획기적인 발상이었던 것이다.

2차 세계대전의 발발

전쟁은 1939년부터 시작됐다. 전쟁으로 인해 부부간의 갈등도 자연히 물 밑으로 가라앉았다. 마그다는 오랜 생활을 통해 괴벨스가 악마와 같이 냉혹하고 아무도 믿지 않는 허무적 경향의 남자라는 것을 사무치게 느꼈지만 거의 포기하는 심정으로 그래도 이 남자와 헤어져서는 살 수 없다는 것을 인정하지 않을 수 없었다.

1943년, 스탈린그라드 전투에서 패배하고 1944년, 연합군이 마침내 독일 국내로 침입하자 나치당 간부 중에 몇몇은 자취를 감추거나 적과 개인적으로 타협하는 등의 방법을 찾기 시작했다. 그런 와중에 홀로 급진적인 의견을 고집해 마지막까지 싸우기를 주장한 괴벨스는 다시 히틀러의 신임을 얻고 측근 중에 가장 중요한 인물이 됐다.

사실 명석했던 괴벨스는 독일의 패배를 내다보고 있었다. 그럼에도 불구하고 히틀러를 설득해 그대로 베를린에 머무르며 적의 포위 속에서 바그너의 『신들의 황혼』에 어울리는 비극적인 최후를 권유한 사람도 바로 괴벨스였다.

패전으로 치닫는 마지막 몇 개월간 괴벨스는 연이어 여러 '신화'를 만들어 내어 전쟁 중에 있는 독일 국민에게 희망의 불씨를 돋우기 위해 고심했다. 그 예가 비밀 병기 신화다. 또한 서독 제국과 러시아 사이에 반드시 분열이 일어난다는 일종의 신화와 비슷한 선전을 했다. 물론 이런 말은 어떤 것도 실현되지 않았다.

이윽고 공습이 심해질 무렵 괴벨스는 어느 날 밤 식사 후에 라디오 스위치를 켜고 헤르베르트 폰 카라얀이 지휘하는 오케스트라를 들으면서 "일생을 음악에 바친 이 남자가 부럽다"고 중얼거렸다고 한다. 마그다는 조용히 끄덕였다.

1954년 봄, 소비에트 군대는 베를린을 세 방향으로부터 포위했다. 우레와 같은 대포 소리가 시민들에게 들려오고 밤이 되면 창문에서 붉은 불꽃이 보였다. 4월 20일, 마그다는 여섯 명의 아이들을 데리고 슈트케이스를 양손에 들고 총리관저 지하에 있는 방공호로 피신했다. 남편은 남부 독일로 도망치라고 권했지만 그녀는 이를 거절했다. 그날은 마침 히틀러의 생일이었기 때문에 작은 아이들에게는 "히틀러 아저씨에게 인사하러 가야지"라고 말했다. 이때 마그다는 이미 여섯 아이들을 데리고 남편과 함께 죽을 각오를 한 상태였다.

히틀러와 함께 죽음을 각오하는 마그다

괴벨스 가족이 히틀러와 에바 브라운(히틀러의 애인)과 함께 살게 된 방공호는 지하 50피트에 있는 이층짜리로 천정에 해당하는 부분은 두꺼운 철근 콘크리트로 만들어져 있었다. 계단 아래가 총통과 에바가 주거하는 곳으로 여섯 개의 방이 있었고, 괴벨스 가족은 계단 위 세 개짜리 방에서 지냈다. 그 밖에도 이곳에는 작은 방이 많아서 지도실, 전화 교환실, 발전실, 위생실 등 마치 호화로운 여객선 내부처럼 온갖 설비가 갖춰져 있었다.

마그다가 이곳에 오자 히틀러도 그녀에게 비행기를 이용해 남부로 탈출할 것을 계속적으로 권했다. 그러나 그녀는 자신의 결의가 이미 굳어졌다고 말하고 그의 친절한 충고를 거절했다.

다음 날인 21일, 소비에트군의 포환이 처음으로 총리관저에 작렬했다. 22일에는 이미 베를린이 완전히 포위됐다. 이제는 히틀러도 패배를 인정하지 않을 수 없었다.

28일 이른 새벽, 여류 비행사 한나 라이치(독일 최초의 여성 비행사)가 조종하는 마지막 비행기가 총통의 명령을 받고 브란덴부르크문 근처에서 남쪽을 향해 떠났다. 그녀가 베를린 탈출에 성공한 것은 실로 기적이라 해야 할 것이다. 마그다는 전남편의 아들 앞으로 쓴 편지를 그녀에게 부탁했다. 사실상 이것이 그녀의 마지막 유언이 됐다.

히믈러와 괴링 등이 재빨리 총통의 곁을 떠나 어떻게든 연합군과 비밀 협상을 해서 목숨을 구하려고 필사적이었을 때 괴벨스만은 베를린의 방공호 속에서 그들이 부리는 마지막 몸부림에 조소를 보냈다. - 설령 전쟁 종결 때까지 살아남는다고 해도 연합국이 나치 간부를 그대로 내버려둘 리가 없다. 그는 그것을 잘 알고 있었다. 오히려 제3제국과 운명을 같이해 자신의 죽음을 전설적인 영예로 남기는 것이 더 낫다. – 괴벨스는 여전히 선전가로서의 재기를 잃지 않고 있었다. 그러나 어두운 방공호 안에서 아이들은 열흘 동안이나 다가오는 공포에 떨면서 무엇을 하며 지냈을까. 열세 살이었던 큰 딸은 다가올 불행을 분명히 감지하고 있었을 텐데……

최후의 시간, 최후의 선택

28일 밤부터 다음날 아침에 걸쳐 히틀러와 에바 브라운의 결혼식이 거행됐다. 14년 전 히틀러가 괴벨스 부부의 입회인을 맡은 것처럼 이번에는 괴벨스가 그들 결혼식의 입회인이 됐다.

30일 아침 히틀러는 이별의 인사를 했다. 그리고 자살한 것은 그날 오후였다. 권총으로 목을 쏴 자살했으며, 에바는 독약을 먹고 자살했다. 두 사람의 사체는 휘발유로 태워졌다.

다음 날 5월 1일 저녁, 괴벨스는 먼저 아이들이 잠든 사이에 독약 주사를 놓아 죽게 했다. 마그다는 남편에게 부축 받고 비틀거리며 아이들의 방을 나왔다. 부부는 한마디도 하지 않았다. 정원으로 나오자 이미 휘발유통이 준비돼 있었다. 희미한 빛 사이를 두 사람이 조용히 걸어 나가면서 괴벨스가 방아쇠를 당겼다. 마그다는 피를 토하며 쓰러진다. 이어서 또 한 발. 괴벨스도 쓰러진다. 서로가 그토록 무거운 운명의 사슬로 이어지고 서로가 그토록 사랑하고 또한 증오했던 두 사람은 결국 이렇게 스스로의 생명을 끊은 것이다. 타다 남은 사체는 다음 날 러시아군에 의해 발견됐다.

妲己

吕后

则天武后

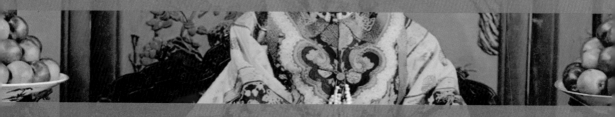

西太后

동양에서 악명을 떨친 악녀들

CHAPTER 04

妲 己

　　중국 최초의 국가라고 여겨지는 은나라 말기, 그 아름다움에 누구나 넋을 잃고 만다는 소문이 떠돌
만큼 절세미녀가 있었으니 그녀가 바로 달기이다. 그녀는 은나라의 왕이었던 주왕(紂王)의 눈에 들어 애첩
이 되었으며, 그 후로 주왕은 오로지 달기의 말만 듣게 된다. 선천적으로 악녀의 기질을 타고 났던 달기는
주왕을 이용하여 온갖 악행을 자행하게 된다.

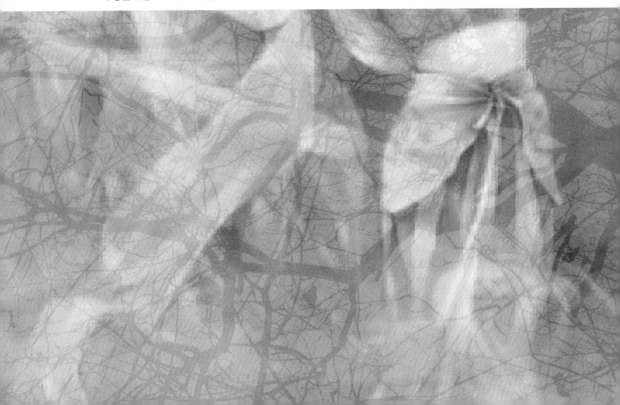

중국 최초의 나라를 멸망시킨 악녀

달기

중국에서 역사적으로 고증된 국가 중 최초의 나라는 은나라라고 전해진다. 이 최초의 국가는 놀랍게도 600여 년이나 유지되며 번영을 누렸으나, 은나라의 마지막 왕인 주왕(紂王) 때에 이르러 타락의 일로에 빠진 끝에 주(村)나라에 의해 멸망당하고 만다.

주왕이 도탄에 빠진 백성을 도외시하고 포악한 군주가 된 것은 주왕 뒤에서 주왕을 마음대로 주무른 악녀가 있었기 때문이다. 그 악녀가 바로 달기이다. 그녀는 당시 사람들 사이에서 보기만 해도 그 아름다움에 누구나 넋을 잃고 만다는 소문이 떠돌 만큼 절세미녀였다. 권세를 가진 남자가 여자들을 마음대로 주무를 수 있었던 시대에, 이런 아름다운 여인을 한 국가의 왕이 가만둘 리 없었다. 그녀는 곧 왕의 애첩이 되었고, 이 왕을 통하여 내면 깊숙이 숨겨

> **은나라**
> ------------------
> 은나라는 상(商)나라라고도 하며 역사적으로 실증된 중국 최초의 왕조이다. 기원전 1760~1520년쯤에 세워져서 기원전 1122~1030년쯤에 망했다고 전해지며, 영토는 대략 현재의 산둥성[山東省]에서부터 후난성[湖南省]까지였다.

아름다운 달기의 모습

져 있던 애욕과 악의를 세상에 마음껏 펼쳤다. 그리고 그 악행의 결과는 600여 년 동안 이어져 왔던 왕국의 멸망을 불러일으켰다.

과연 남자의 종으로밖에 인식되지 못했던 고대 시대에 가냘픈 한 여인으로서 이런 일을 행할 수 있었던 달기는 어떤 여인이었을까? 여기에서 그 흥미진진한 이야기를 파헤쳐 보고자 한다.

주왕의 애첩이 된 절세미녀

그녀의 자(字)는 달(妲)이요 성(姓)은 기(己)이며, 지금으로부터 약 3천 년 전 소(蘇)나라 유소(有蘇 : 지금의 해남 海南 온현 溫縣)에서 유소후라는 사람의 딸로 태어났다고 전해진다. 그녀는 자라면서 그 미색이 절정에 달해, 사람들 사이에 절세미녀로 소문이 자자할 정도가 되었다.

여기서 당시 시대적 상황에 대한 설명이 조금 필요하다. 당시 은나라는 주왕이 통치하고 있었는데, 그는 나라 안으로는 잔혹한 압제 정치를 펼쳤으며, 대외적으로 많은 전쟁을 일으켰다. 뿐만 아니라 욕정에 사로잡혀 처첩들이 가득하였음에도 불구하고, 새로운 미녀들을 찾아서 잡아오도록 신하들에게 명령했다. 이 소문은 이웃의 작은 나라인 소(蘇)나라에까지 전해졌으며, 소나라 사람들은 이런 주왕을 아주 싫어하였다. 주왕이 은나라에까지 소문이 난 절세미녀 달기를 자기에게 바치라고 소나라에 사는 달기의 아버지에게 명령했으나 달기의 아버지는 오히려 반란을 일으켰다. 이에 주왕이 소나라를 치도록 명령하였고, 국력이 약했던 소나라는 주왕에게 항복하고 말았다. 결국 달기의 아버지는 조공으로 절세미녀로 소문난 달기를 주왕에게 바치게 되었다. 달기를 본 주왕은 달기의 앵두 같은 입술에 복숭아빛 볼, 진주 같은 눈동자를 보고 한눈에 반해버렸다. 이후로 주왕은 오로지 달기에게 빠져 지내는 신세가 되었다.

이렇게 달기는 주왕의 애첩이 되었다. 그런데 이 부분에서 짚고 넘어갈 일이 있다. 달기가 주왕의 애첩이 되기까지에는 사실 은나라를 넘보고 있었던 주나라의 계략이 숨어 있었다는 또 다른 이야기가 있기 때문이다. 물론 전해내려 오는 이야기지만 여기서 잠깐 소개하고자 한다.

주(周)나라의 무왕은 포악한 주왕(紂王)을 내쫓고 천하를 정복하기 위한 궁리를 하고 있었는데 이때 당시 주나라에까지 미색으로 소문이 자자했던 유소씨를 떠올린 것이다. 유소씨는 달기의 어머니이다. 무왕은 이 유소씨의 딸 달기를 훈련시켜 이를 이용하기로 작정했던 것이다. 왜냐하면 은나라의 주왕이 폭악무도했다고 하지만 결코 바보 같은 인물이 아니라는 사실을 무왕은 이미 간파하고 있었기 때문이었다. 중국의 대표적인 역사책 『사기』에 보면 주왕에 대해 다음과 같이 적혀 있다.

그는 태어날 때부터 말재주가 좋았고 머리가 비상했다. 게다가 호랑이를 맨손으로 때려잡을 정도였으며 아홉 마리의 황소를 쓰러뜨리는 괴력의 소유자였다.

무왕(武王)
이름은 희발(姬發)이며, 주나라 문왕(文王)의 둘째 아들로 문왕이 죽은 후에 왕위를 계승하였다. 재위 기간은 3년이며 태어나고 죽은 연대는 알려져 있지 않다.

주왕(紂王, ?~BC 1046)
수(受)라고도 하며 제신(帝辛)이라고도 한다. 제을
(帝乙)의 아들로 제을이 죽은 후 왕위를 계승하였
으며, 중국 역사상 유명한 폭군으로 기록되었다.
33년간 재위하였으며, 은나라 마지막 왕으로 나라
가 망하자 조가성(朝歌城) 녹대(鹿台)에서 분신자
살하였다.

또한 머리가 좋은 탓에 신하들의 서투른 충고나 간언 같
은 것은 조금도 효과가 없었다. 오히려 이론이 정연하여
자기의 잘못을 빈틈없이 정당화시켰다. 그가 마음먹은
대로 일이 되지 않는 경우는 한 번도 없었다. 따라서 어
떤 감언이설(甘言利說 : 남의 비위에 듣기 좋은 달콤한 말)에도 말려들
지 않았다.

사실 신하의 입장에서 보면 약간은 지능이 모자라
거나 어리숙한 군주가 모시기 좋다. 지혜가 풍부하거
나 재능이 많은 군주는 이 세상에 자기 이상은 없다고
큰소리치며 신하들을 무능하다고 여기므로, 그를 조
종하는 일이 보통 솜씨로는 어림없다. 그러다 보니 자
연 주왕 밑에는 아부에 능하고 비위를 잘 맞추는 자들
로 득실거렸다. 남백후나 숭후호(주왕의 충신들)는 그런 재주가 뛰어난 인물들이었
다. 따라서 주왕 곁으로 다가가려면 비상한 방법이 필요했던 것이다.

이에 무왕은 미인계를 이용하여 주왕 곁에다 훈련시킨 달기를 바쳐 주왕을
더욱 나쁜 쪽으로, 더 심한 폭군이 되도록 만들려는 것이었다. 그래야 주(周)가
은(殷)을 대신해 천하를 다스릴 명분을 갖게 될 테니 말이다. 특히 주왕은 사치
를 좋아하고 술과 여자를 몹시 밝혔으므로 달기를 이용한 미인계는 당연히 먹
힐 수 밖에 없었다.

이렇게 해서 무왕은 그녀가 성숙한 처녀가 될 때까지 주왕의 기호와 취미,
잠자리 버릇, 음식에 대한 것은 물론이거니와 비상시에 판단하는 방법까지 자

세히 교육시킨 다음 그녀의 아버지 유소후에게 돌려보냈다. 이 일은 은밀히 행해졌기에 아는 자가 거의 없었다. 그 후 유소후는 달기를 왕에게 바쳤는데, 그 바치는 방법도 절묘했다. 달기의 아름다움을 주왕의 귀에 들어가게 해놓고 숭후호(은나라의 제후)가 주왕에게 달기를 입궐시키도록 간해서 바치는 형식을 취했으므로 흠 잡을 데 없는 자연스런 진상이었다.

달기에게 빠져 온갖 음행을 저지르는 주왕

후궁에 들어온 달기를 보고 주왕은 미친 듯이 기뻐했다.

"너야말로 내 여자다. 지금까지 여자들이란 막대기나 돌멩이와 다름이 없었다. 달기, 너는 하늘이 나를 위해 만들어준 천생연분의 여자다."

이런 주왕 앞에서 달기는 교태와 요염을 맘껏 발휘했다. 주왕으로서는 달기의 아름다움에 넋이 빠질 지경이었다. 그녀는 얼굴만 예쁜 것이 아니었다. 주왕과 성격도 딱 맞았을 뿐만 아니라 말 한마디 행동 하나가 주왕의 마음을 사로잡았다.

주왕은 마침내 달기의 말은 자신의 말이고, 달기의 감정도 자신의 감정인 것처럼 확신하기에 이르렀다. 이렇게 완전히 주왕을 사로잡아버린 달기는 서서히 자신의 욕망을 표출하기 시작한다. 달기는 어느 날 주왕에게 "천하의 왕이시니 당연히 천하의 귀한 물건을 가져야 하지 않나요?"라고 꼬드겼다. 그러자 주왕은 달기의 말에 넘어가 귀한 물건들을 사모으기 위해 세금을 무겁게 매겨 백성들로부터 돈을 끌여들였다. 그는 이렇게 모아진 재물로 세상의 온갖

걸왕(桀王)
이름을 계(癸) 또는 이계(履癸)라고도 한다. 발(發)의 아들로, 발이 병으로 죽은 후 왕위를 계승하여 하나라를 53년간 재위하였다. 그러나 나라가 망하자 추방되어 굶어죽는다. 태어난 연대와 죽은 연대는 알려져 있지 않다.

보물을 사들여 자신의 창고를 가득 채웠다. 뿐만 아니라 민간에 있는 진귀한 물건을 눈에 띄는 대로 빼앗아 장식했다. 그러나 여기에서 그치지 않았다.

하루는 야경을 감상하다가 갑자기 하늘에 반짝이는 별을 갖고 싶다고 달기가 말했다. 주왕은 이를 받아들여 모든 장정들에게 동원령을 내려 하늘까지 올라가는 누대를 쌓으라고 했다. 이 누대 이름이 적성루(摘星樓)라 했다. 공사는 끝없이 계속되었다. 결국 죽어나가는 것은 부역으로 동원된 장정들뿐이었다.

달기는 여기서 그치지 않고 또다시 요구했다.

"천자님, 최상 최고의 즐거움은 어떠한 경지일까요. 소첩은 그런 경지까지 가보고 싶사옵니다. 즐기려고 한다면 그 극치를 맛보고 싶어요. 옛날 말희(末喜. 하나라의 마지막 왕인 걸왕의 왕비 중 한 명)가 맛보았다는 주지육림의 즐거움을 누릴 수 있다면 누려보고 싶사와요."

이에 주왕은 흔쾌히 응하여 곧 야외에 일찍이 없었던 최대·최고급의 연회를 열 준비를 하라고 했다. 그것은 걸왕의 그것보다 더 화려하고 크고 멋지도록 해야 한다고 단단히 분부했다. 술잔이나 술병 따위는 시시하다. 거대한 연못을 만들어 그곳에다 술을 가득 채웠다. 연못가를 오고가다 마음 내키는 대로 양껏 술을 퍼마시는 것이다. 안주 역시 마찬가지로 접시나 쟁반 따위에 담아 오는 것은 한심한 장난이다. 불고기를 구워 사방 나뭇가지에 주렁주렁 매달아 두고 마음 내키는 대로 어느 곳에서나 술을 마시고 안주를 먹을 수 있도록 하였다. 주왕의 주문은 이것에 그치지 않았다.

"연회에 참석한 사람은 모두 옷을 하나라도 걸쳐서는 안 된다."

주왕의 명령이 떨어짐과 동시에 후원을 가로질렀던 거대한 장막이 걷혀졌다. 그러자 벌거벗은 여자들이 나타났다. 참석한 신하들은 침을 꼴딱 삼키며 이 모습을 바라보았다. "시작하라!"는 명령에 따라 첫 번째 북이 울렸다. 벌거벗은 남녀들은 일제히 술 연못으로 달려가 술을 마시기 시작한다. 워낙 많은 사람들이 서로 다

말희(末喜)
하나라의 마지막 왕인 걸왕의 왕비 중 한 명

투다보니 술 연못에 빠져 꼴깍꼴깍 마시는 경우도 많았다. 한참 술을 마시던 그들은 두 번째 북소리에 벌떡 일어나 숲으로 달려갔다. 그들은 마치 짐승들처럼 고기를 뜯어 먹었다. 세 번째 북소리가 울렸다. 이제는 환락의 절정이다. 서로 아무나 붙잡고 짝짓기에 들어갔다. 비명소리, 신음소리, 여자들은 밑에 깔려 버둥거렸고, 남자들은 여체를 탐했다. 엉킨 남녀의 모습은 그야말로 한 폭의 음란화 그것이었다. 주지육림(酒池肉林)의 완벽한 재생이었다. 이런 이름이 붙은 것은 비난하는 의미가 강했지만, 인간이라면 누구나 그런 경험을 해보고 싶다는 지극히 원초적인 기대감도 상당 부분 담겨 있었다고 할 수 있다.

주지육림(酒池肉林)

주왕과 달기는 많은 시종들과 함께 '술연못(酒池)'에서 배를 타고 다니면서 즐겁게 노닐다가 술을 퍼 마시고 '고기숲(肉林)'에서 고기를 마음껏 먹었다. 여기에서 "주지육림(酒池肉林)"이라는 고사성어가 생겼다.

구리 기둥을 걸어가는 형벌, '포락의 형'

주지육림은 매일처럼 계속되었고 이에는 엄청난 비용이 들어갈 수밖에 없었다. 따라서 이를 보충하기 위해 세금은 늘어났다. 엄청난 노동력을 공급받기 위해 전쟁을 해서 노예를 구해야 했다. 은의 시대는 노예제 사회였기 때문에 노예가 유일한 생산력이었다. 따라서 노예를 얻으려면 백성들을 무장시켜 전쟁을 해서 이겨야 했다.

결국 백성들은 과도한 세금에 시달리고, 전쟁터에 끌려나가야만 했다. 불만은 쌓일 대로 쌓여 폭발 직전이 되었다.

이럴 때 백성의 불만을 억누르고 꼼짝 못하게 다스리려면 무거운 형벌 이상으로 유용한 수단은 없다. 그래서 시행된 것이 '포락의 형'이었다. 그 사연은 이랬다.

주왕은 어느 날 우연히 뜨겁게 달아오른 동(銅)으로 만든 그릇으로 기어오르는 개미의 모습을 보게 되었다. 가늘고 작은 다리로 뜨거운 동판을 기어가던 개미는 뜨거움에 놀라 바닥으로 떨어져서 발버둥쳤다. 이를 바라보던 주왕은 무릎을 치며 자기를 거역하는 백성에게 이 방법을 쓰기로 작정하고는 '포락의 형'이란 공포의 형벌을 제정했다. 그것은 구리로 된 기둥에 기름을 바르고 그것이 적당히 뜨거워지도록 그 아래에 숯불을 피워놓은 다음 그 위를 죄수들이 맨발로 걸어가게 하는 방식이었다.

마침 불평하는 백성이 잡혀와 첫 번째 '포락의 형'이 가해졌다. 그런데 시작부터 달기는 너무나 흥분하여 입을 벌리고 마치 잠자리에서 좋아할 때처럼 흥분된 모습을 보였다. 게다가 한술 더 떠서 "구리 기둥을 무사히 걸어가 반대편

에 도착하는 죄인에게는 포상으로 죄를 사해주고 석방해 주옵소서"라고 부탁
까지 했다. 악의 화신에 사로잡힌 두 사람은 이 악마의 유희를 마음껏 즐기려고
했다.

널찍한 장방형 구덩이 아래에는 이글거리는 숯불더미가 펼쳐져 있고 그 위
에 한 개의 구리기둥이 적당히 달구어져 있다. 세금을 안 냈다거나 조정의 처
사에 불평이라도 한마디 했으면 잡혀와 그 기둥을 맨발로 걸어 저쪽에서 이쪽
까지 넘어오면 석방이 된다. 그렇지 못하고 숯불 구덩이 속으로 떨어지면 그
대로 타죽고 만다.

구리 기둥에는 미끄러지기 쉽게 기름칠을 해둔다. 너무 미끄러우면 한 발
자국도 걷지 못할 테니 적당히 발라둔다. 또 구리 기둥이 너무 뜨거우면 이 역
시 한두 발자국 정도 가다가 떨어지고 말아 재미없기 때문에 적당히 달궈둔
다. 이렇게 해두면 웬만한 죄인들은 구리 기둥의 중간
까지는 대부분 나아간다. 그런데 나머지 절반 거리는
쉽지 않다. 뜨거워진 발바닥과 미끄러운 구리 기둥, 힘
이 부친 죄인은 마지막 몇 걸음을 앞두고 성공 직전에
처참한 비명소리를 지르며 불구덩이로 떨어진다.

마지막까지 모든 힘을 쏟다가 끝내 미끄러지는 순
간의 그 안타깝기 그지없는 표정과 공포에 질린 눈빛,
그리고 절망의 소리는 그야말로 주왕과 달기에게 절정
의 쾌감과 즐거움을 안겨다 주었다.

이렇게 폭정이 계속되자 견디다 못한 주나라^{(당시 주}
나라는 은나라의 속국이었음)의 제후 희창^(무왕의 부친)이 주왕에게

주무왕의 아버지 문왕(희창)

간청하여 주나라가 가지고 있는 낙서(洛西)의 땅을 바치는 조건으로 '포락의 형'을 폐지할 것을 약속받기에 이른다. 이때 주왕이 희창의 간청을 받아들인 데는 그 만한 이유가 있었는데, 낙서의 땅이 낙수(洛水)의 서쪽 일대에 있는 비옥한 농경지여서 농작물이 풍부하게 소출되므로 많은 수확을 올릴 수 있었기 때문이었다. 그렇지 않아도 주지육림으로 인해 적지 않은 재정 부담을 느끼고 있었던 주왕이었다.

간신배들로 들끓는 은나라 황실

옳은 소리하는 신하들을 싫어한 달기가 "근엄한 얼굴로 어려운 말만 하시는 분은 얼굴만 봐도 온몸에 소름이 끼치옵니다"라고 주왕에게 말하자 주왕은 그

□ 요부로 그려진 달기의 모습

날로 충언을 간하는 신하들을 모조리 궁궐 밖으로 내쫓아버렸다. 그리고 달기가 "비중(費中)이나 오래(惡來) 같은 분은 언제 보아도 마음이 편해지고 믿음직스럽사옵니다"라고 주왕에게 속닥이자, 이들 두 방간(帮間: 술자리에서 흥을 돋우는 시중꾼)은 파격적으로 조정의 고위 대신에 등용되었다. 비중은 아첨을 잘 했고, 오래는 이간질과 중상모략을 잘 했다. 한마디로 그들은 말솜씨가 뛰어났던 것이다.

두 간신배가 궁중에 들어와 설치게 되자 엄숙했던 궁궐 분위기가 졸지에 자유분방하고 천박한 장난질에 놀아나는 들뜬 분위기로 바뀌어버렸다. 이렇게 하여 주왕의 궁중 안에는 아첨배와 간신배로 들끓게 되었고, 궁 밖에서는 백성들의 한탄과 불만의 원성이 계속하여 높아졌다. 그러나 주왕은 백성 따위는 안중에도 없었다.

무왕과 태공망과의 만남

주왕의 포악무도함이 나날이 심해지고 있을 때, 당시 은나라의 속국이었던 주나라에는 정승이자 군사(軍師)인 태공망이라는 사람이 있었다. 태공망은 흔히 강태공이라 불리는 병법가이자 주나라 창업 공신으로 제후국 제(齊)의 시조가 된 바로 그 사람이다. 태공망의 성은 여(呂), 이름은 상(尙)이며, 산동(山東) 출신으로 나이가 들어 위수(渭水)에서 낚시를 하고 있는데, 마침 주의 제후 희창(주문왕)이 근처에 사냥을 나왔다가 만나게 되었다. 당시 희창의 가문에서는 '한 귀인이 주(周)에 오면 그 사람을 얻어 천하를 다스리게 된다'는 선대의 예언이 전해지고 있었으며, 대(代)를 이어 그 인물이 나타나기를 간절히 소망하고 있는 상태였다. 그런데 희창은 태공망을 만난 순간 이 사람이 바로 그 사람이라는 사실을 직감할 수 있었던

태공망(姜太公, 강태공)
주(周)나라 초기 공신으로 무왕을 도와 은나라를 멸망시켜 천하를 통일하는 데 기여하였으며, 후에 제(齊)나라의 시조가 되었다.

것이다. 이렇게 하여 태공망이 무왕과 합류하게 되었다.

한편, 주무왕은 은나라를 치기 위해 군사를 진군시켜 맹진 땅에서 8백여 제후와 회동했는데 이때 태공망에게 성공할 가능성에 대해 물었다. 그러자 태공망은 "열에 여덟은 확실합니다"라고 대답했다. 태공망의 말에 무왕은 아직 때가 아니라고 판단하고 철수명령을 내렸다. 그 이유는 성공 가능성은 매우 높지만 그래도 약간은 실패할 여지가 남아 있다고 판단했기 때문이었다. 주무왕의 판단으로는 주왕의 포악함이 이 상태로 몇 년 더 계속된다면, 그때는 성공 가능성이 열에 열, 즉 완전해질 것이고, 그때까지 기다리자는 의도였다.

무왕의 판단대로 그 이후 주왕의 포악무도함은 점점 더해 갔다. 그는 오로지 달기의 환심을 사기 위해 어떤 잔인한 일도 서슴지 않았다. 태연히 길가는 사람의 목을 베거나 다리를 자르는 일은 물론, 심지어는 임산부의 배를 갈라 태아를 꺼내는 극악무도한 일도 아무렇지 않다는 듯이 행했다.

이를 보다 못한 주왕의 숙부 기자(箕子)가 주왕에게 충고를 하였지만, 그의 충고는 주왕에게 한낱 '소귀에 경 읽기'에 불과했다. 또한 주왕의 삼촌인 비간(比干)도 주왕에게 그러지 말라고 충고를 하자 주왕은 흥분하여 "당신같이 옳은 말 하는 사람의 심장은 구멍이 일곱 개라던데 진짜로 구멍이 몇 개인지 내가 한 번 봐야겠소!"라며 그 자리에서 처형하였다. 비간의 시신은 해부되어 심장이 도려내지고 구멍의 유무를 살피는 일이 벌어졌다. 내장이 해부

기자(箕子)
중국 은나라 주왕(紂王)의 숙부(叔父)이다. 주왕(紂王)의 폭정(暴政)에 대해 간언(諫言)을 하다 받아들여지지 않자 미친 척을 하여 성을 떠나버렸다. 그후 은나라가 멸망한 뒤 석방되었으나 북(北)쪽 나라로 떠났다. 그는 비간(比干), 미자(微子)와 함께 은나라 말기의 세 명의 어진 사람(三仁)으로 꼽힌다.

된 시신의 훼손은 당시로서 더할 수 없는 지독한 처벌이었다.

전에 왕에게 간언한 적이 있던 기자(箕子)는 비간이 당한 소식에 겁을 먹고 미친 것으로 가장했으나 결국에는 투옥되었다. 이 소식을 들은 주무왕은 마침내 때가 왔다고 여겼다. 주무왕 11년 12월, 무오날 그는 제후들을 모으고 포고했다.

"주왕은 천명을 어기고 법도를 짓밟았다. 세속을 타락시키고 현인을 죽이는 만행도 서슴치 않았다. 이제 나는 하늘의 뜻을 받들어 천벌을 단행하겠다. 제군들의 건투를 빈다."

토벌군은 마침내 출병하여 이듬해 2월 갑자날 목야에 병차 4천대를 중심으로 진을 쳤다. 이에 은나라 주왕은 70만 대군을 동원했다. 토벌군 4만 5천 대 진압군 70만. 수치상으로는 전혀 상대가 안 되는 싸움이었지만 목야 땅에서 벌어진 결과는 토벌군 4만 5천의 승리였다. 어떻게 이런 일이 일어날 수 있었을까?

사실 은나라 70만 대군의 대패는 이미 예정된 것이나 다름없었다. 진압군은 처음부터 싸울 의사가 전혀 없었던 것이다. 그들은 오히려 토벌하러 온 주군(周軍)에 투항하기 바빴다. 이렇듯 당시 주왕은 잔악무도한 행위로 인해 백성들에게 완전히 인심을 잃고 있었던 것이다.

목야(牧野) 벌판에서 대패한 주왕은 궁궐로 도망쳐 와서는 화려하게 꾸며진 녹대(鹿臺 : 천하에서 모은

주왕과 달기

재화와 보물을 보관해 두었던 곳)에 들어가 주옥을 몸에 걸치고 불을 지른 다음 불구덩이에 몸을 던졌다. 천자로서의 최후를 자살로 장식했던 것이다.

이렇게 하여 은의 도읍지 조가에 입성한 주무왕은 폭군 주왕의 시체에 세 개의 화살을 쏘고 다시 칼로 친 후에 황금도끼로 목을 잘라 그것을 대백기 깃대에 꽂았다. 달기의 목은 검은색 도끼로 참수(斬首)하여 소백기에 꽂았다.

참(斬)자의 부수는, 거열(車列)의 찢는다는 의미인 거(車)를 붙이고 옆에는 도끼(斧)의 근(斤)을 쓰고 있어 칼이 아닌 도끼를 사용했던 것을 알 수 있다. 이후에 도구에 상관없이 목을 잘라내는 형벌을 넓은 의미로 해석하여 참수라 불렀다.

이렇게 해서 은나라는 탕왕(湯王)이 하(夏)나라를 멸망시키고 나라를 세운지 17대 33왕 끝에 망했다. 33왕이 있었으나 17대라는 말은 부자(父子)가 대를 잇기보다 형제 사이에 계승이 많았다는 걸 의미한다.

『사기(史記)』
중국 전한(前漢) 시대의 사마천(司馬遷)이 고대 중국부터 시작하여 그 주변 민족의 역사까지 포함한 내용으로 구성한 중국의 역사책이다.

『세설신어(世說新語)』
중국 남조(南朝) 시대 송(宋)나라의 유의경(劉義慶, 403~444)이 편찬한 책으로 후한(後漢) 말부터 동진(東晉)까지의 역사가 기록되어 있다.

달기는 어떻게 죽었을까

그러면 달기는 어떻게 최후를 맞이했을까? 사실 이 부분에 대해서는 정확한 역사의 기록이 없기 때문에 여러 가지 전해 내려 오는 야사에 의존할 수밖에 없다. 우선 달기가 죽은 시기에 대해서도 각 책마다 조금씩 다르다.

『사기(史記)』에서는 "주왕이 녹대에서 뛰어내려 몸에 불을 지르고 자살한 후에 달기는 주(周) 무왕(武王)에 의해 살해되었다"고 기록되어 있다. 그러나 『세설신어(世說新語)』에서는 "주나라 군대가 주왕의 황실에 진입한 후에 주공(周公)이 달기를 취하여 그의 시녀로 삼았다"고 기록되어 있다. 또한 달기가 죽은 방법에 대해서도 주왕과 함께 분신자살한 것으로 전해지는 이야기가 있는가 하면 목을 메어 자살했다는 이야기도 전해진다. 뿐만 아니라 사기에서처럼 무왕에 의해 살해되었다는 이야기도 전해진다. 그러나 이러한 달기에 대한 이야기는 대부분 야사들을 기록한 설화들에서 나온 것이기 때문에 어디까지가 진실인지 알아내기가 무척 어렵다. 이러한 설화들은 은나라가 주나라에 멸망당하면서 만들어진 것들이 많기 때문에 주나라가 자신들 왕조의 정통성을 세우기 위해 과장한 이야기일 수도 있다. 이런 시각으로 본다면 앞에서 주왕이 행했던 온갖 잔악무도한 행위들도 일부는 과장이 있었을 수도 있다는 가정을 해야 할 것이다.

呂后

　　전한 고조의 황후이며 전한 혜제의 어머니이기도 하다. 이름은 치(雉)이고 자는 아후(娥娥)이다. 남편인 고조가 죽은 후, 그녀의 아들이 왕위에 오름으로 황태후가 되면서 여후(呂后), 여태후(呂太后) 등으로 불리게 되었다. 권좌에 있을 때 대단한 악행을 저질렀기 때문에 '중국 3대 악녀'(당나라의 측천무후, 청나라의 서태후와 함께) 중 한 명으로 당당히 이름을 올리고 있다.

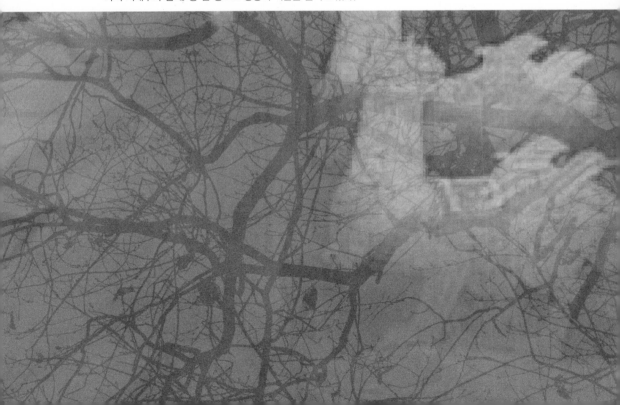

사람돼지를 만든 악녀

여후

한고조 유방과의 결혼 어쩌면 중국 최초의 여성 권력자라 할 수 있었던 여후는 국정에 군림하는 동안 수많은 정적들을 무참히 죽였으며, 특히 고조의 애첩으로 사랑받았던 척 부인을 타오르는 질투심 때문에 잔인하게 살해하여 돼지인간을 만든 것으로 유명하다. 이때 척부인을 살해하는 과정은 차마 인간의 입에 담긴 힘든 방법을 이용하였는데, 사지를 찢고 눈을 뽑고 귀를 잘랐으며, 나중에는 손과 발을 잘라 돼지우리에 버릴 정도로 잔인하였다.

듣기만 하는 데도 소름이 끼칠 정도로 잔인했던 여후는 도대체 어떤 여인이었을까?

여후의 이름은 여치이며 자는 아후이다. 여치는 진나라 때 단부현 산동에서 태어났는데, 아버지 여공은 똑똑한 딸 여치를 귀히 여기며 애지중지 키웠다.

어느 날, 아버지 여공은 원수에게 목숨을 위협받자 이를 피해 패현으로 피신했다. 이때 패현 사람들은 유명한 사람이 왔다하여 아부하기 위해 앞 다투어 여공에게 재물을 갖고 인사하러 왔다.

여공은 너무 많은 사람들이 찾아오자 천 전 이상을 가져온 사람과 천 전 이하를 가져온 사람으로 나누었는데, 이때 만 전을 가져온 사람이 있다고 해서 놀라지 않을 수 없었다. 만전을 가져온 사람은 바로 유방이었다. 유방은 당시 하급관리로 건달 중 건달이었는데, 한 푼도 없으면서 1만 전을 내겠다고 허풍을 친 것이다.

여공은 관상을 볼 줄 알았는데, 유방을 보고는 첫눈에 범상치 않은 인물임을 알아차리고 잔치를 베풀어주어 딸과의 혼담을 청했다. 사실 유방은 여공을 따르는 무리를 속으로 비웃으며 놀려줄 셈으로 온 것이었는데, 딸을 주겠다는 여공의 말에 이를 흔쾌히 받아들였다.

그날 밤, 여공의 부인은 남편에게 난리를 피웠다. 가족의 안위를 돌봐주던 패현 수령이 혼담을 넣어도 거절했던 귀한 딸이었는데, 어떻게 그런 저잣거리 불량배에게 줄 수 있느냐며 노발대발하였던 것이다. 그러나 여공은 아녀자가 나설 일이 아니라고 일축해 버린다.

여공은 관상으로 유방이 천하의 주인이 될 것을 알아

유방이 군대를 다스리는 모습

중국 산동성 패현에 있는 한고조 유방의 유적지
유방은 고향인 산동성 패현에서 청년 시절 군대에 근무했었다. 후에 한나라의 왕이 된 뒤 부모를 위해 이곳에 궁궐을 지어 연회를 베풀었다.(좌상 사진) 기록에 의하면 유방은 왕이 된 뒤에도 늘 고향인 산동성 풍현과 패현을 잊지 못하여 이곳에서 제사를 지내곤 했다고 한다. 현재 이곳은 패현의 고고학 박물관으로 남아 있다.(우상, 좌하 사진) 한나라의 왕이 된 후 유방은 이곳의 저잣거리에 행차하곤 했었다. 이때의 모습을 재현해 놓은 패현 박물관 옆 도로의 모습(우하 사진)

보았던 것이다. 이러한 사연으로 귀족 집안의 여치는 평범한 사람인 유방과 결혼하게 되었다. 나중에 드러난 여치의 성격으로 볼 때 강압적인 결혼은 아니었을 듯싶고, 여치 역시 기쁘게 결혼을 받아들였을 가능성이 크다.

부유한 집 딸이었던 여치는 유방과 결혼한 후 매우 어렵게 살았다. 하루는 논에서 일하고 있는데 기인 하나가 다가와 여치에게 귀한 상이라는 말을 했다. 여치는 기뻐하며 아들과 딸을 내보이며 관상을 봐 달라고 했다. 그러자 아이들도 역시 귀한 상이라고 했다. 여치는 때마침 돌아온 남편에게 이 일을 상세히 말했다. 이런 모습을 보면 여치는 순박하며 친근하기조차 한 아낙이었다는 느낌을 갖게 된다.

유방은 재빨리 기인을 찾아가 자신의 관상은 어떠냐고 물었다. 기인은 유방 또한 아주 귀한 상이라는 말을 한다. 유방은 만족해 하며 나중에 사례하겠다고 약속했다. 나중에 유방이 한고조가 되어 그 기인을 찾았으나 끝내 찾지 못하였다고 한다.

초 · 한 전쟁
서초패왕이라는 영화를 통해 우리에게 잘 알려진 초 · 한 전쟁은 진나라가 망하면서 천하의 절반이 동은 초로, 서는 한으로 갈라지면서 피할 수 없는 한판 대결로 펼쳐진 전쟁이다. 이 전쟁에서 동으로 군사를 이끌고 돌아가는 항우를 서쪽 한나라의 유방이 뒤에서 추격하며, 결국 항우가 자신의 패배를 짐작하고 오강에서 스스로 목을 베어 자살함으로써 결말을 맺는다.

초 · 한전을 겪는 여후

초 · 한전이 시작되어 유방이 항우와 전쟁을 시작하자 여치의 고생도 심해졌다. 유방의 부모와 함께 항우의 진영에 인질로 잡히기도 했다. 유방은 아버지가 나무판자에 매달려 고문을 받는 것을 알고도 아무 일도 아니라는 듯 무신경했다. 항우가 유방의 아버지를 죽이겠다고 협박하자 유방은 "너와 나는 의형제를 맺은 일이 있으니, 내 아버지는 너의 아버지도 된다. 너의 아버지를 네가 죽이는데 내가 무슨 상관이냐"며 유들유들하게 굴었다.

유방과 세상의 패권을 다투는 항우에게 유방의 식솔들이야 말로 귀한 인질이었다. 따라서 항우의 군사들이 끈질기게 잡으러 다녔음은 말할 나위도 없다. 때문에 여치가 항우의 손아귀에서 벗어나기 위해 얼마나 고생을 했는지 짐작할 수 있다. 결국 여치는 항우에게 잡혀 2년간이나 인질생활을 한다. 항우는 성을 공격해 빼앗은 뒤 남자들을 모조리 죽일 정도로 잔인하고 포악한 사람이라는 소문이 돌아 여치는 벌벌 떨며 지내야 했다.

이때 유방은 이미 세상의 영웅행세를 하고 있었다. 그는 여치를 두고도 아름다운 척 부인을 얻어 즐기고 있었던 것이다. 척 부인은 팽성을 차지하고 얻은 초나라 출신의 미녀였는데 미모가 뛰어나고 가무에 능했다. 이천 년 전이나 지금이나 미인을 좋아하는 남자의 마음은 똑같았던지 유방의 마음은 이미 여치를 떠나 있었다. 이런 일을 겪으며 여치는 모질고 독해져 갔다.

이런 가운데 항우와 유방이 싸움을 멈추고 휴전을 맺자 여치는 유방의 부모와 함께 석방되어 유방에게로 돌아왔다. 이어 뒷날 유방은 항우를 이기고 천하통일의 위업을 달성하며 한나라를 건국하게 된다.

항우(項羽, BC 232~BC 202)
항왕(項王). 이름은 적(籍)이고 자는 우(羽)이다. 진나라 말기에 유방과 천하를 놓고 겨뤘던 인물로, 용맹과 힘 센 사람의 대명사로 불리는 항우장사란 말의 유래가 그로부터 시작되었다. 초나라의 왕으로, 패왕이라고도 불리며, 한나라의 유방과 맞서 싸웠으나, 결국 패하고 자결함으로 생을 마감하였다.

유방(劉邦, BC 247~BC 195)
한나라를 크게 전한 시대와 후한 시대로 나누는데, 전한(前漢) 시대의 고조(高祖)이다. 성은 유(劉)이고 이름은 방(邦)이며 자는 계(季)이다. 진나라가 혼란한 틈을 타 한나라를 세우고 항우와의 전쟁에서도 이김으로써 천하를 통일하는 위업을 이루었다.

황후가 된 여후

유방이 황제에 오르자 여치는 자연히 황후가 되었다. 둘 사이의 아들 유영은 태자로 봉해졌다.

여후는 자신의 혈족에 대해 냉정한 남편과 그리 좋은 사이는 아니었던 듯하다. 특히 한고조 유방은 황후보다 척 부인을 더 아끼고 사랑하여 곁에 두려 하였고, 항상 척 부인을 데리고 다녔다. 여후는 이때부터 척 부인을 향한 미움의 싹을 키워나가고 있었던 듯 싶다. 여후의 자색(姿色)은 시들었고, 아름다운 후궁들에게 둘러 싸여 있던 유방은 황후를 거들떠보지 않았으며, 자주 만나 주지도 않았다.

유방은 황후를 조강지처이며 버릴 수 없는 정치적 동지 정도로만 대했다. 남편에게 사랑받지 못하는 여후는 점점 더 고약한 성격으로 변해가고 있었다.

그런 가운데서도 여후는 한나라의 기초를 다지는 데 온 힘을 쏟고 왕실을 조용히 이끌며 처신을 잘해 나가고 있었다. 여후는 겉으로는 몸을 낮추어 한고조에게 충성했으나, 속으로는 후궁들에게 복수의 칼을 갈고 있었다. 한고조가 살아서 후궁들을 총애하고 있으니 손을 댈 수가 없었기 때문이다. 황후가 되기 전에 몸 고생을 많이 했다면, 황후가 된 후에는 본격적인 마음고생을 하게 된 것이다.

유방이 보잘 것 없는 출신임은 온 세상이 다 아는 사실이었고, 이 때문에 유방과 여후는 공신들에게 두려움을 느끼고 있었다. 여후는 특히 재주가 남다르고 따르는 이가 많은 한신과 팽월을 주시하고 있었다.

모성애가 강한 여후는 아들 영이 보위에 오르면 한신과 팽월이 위협이 될 것이라는 사실을 직감적으로 알았다. 과

한신(韓信, ? ~ BC 196)

중국 한나라 초기의 인물로 초나라의 항량·항우를 섬겼으나 중용되지 않아 한 유방의 수하가 되어 대장군이 되었다. 한 고조를 도와 조(趙)·위(魏)·연(燕)·제(齊)나라를 멸망시키고 항우를 공격하여 큰 공을 세우고 천하통일을 이루었다. 한나라가 통일된 후 초왕에 봉해졌으나, 한 제국의 권력이 확립되자 유씨 외의 다른 제왕과 함께 차차 권력에서 밀려나다가 여후에게 살해되었다. 한고조(유방)를 원망하며 토사구팽(兎死狗烹)이라는 말을 했다.

팽월(彭越, ? ~ BC 196)

한나라 초기에 이성(異姓)으로 왕에 봉함을 받은 8명 중 한 명. 원래 도적 출신으로 초(楚)의 항우와 한(漢)의 유방이 격렬하게 싸우고 있을 때 세력을 급속하게 팽창시켜 지금의 하남성과 안휘성을 활동무대로 삼고 유격전술을 펼쳤다. 때때로 항우의 보급창고를 습격하여 식량을 유방에게 보내면서 항우의 세력을 분산시키는 등 대단한 공로를 세웠다. 해하전투가 시작되자 유방은 팽월의 참전을 유도하기 위하여 그가 점거하고 있던 토지를 인정하고 양왕(梁王)에 봉하였다. 그러나 후에 모반죄를 뒤집어 쓰고 죽었다.

거 한신은 초나라 시절의 친구 종리매를 숨겨
주었다가 의심을 사게 된 적도 있었기 때문에
여후는 한신을 철저하게 감시했다.

유방이 진희가 일으킨 반란을 진압하러 나
갔을 때, 여후는 재상인 소하와 짜고, 한신을
모반죄로 숙청해 버렸다. 이는 여후의 계산된
지략이었고, 마음속으로 한신에게 두려움을
느끼던 유방도 이를 묵인했다. 여후는 이에
그치지 않고 한신의 삼족을 멸하였다. 이때
병법의 대가였던 한신의 죽음을 애석하게 여
기는 이 또한 적지 않았다.

한고조 유방의 기동대
한나라를 세운 유방은 흉노족이 들끓어 민심을 어지럽게 하자
이를 수습하기 위해 40만 명의 군대를 동원해 흉노족을 공격하
였다. 그러나 이 전쟁에서 유방은 흉노족의 반격에 밀려 백등산
에서 일주일간이나 고립되는 등 대패하고 말았다.

한고조 유방은 팽월까지 죽일 생각은 없었지만 여후가
죽여야 한다고 부추겼다. 결국 팽월 역시 모반 혐의로 유방
에게 잡히지만 증거 부족으로 인해 촉나라로 유배되어 쫓겨
났다.

평민 신분으로 강등되어 유배 생활을 하던 중 팽월은 여
후를 만났다. 팽월은 여후에게 자신은 모반할 뜻이 없었다
고 유방에게 잘 말해 달라며 하소연한다. 그는 고향으로 돌
아가 여생을 잘 보낼 수 있게 도와 달라고 여후에게 간절히
청하기도 했다.

소하(蕭何, ?~BC 193)
한나라가 당시 천하통일을 이루는 데 결정
적인 역할을 한 삼인방 – 장량, 소하, 한
신 – 중 한 사람으로, 초나라 항우와의 전
쟁 때 후방에서 양식과 군병을 부족하지
않게 공급하는 역할을 하여 크게 공헌하였
다. 이 공로로 공신이라 하여 찬후로 봉해
지고 식읍 7,000호를 하사받았다. 그는 시
대가 무엇을 요구하는지, 그리고 자신은
그 요구에 어떻게 반응해야 하는지를 잘
알았던 인물임에 틀림없다.

팽월을 만나고 돌아온 여후는 유방에게 초나라로 팽월을
쫓아내는 것은 호랑이를 산속에 풀어주는 것과 같이 큰 후환이 될 것이라고 경

장량과 태평도사

고했다. 무서운 이간질로 팽월을 죽음으로 몰아넣은 것이다. 유방은 여후의 말을 듣고 팽월을 찾아내 죽여 버린다. 경포 또한 한신과 팽월의 죽음을 보고 두려워한 나머지 모반을 일으키려 하다가 개죽음을 당하게 된다.

개국 공신들이 하나둘 이렇게 죽어 나갔다. 이는 나라의 기강을 바로 잡기 위해서 필요한 일이기도 했다. 이런 이유로 사람들은 한고조 유방을 토사구팽의 달인이라고 하기도 한다.

이때 살아남은 이도 있었다. 재주가 뛰어난 공신들은 거의 죽었는데, 재주가 뛰어나면서도 살아남은 이 중 하나가 장량이다. 장량은 유약해 보이는 외모를 갖고 있어서 그를 위험한 사람이라고 생각하는 사람은 거의 없었다. 후에 장량은 여후를 도와 유영을 혜제로 옹립하기도 했다.

장량(?~BC 189)
한나라 고조 유방이 천하를 통일하는 데 큰 역할을 했던 개국 공신 3인방 중 한 사람. 그는 특히 진승, 오광의 난이 일어났을 때 유방의 편에 있었으며, 후일 항우와 유방이 진나라의 도읍지 쟁탈을 두고 만난 '홍문의회'에서는 일촉즉발에 빠진 유방을 위기에서 구하기도 하였다.

위기를 넘기고 태후가 된 여후

여후는 슬하에 두 명의 자녀를 두었는데, 유영과 노원공주였다. 유방은 영이 천성이 착하고 유약한 것을 마음에 들어 하지 않았다. 게다가 총애하는 척 부인이 유여의를 세자로 세우자고 눈물로 호소하고 계속 졸라대자 마음이 흔들렸다. 여의는 자신을 똑 닮은 아들이었던 것이다.

상산사호(商山四皓, 상산에 사는 네 분 노인이라는 뜻)

기원전 200년경 중국 진(秦)나라 말기, 세상이 어지러울 때 상산(商山 : 지금의 섬서성 상현)의 심산유곡에 네 사람의 노인이 세상을 피해 숨어 살고 있었다. 그들은 각각 동원공(東園公), 각리선생(角里先生), 기리계(綺里季), 하황공(夏黃公)이다. 이들은 세상일을 잊어버리기 위해 매일같이 바둑으로 시간을 보냈는데, 이를 두고 세상 사람들은 상산사호라고 불렀다. 이후로 이러한 상산사호가 그려진 그림과 시는 사람들 사이에 유행하게 되어 문인이나 선비의 집 안에 이러한 그림과 시를 벽에 걸어놓는 것이 하나의 관례가 될 정도였다.

여후는 유방의 마음이 흔들리는 것을 알자 척 부인에게 이를 갈면서도 위기에서 벗어날 방법을 강구한다. 척 부인 소생 유여의가 황제가 되면 여후 자신과 아들 영의 생사조차 장담할 수 없기 때문이었다. 여후는 장량을 찾아가 통곡을 하며 위기에서 벗어날 방법을 알려달라고 애원한다. 장량은 유방이 채택하려다 거절당하여 쓰지 못한 '상산사호' 네 명을 불러 태자 옆에 두게 하라고 조언한다. 이에 여후는 당장 상산사호를 불렀다.

어느 날 유방은 태자가 노인 넷을 데리고 다니는 것을 보게 되었다. 그리고 곧 그들이 자신이 그토록 가르침을 받고자 애썼던 상산사호라는 사실을 알게 된다. 이때 장량이 옆에서 "황제는 당연히 영이 되어야 한다"고 말하자 유방

이경윤(李慶胤, 1545~1611)의 작품

유명한 상산(商山)의 사호(四皓)를 화제로 삼은 그림이다.

은 흔들리던 마음을 돌려 여의를 태자로 삼으려던 마음을 접는다. 유방은 척 부인을 불러 태자에게 이미 네 개의 깃과 날개가 돋았으니 어쩔 수가 없다고 말한다. 여후는 일촉즉발의 상황에서 이러한 계략으로 위기에서 벗어날 수 있었던 것이다.

아마 이때 황후인 자신에게 거만하게 도전장을 내민 척 부인을 미워하는 마음이 극에 달하게 되었을 것이다. 척 부인이 태자의 자리를 넘보았던 일을 여후는 결코 잊지 않았다.

세상을 통일하느라 그랬는지, 아니면 너무 많은 후궁들을 취한 탓이었는지 한고조 유방은 재위 8년 만에 세상을 떠나고 말았다. 한고조 유방이 죽기 전 병상에서 일어나지 못하자 여후는 승상 재목으로 누가 좋을지 계속해서 물었다. 이렇게 여후가 계속 물어대자 한고조 유방은 여후에게 얼마나 오래 살고 싶어서 그러냐고 되묻는다. 이처럼 여후의 욕심은 끝이 없었다.

고조가 죽자 아들 유영이 황제에 등극한다. 이에 여후는 태후가 되는데, 이는 우리나라의 대왕대비쯤 되는 자리이다. 아들 혜제가 유약하니 실질적 정치 권력자는 여후가 되었다.

태후가 된 여후는 제일 먼저 척 부인을 잡아다 머리를 깎이고 붉은 옷을 입혀 곤장 50대를 치고 영항에 가둔다. 영항은 죄를 지은 비빈을 감금하는 곳이었는데, 그곳에서 3일간을 굶겼다.

유방에게 사랑받았던 후궁들도 살아남지 못했으며, 이때 그 후궁들과 왕자들은 차례로 가혹한 죽음을 맞았다. 불행이 행복으로 뒤바뀐 이도 있었는데 바로 후궁 박희였다. 유방에게 사랑받지 못하고 눈길 한 번 제대로 받지 못한 박희는 불쌍하다

하여 살려주었다. 박희는 그후 살아남아 후일 그 소생이 황제가 되었다.

다음으로 여후는 조정에서 권력을 장악하기 위해 엄청난 숙청을 감행한다. 개국 공신들을 하나하나 제거해 나갔으며 자신을 거스르는 어떤 신하들도 살려두지 않았다.

장량은 이 일을 예견이나 한 듯 산속으로 몸을 숨겨 풀과 나무로 연명하다 굶어 죽었다고 전해진다. 또 신선이 되었다는 설도 있다. 이러는 가운데 여후는 마음속으로 어떻게 하면 척 부인을 더욱 잔인하게 죽일 수 있을지에 대해 고민하고 있었다.

사람돼지를 만든 여후

척 부인을 사람돼지로 만든 악녀 여태후(呂太后)

척 부인에 대한 미움이 돌이킬 수 없는 지경이었던 여후는 유여의를 먼저 죽이려고 하였다. 한고조의 장례가 끝나자마자 조왕으로 있던 유여의를 궁궐로 불러들였다. 그러나 유여의는 궁에 돌아오지 않았다. 유여의가 돌아오고 싶어 하지 않은 것은 어쩌면 당연한 일이었을지도 모른다. 유여의가 궁으로 돌아오지 않자 여후는 척 부인인 것처럼 연락을 취해 유여의를 불렀다. 이때 황제 혜제가 이를 미리 알고 이복형제가 죽을 것을 막고자 직접 마중을 나가 데리고 옴으로써 위기를 넘겼다.

실패한 여후는 호시탐탐 유여의를 죽일 기회를 엿보았다. 어느 날 혜제가 새벽에 활쏘기를 나가자, 정보를 미리 빼낸 여후는 유여의에게 짐주를 마시게 했다. 짐주는 짐이라는 독사를 먹고 사는 새의 깃털로 담근 술이었는데, 이 독주를 마시면 온몸의 구멍에서 피를 흘리며 고통스럽게 죽는다고 한다. 해뜰 무렵 혜제가 돌아왔을 때 유여의는 이미 싸늘한 시체가 되어 있었다.

여후는 조왕 유여의가 죽자 더이상 거리낄 것이 없어졌다. 여후는 척 부인을 끌어내 발가벗겨 감옥에 집어넣고 죄수들로 하여금 강간시켰다. 마지막 선물을 주겠다며 두 다리를 벌리게 해 음탕한 구멍이라며 음부를 짓밟는다. 그래도 여후의 분은 풀리지 않았다.

이렇게 수모를 당한 척 부인에게 유여의의 시체를 보여 주자 척 부인은 이를 갈며 나중에 선제에게 가서 고하겠다고 말한다. 이에 여후는 고하지 못하게 입에 뜨거운 물을 부어 벙어리로 만들어 버렸다. 눈물을 흘리는 아름다운 눈망울을 보자 인두로 눈을 지져 장님이 되게 하고, 코를 뒤집어놓았으며, 두려움에 질린 척 부인이 손을 들어 올리자 손과 발을 잘라버렸다. 또 유황을 귀에 부어 귀머거리로 만들었다.

과다출혈로 바로 죽을 것을 염려해 의사를 두고 지혈을 해 가며 며칠에 한 번씩 팔과 다리를 잘랐다고 한다. 몸뚱이만 남게 되자 목에 '사람돼지'라는 팻말을 걸어 똥과 오줌이 그득한 변소에 버렸다. 일하는 사람에게 먹이로 똥·오줌을 주며 돼지처럼 사육하라고 했다. 옛날에는 돼지를 변소에서 키웠기 때문이다. 수시로 주변 사람들을 불러 구경시키며 복수심을 달랬다고 하니 가히 악녀의 화신이라고 할 수 있겠다.

무슨 심보였는지 여후는 아들인 혜제에게 변소에 재미있는 것이 있으니 구경해 보라고 한다. 혜제가 가서 허연 것이 꿈틀거리는 것을 보고 저게 무엇이냐고 물었다. 신하가 선황제께서 아끼시던 애첩이라고 하자 큰 충격을 받고

통곡하며 여후에게 다음과 같은 원망의 말을 하였다.

"사람으로서 할 짓이 아닙니다. 저는 태후의 아들로 천하를 다스릴 수가 없습니다."

혜제는 어머니 여후의 야만적 행동에 대한 충격으로 병들어 1년간을 일어나지 못하였다. 이후에는 주색에 빠져 나라를 다스리지 않고 지냈다. 이때 여후는 더욱 악랄하고 잔인해져 있었다.

왕가의 사람을 이렇게 처벌한 예는 동·서양을 막론하고 여후뿐일 것이다. 이 일로 인해 사람들은 여후를 악녀라고도 하고 '세기의 잔혹녀'라고도 했다.

심이기를 정부로 둔 여후

한고조 유방이 죽자 여후는 심이기를 가까이 하였다. 둘은 금세 깊은 관계에 빠졌고, 이 사실은 소문이 되어 소리 없이 퍼져나갔다. 어떤 한 사람이 혜제에게 이 사실을 일러바쳤다. 혜제는 화가 나서 심이기를 감옥에 넣어 처형하려 했다. 하늘의 새도 떨어뜨릴 만한 권세를 가진 여후도 이 사실만은 부끄러워하여 아무 말도 하지 못했다고 한다.

당시 주건이라는 선비가 있었는데, 그는 청산유수와 같이 말을 잘하고 현명한 사람이었다. 심이기는 이런 주건과 사귀기를 바랐는데, 주건은 심이기를 만나주지 않았다. 그러던 어느 날 주건이 모친상을 당하였는데, 너무나 가난하여 장례를 치룰 수조차 없었다. 이에 심이기가 나서서 장례 일을 돕고 부의금도 많이 내었다. 그러자 주건도 심이기를 좋게 보기 시작하여

심이기(審食其)

한대 패현 사람으로 유방과 같은 동네에서 태어나 항상 유방의 부하 노릇을 했으며, 한나라 왕이 팽성에서 패하여 서쪽으로 달아날 때 초나라가 태상황과 여후를 잡아 볼모로 삼았는데, 이때 사인(舍人)의 신분으로 여후를 모셨다. 그 뒤로 여태후(呂太后)의 총애를 받다가 둘의 관계가 들통나지만 처벌을 받기는커녕 도리어 좌승상에까지 오른 인물이다.

둘 사이의 관계는 좋아졌다.

감옥에 갇힌 심이기는 이러한 주건에게 도움을 청했다. 주건은 심이기의 청을 일언지하에 거절하는 척하면서 그 당시에 혜제의 사랑을 받고 있던 미소년 굉적유를 찾아가서 말했다.

"당신은 어째서 심이기를 도와주지 않는 거요? 당신이 혜제에게 사랑을 받는다는 것은 세상이 다 아는 일이고, 사람들은 당신이 심이기를 고자질했다고 생각할 것이오. 만약 심이기가 죽는다면 여태후가 다음 날 당신을 죽일 게 분명하오. 지금 당신이 나서서 심이기를 구한다면 황제와 여태후 둘 다에게서 사랑을 받게 될 것이오."

굉적유는 그 말을 옳다고 여겼다. 그래서 황제 혜제를 찾아가서 심이기를 살려 달라고 졸라댔다. 혜제는 하는 수 없이 심이기를 풀어주었다. 혜제가 동성애자가 된 것은 드센 어머니 여후를 보고 여성을 두려워한 때문인 것 같다.

주건을 원망하던 심이기는 이 이야기를 알게 되자, 후한 선물을 들고 찾아가 감사의 뜻을 전했다고 한다. 어머니는 정부를 두고, 아들은 동성애자를 두었으니 세상 사람들의 비웃음거리가 되기에 한 치의 부족함이 없었다.

여씨 천하를 꿈꾼 여후 | 혜제 7년 가을, 혜제가 세상을 떠났다. 장례에서 여후는 우는 시늉만 할 뿐 눈물 한 방울 흘리지 않았다. 이를 본 장량의 아들 벽강이 승상 진평을 찾아가 왜 여후가 울지 않는지 이유를 아느냐고 묻는다. 승상이 대답하지 못하자, 이는 여후가 중신들을 두려워하기 때문이라며, 여후가 계속 중신들을 경계하면 중신들도 무사하

지 못하리라고 말한다. 이 말을 듣자, 승상 진평은 여후에게 여후의 동생들을 요직에 책봉하라고 권한다. 여후는 동생들 - 여태, 여록, 여산 등 - 을 제후 왕으로 명한 뒤 그제서야 마음이 놓이자 외아들의 죽음을 목 놓아 통곡했다고 한다. 이렇게 앞에서는 여후의 비위를 맞추는 승상이었지만, 그는 훗날 여후가 죽자 제일 먼저 여씨를 몰아낸 인물이기도 하다.

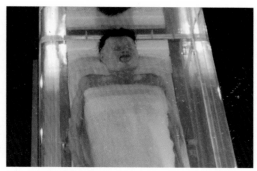

중국 호남성 박물관에 소장된 미라

호남성 박물관에는 1971년 발견한 전한(前漢) 시대 초의 무덤인 마왕퇴한묘에서 나온 유물들이 전시되어 있다. 그 중 특히 눈에 띄는 것은 목관에서 나온 미라이다. 이 미라의 주인공은 50세 가량의 부인으로 추정되며, 발견 당시 미라의 모습이 마치 살아 있는 사람과 비슷해 화제가 되었다. 이 미라는 보관 상태가 매우 양호하여 그 피부가 아직 살아 있는 사람처럼 탄력이 있었다. 어떻게 2100여 년이 지났는데도 이런 보존 상태를 유지할 수 있었는지 신기할 따름이다.

여후는 혜제의 후궁 소생인 소제를 황제로 세웠다. 이는 여후의 외손녀이자 며느리였던 혜제의 황후가 뒤를 이을 자식이 없었기 때문이었다. 그리고 여후는 소제를 황제를 세우면서 생모인 후궁은 죽여 버렸다. 훗날 소제 황제가 이 사실을 알게 되자, 두 주먹을 꼭 쥐고 나중에 커서 꼭 복수하겠다고 말했다. 이 말을 전해들은 여후는 소제를 영항에 가두고, 사람들에게는 소제 황제가 병이 났다고 말한다. 그 후 소제는 죽음을 당하였다. 여후는 다음 황제의 자리에 상산왕 유의를 앉혔다.

상산왕 유의(재위 BC183 ~BC 180)

전한의 제4대 황제. 유홍(劉弘)으로 이름을 바꾼 유명무실한 황제로, 역사상 있었는지도 모르는 인물로 평가된다. 생모를 위해 여후가 죽기를 바라는 말을 하여 소제를 죽인 여후가 앉힌 황제이다.

여후는 유씨와 여씨들의 갈등이 심해지자 여씨 집안의 여자들을 유씨들과 혼인시켰다. 이는 집안에서부터 유씨들을 단속하기 위한 조치로, 즉 여씨 집안의 딸들에게 유씨를 감시하는 역할을 하게 한 것이다. 이 때문에 남편에게 사랑받지 못한 여씨의 딸이 거짓으로 남편을 밀고하는 일도 생겼다. 이런 일

「가제 : 사기강의–여태후(원제 : 王立群讀《史記》之呂后)」

이 책은 현재 중국 CCTV의 명강연자인 왕리췬 교수의 "사기강의" 시리즈 중 하나로, 사람들에게 제일 관심을 끄는 책이기도 하다. 왕리췬은 이 책에서 중국 역사상 최초로 권력을 행사한 여태후에 대하여 소개하고 있는데, 부정적인 시각으로만 서술된 이전까지의 책들과는 달리 여태후를 매우 객관적인 시각으로 그리고 있다는 데서 인기를 모으고 있다.

이 생기면 여후는 일의 진위를 가리지 않고 여씨의 남편인 유씨를 굶겨 죽였다. 남편 유씨는 굶어 죽으며 여씨들을 저주했다고 한다.

여씨 일가가 왕이 되자 대신들의 불만이 쌓여갔다. 여후는 권력을 공고히 하기 위해 공신들과 주변 사람들을 파면하고 탄압했지만 백성들에게는 좋은 정치를 펴려고 노력했다. 한고조의 민생안정정책을 계승하여 농업을 장려하고, 연좌제 등의 가혹한 형벌을 폐지했다.

방안에서 펼쳐진 정치였지만 백성들의 생활은 안정되어 갔다. 혼란스러웠던 사회 질서도 잡혔으며, 피폐했던 경제도 점차 안정되어 갔다.

마지막 순간까지 권력을 붙잡고자 한 여후

어느 날, 여후는 재앙을 제거하고 복을 비는 제사를 지낸 후, 패수라는 곳을 지나다가 푸른 개로 보이는 이상한 동물에게 옆구리를 물리게 된다. 여후는 이상하게 여겨 점을 쳤다. 점쟁이가 말하기를 푸른 개는 척 부인의 아들 유여의가 빌미가 된 것이라 했다. 그 뒤로 여후는 옆구리가 아파 계속 고통 받는다.

여후는 자기가 죽을 것을 알자 사후가 걱정되었다. 동생인 여록과 여산에게 군사권을 갖게 하여 여록은 북군, 여산은 남군을 장악하게 한다. 이는 "유씨가 아닌 자가 왕이 될 때에는 모두 힘을 합쳐 이를 무찌르라" 고 한 고조 유방이 모든 신하에게 서약시킨 일을 두려워했기 때문이다.

여후는 여씨 일가에게 자기가 정신을 잃게 되면 천하를 잃게 될 것이라고 말하며, 장례식에 따라가지 말고 성을 지키라고까지 명한다.

"딱 10년만 더 시간이 주어진다면 완전한 여씨 세상을 만들 수 있었을텐데……."

사람에 대한 평가는 그 사람이 죽어 관 뚜껑이 덮이면 진실하게 된다는 말이 있다. 사후를 걱정하던 여후의 말처럼 중신들은 반란을 일으켰다.

태위인 주발이 북군으로 들어가서 "여씨를 위하는 자는 오른쪽 어깨를 벗고, 유씨를 위하는 자는 왼쪽 어깨를 벗어라"고 말하자 모든 군사들은 왼쪽 어깨를 드러내며 유씨를 따르겠다고 다짐했다. 그만큼 여씨들은 인심을 잃고 있었던 것이다. 결국 반란 이후 여씨들은 다 잡혀 죽고 말았다.

여후는 여록의 딸을 황후로 삼아 자기가 죽은 후에도 여씨 천하를 계속 이어가려는 야망을 버리지 않았다. 그러나 여후가 죽자마자 여씨 천하는 하루아침에 모래성처럼 무너져 내렸다.

여태후는 장안 미안궁에서 병사하였는데, 그때 나이 62세였다. 여태후가 죽자 주발, 진평, 주허후, 유장 등은 여씨 일족을 몰살하고 유항을 문제로 옹립하였으며, 한나라는 다시 유씨 천하를 회복하였다. 여태후의 묘지는 유방의 능 서쪽 함양시 섬서성에 있다.

문제(BC 202~BC 157, 재위 BC 180~BC 157)

전한의 제5대 황제로 묘호는 유항(劉恒)이다. 여씨 일족이 축출된 후 주발(周勃) 등이 옹립하여 황제가 되었다. 내치에 힘써 세제완화, 육형(肉刑) 폐지 등 백성을 위한 선정을 베풀었다. 사마천이 인제(仁帝)라 칭찬한 황제이다.

則天武后

중국에서 여성으로 유일하게 황제의 자리에 올랐던 인물이다. 여후나 서태후 등은 황제의 자리에 올랐던 인물이 아니라 태후의 자리에서 섭정을 했던 인물들이다. 측천무후 역시 당(唐) 고종(高宗)의 황후였지만 690년 국호를 주(周)로 고치고 스스로 황제가 되어 15년 동안 중국을 통치하며 온갖 악행을 저질렀다.

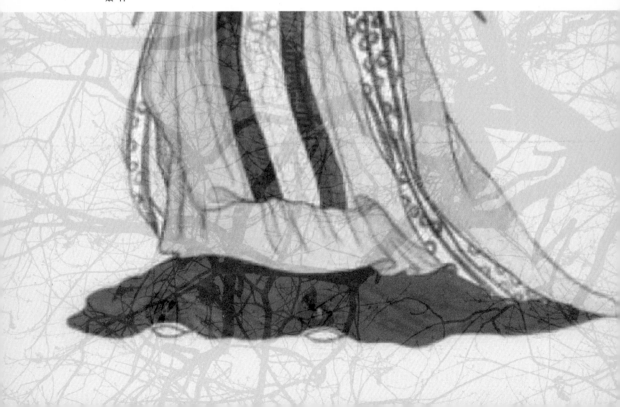

동양 최고의 잔인한 악녀

측천무후

누구와도 비교할 수 없는 악녀 측천무후

동양의 악녀 중 최고의 악녀는 누구일까? 여러 후보자를 머릿속에 떠올려 봤지만 아무리 생각해도 적당한 대표 선수가 생각나지 않았다.

예를 들면 일본의 호죠 도키마사(北?時政)의 후실이었던 마키노가타라든지 히노 토미코(日野富子)를 비롯해 독부로 유명한 키신노 오마츠, 타카하시 오덴, 카미나리 오신, 나마쿠비 오센, 닷키노 오햐쿠 등이 있기는 하다. 그러나 그들은 모두 스케일이 부족한 감이 있다. 적어도 '최고 악녀'에 이름을 올리기 위해서는 남성을 좌지우지하고 한 나라의 운명을 좌우할 만한 놀라운 악행을 거듭한 당당한 여걸이어야 할 것이다.

그런 이유로 중국으로 눈을 돌려보면 바로 생각나는 인물이 소위 이 책에서 다루고 있는 '지나(支那)의 세 여걸'이라 칭해지는 여장부들이다. 즉 한고조의 황후 여후, 당고종의 황후 측천무후, 청문종의 황후 서태후 등 세 명이다. 한결같이 스케일이 큰 악녀들이다.

이 세 사람은 모두 절대적인 권력을 가진 독재자였다. 그 중에서도 여후는 자신의 눈 앞에서 충신 한신(韓信)을 비롯한 기타 가신들을 살해하고 기뻐하거나 남편 사후에 그의 애첩이었던 척(戚)부인의 팔다리를 자르고 눈알을 빼내고 귀를 태운 후 벙어리가 되게 하는 약을 먹여 뒷간에 집어넣을 만큼 잔인한 여인이기도 하다.

그렇지만 측천무후가 이룬 대사업과 대량살육에 비하면 여후의 잔인함도 서태후의 정치적 수완도 존재감이 떨어지는 것을 부인할 수 없다. 무엇보다 무후에게는 무지한 여후 등이 발끝에도 미치지 못하는 뛰어난 지력이 있었다. 측천무후야말로 여인이면서도 고대 로마의 네로나 칼리굴라와 비교될 수 있는 아니 오히려 그 이상이라 할 만한 절대적인 지력을 가진 대(大)독재자이자 대(大)범죄자였다.

무후의 상세한 전기를 쓴 중국의 임어당(林語堂)에 따르면, 무후는 여인으로서 이례적이었으며, 그녀와 비교할 수 있는 다른 유명한 여인은 찾아보기 어려울 정도이다. 클레오파트라도 아니고 예카테리나도 아니다. 엘리자베스 1세 여왕의 일부분과 카트린느 드 메디치의 일부분, 즉

임어당(1895~1976)
중국의 소설가, 번역가, 문명비평가이다. 1919년 하버드대학에서 언어학을 공부하고 1948년 유네스코 예술부장, 1953년 UN총회 중국 대표 고문 등을 역임하였다. 임어당은 중국어와 영어로 다양한 작품을 쓰면서 1930년대에 사회 풍자를 주로 다루는 서구식 저널리즘을 전문으로 하는 중국어 잡지를 창간하였다. 그의 영문 저서 중 『나의 조국, 나의 국민(My Country, My People)』은 오랫동안 중국에 대한 권위 있는 교과서로 간주되고 있다. 그 외 대표 저서로는 『생활의 발견』이 있다.

전자의 힘과 후자의 잔인성이 결부된 존재라는 의미다.

그녀의 성격에는 확실히 범죄 행위와 고도의 지능이 결부된 독특한 부분이 있었다. 과대망상증에 가까운 광기어린 야망의 소유자였지만 어투는 냉정하고 정확했으며 완전한 제정신이었다. 게다가 유럽과 일본에서 나타나는 범죄자들의 특징인 '소심함'을 흙발로 짓밟아버릴 듯한 대륙민족적인 호탕함과 방약무인함을 엿볼 수 있다. 이는 실로 이례적인 일이며, 따라서 역사가가 당혹해 하는 것도 무리는 아니다.

측천무후의 초상

그럼 다음으로 이 이해하기 힘든 여인의 초상을 연대를 따라 그려보기로 하자. 이하에 무씨(武氏)라 부르는 것은 후일의 무후를 칭하는 말이기 때문이다.

무씨는 처음에 당의 2대 황제 태종(太宗)의 첩 중 한 사람이었다.

태종의 정관(貞觀) 시대라 하면 당의 황금기에 해당하는 시대로 한민족의 세력이 멀리 서역과 인도 및 사라센 제국에까지 뻗어나간 절정기였다. 수도 장안(長安)은 온갖 종족 – 인도 승려, 일본 유학생, 페르시아 상인 등 – 이 각각의 복장을 하고 다니는 실로 국제색이 풍부한 곳이었다. 술집에서는 피부색이 흰 알리아계의 여인들이 호객 행위를 했다.

당 태종 이세민(唐太宗 李世民, 599~649)
당 고조 이연의 차남으로 중국 당나라 제2대 황제의 자리에 올랐다. 이름인 '세민'의 본래 뜻은 제세안민(濟世安民), 즉 세상을 구하고 백성을 편안케 하라는 뜻으로 지어졌다. 이름처럼 그는 실제로 뛰어난 지혜와 능력으로 나라를 잘 다스렸으며, 그가 다스리는 시기에 당은 태평성대를 구가했다. 태종은 중국 역대 황제 중 최고의 성군 중 한 명으로 추앙받고 있다.

당조(唐朝)의 제도에 따르면 황제에게는 후(后) 1명 이외에 비(妃) 4명, 소의(昭儀) 9명, 첩여(捷好) 9명, 미인(美人) 4명, 재인(才人) 5명, 그 이하 각각 27명으로 이루어지는 3계급의 시녀가 있었다. 이를 총칭해서 '후궁'이라 하는데, 이들 모두 황제의 총애를 받을 자격이 있으며 황제와 침소를 같이 할 자격이 있었다. 무씨는 당시 여섯 번째인 '재인' 중의 한 사람에 지나지 않았다.

태종의 죽음과 함께 관습대로 삭발을 하고 비구니가 돼 비구니 절로 들어갔지만, 사실은 그 이전부터 몰래 태종의 아들 고종과 정을 통했다. 소위 근친상간이었지만 그녀는 그 비범한 두뇌와 냉정한 야심으로 다음 번 황제가 될 황태자와 관계를 가지는 것이 출세를 위한 지름길이라 계산했던 것이다.

그녀는 키가 크고 다부진 몸매를 가지고 있었다. 각진 얼굴에 턱이 나오고 이마는 넓고 편평하며 눈썹이 뚜렷했다. 그다지 미인이라고 할 수도 없었으나 성격이 매우 강했으며, 궁중 시녀들 중 누구보다 뛰어난 머리를 가지고 있었다.

649년, 아버지의 죽음과 함께 제위를 이은 젊은 고종은 병약하고 버릇이 없으며 심약해서 처음부터 연상의 무씨(고종보다 다섯 살 연상이었다)를 비호자처럼 여겼다고 한다. 이미 그에게는 황후 왕씨가 있었지만 비구니 절에서 무씨가 그의 아이를 가진 것을 알자 막무가내로 그녀를 궁정으로 데려와서 측실로 만들었다. 이 일에는 황후의 도움의 손길도 있었다. 왜냐하면 황후에게는 아들이 없었고, 비(妃)였던 소(蕭)씨에게 황제의 마음이 가 있었기 때문에 황후 자신도 무

당 고종 이치(唐高宗 李治, 628~683)
당 태종 이세민과 문덕황후 장손씨의 9남으로 중국 당나라의 제3대 황제 자리에 올랐다. 처음에는 아버지가 이끌었던 유능한 가신들을 옆에 두고 정치를 했다. 당시 삼국 시대였던 우리나라를 침공, 백제, 고구려 등을 멸망시키고 영토를 확장하였다. 그러나 후에 무씨를 측실로 받아들이면서 난폭해지기 시작했으며, 자신에게 반대하는 신하들은 모두 죽여 버리는 잔학한 면모를 보였다.

씨를 궁중으로 불러들여 미인이었던 소씨를 견제하려고 생각했기 때문이었다.

이런 이유로 처음에는 황후 왕씨와 무씨 사이가 대단히 친밀했다. 위대한 야망을 가졌던 무씨는 황제와 황후와 소씨를 어렵지 않게 조종하게 됐으며, 비구니 절에서 궁중으로 돌아온 지 일 년이 지나지 않아 왕실의 모든 사람들을 포섭하는 능력을 발휘했다.

무후의 불타는 야망과 첫 범행

이윽고 무씨는 딸을 낳았다. 그리고 이를 기회로 황후 왕씨를 폐위시키려고 일을 꾸몄다. 무씨는 황후의 지위에 앉고 싶었던 것이다.

딸이 태어나고 열흘쯤 지나자 아이를 갖지 못한 황후가 무씨의 딸을 보러 왔다. 황후는 아기를 안고 잠시 어르다가 다시 요람에 놓았다. 황후가 가고나자 몰래 무씨가 방으로 와서 아기를 질식시켜 죽이고 그 위에 이불을 덮어두었다. 황제는 이를 알고 크게 놀란다. 무씨도 소리를 내며 통곡을 한다. 아이를 잃은 어머니의 비탄은 마치 진짜 같았다. 결국 황후는 아이를 죽였다는 누명을 뒤집어썼다. 아무리 그래도 야심을 위해 자신이 낳은 아이를 손수 죽이다니, 무서운 어머니가 아닐 수 없다.

황후에게 놓인 덫은 이것만이 아니었다. 몸이 약한 황제가 협심증으로 발작을 일으키자 황후가 요술을 부려 황제의 목숨을 끊으려고 한다는 소문이 퍼졌다. 물론 이는 무씨의 계략이었다. 황제의 침대 밑에서 목조 인형이 발견됐는데, 그 인형에는 황제의 이름과 별자리가 새겨져 있었고, 못이 심장부를 관통하고 있었다. 소문이 퍼지자 온 궁정에 큰 소동이 일어났다. 황후는 범인으

'측천무후' 영화의 한 장면

로 잡혀 자신의 결백을 증명해야 했다. 그러나 어떻게 그것을 증명할 것인가.

선제(先帝) 시대부터의 충신이었던 수량(遂良)과 무기(無忌) 등이 필사적으로 사태를 수습하려 노력했지만, 결국 칙명이 내려와 황후 왕씨는 그 범행으로 인해 폐위당하고 궁중에 감금되는 처지가 됐다. 한편, 무씨는 유유히 황후의 자리에 앉게 된다. 과거 선제의 첩이었던 여인의 신분에서 황후라는 최고의 자리에 앉게 된 것이다.

폐비 왕씨는 그 후에 소(蕭)씨와 함께 감옥에서 끌려나와 백 대의 채찍을 맞았다. 그 후 무씨의 명령으로 두 여인은 손발이 잘리고 팔다리가 등 쪽으로 굽혀진 채 큰 술통에 푹 담겨졌다.

"저 아래 것들을 뼈 속까지 녹아버리게 술통에 두어라"라고 무씨는 외쳤다. 이틀 쯤 지나 가련한 두 여인은 결국 죽었다고 한다.

계속되는 야만적인 살인들

이렇게 첫 범행을 끝내고 655년, 성공적으로 황후의 자리에 앉자 다음으로 무후는 태종의 유언을 집행하던 수량(遂良)과 무기(無忌) 등 늙은 정치가를 하나하나 제거하면서 드디어 정치 실권을 장악하게 된다. 남편 고종은 나약하며 내성적인 성격이어서 무슨 일이든 무후가 시키는 대로 했다.

무후의 질투는 유별나 황제가 마음에 들어 하는 여인은 항상 원인모를 독으로 죽게 만들었다. 황후의 언니 한국(韓國) 부인은 어느 날 식사 자리에서 이상한 경련을 일으켜서 죽었다. 또한 그 딸인 위국(魏國) 부인(무후의 조카) 역시 어머니와 같은 증상으로 어처구니없이 죽음을 맞이한다. 이 두 사람은 모두 황제가 매우 총애하던 여인들이었다.

고종에게는 무후 외에 다른 여인에게 낳은 아들이 4명 있었다. 그들 중 3명이 반역죄와 뇌물수수죄의 누명을 쓰고 차례차례 사형을 당했다. 뿐만 아니라 황태자였던 무후 자신의 두 아들도 독살되거나 사형을 당했다. 집계에 따르면 다른 여인에게서 낳은 자식을 포함해서 무후가 낳은 8명의 아들 중 한 명만 요절하고 5명이 어머니에 의해 죽임을 당했다. 또한 나머지 2명도 12년 이상 감금되었다. 그 밖에 앞서 말한 질식사된 아이가 있다.

황태자 철(哲)의 아내(무후의 며느리)도 이유 없이 무후의 증오의 표적이 돼 궁중에 감금돼 죽었다. 며칠 지나 문을 부수어 보니 그녀는 아사한 상태였다. 그밖에도 3명의 며느리가 각각 굴욕사, 밀살 등의 수단으로 목숨을 잃고 두 사람의 이복형제가 사형당했다. 또한 두 조카가 모살당하고 두 손자가 태형으로 죽었으며 조카손자, 조카며느리, 백모까지 살해됐다.

측천무후 (則天武后, 624~705)
중국 역사상 유일한 여제(女帝)

무후는 대략 재위 기간 30년(만년의 치세는 제외) 사이에 태종과 고종의 형제 일족 70여 명, 재상과 대신급 고관 36명을 죽인 것이다.

정치상의 숙청은 별개로 치고서라도 자신의 친척을 이만큼 희생 제물로 만든 여왕은 아마도 역사상 유례가 없을 것이다. 또한 자신의 피가 흐르는 아들과 딸의 생명을 이처럼 가볍게 여긴 어머니도 범죄 사상 드물 것이다.

한무제(漢武帝 劉徹, BC 156~BC 87)
전한의 제7대 황제로 54년 동안 재위했다. 무제가 황제의 자리에 오른 것은 기원전 141년, 16세의 어린 나이였다. 오경박사(五經博士)를 두어 유학에 중점을 두고, 천삭(天朔) 2년(기원전 127)부터 왕국을 분봉(分封)하여 중앙집권화했다. 또한 중앙아시아를 통해 동서 교섭이 왕성했으며 중국 대륙의 남쪽 지역을 정복하고 조선을 침공하여 당시 중국 역사상 가장 넓은 영토를 만들어 전한 시대의 전성기를 구가했다. 중국 역사상 진시황제, 강희제 등과 더불어 가장 위대한 황제 중 한 사람으로 꼽힌다.

미신에 빠진 측천무후

이렇게 잔악했던 무후는 한편 미신에 빠져 있었다. 장안(長安) 궁전에 유령이 나온다고 두려워해 낙양(洛陽)으로 여행을 떠나거나 굳이 새 궁전을 지어 그곳으로 거처를 옮기기도 했다. 그래도 유령이 사라지지 않자 주술사를 불러 도교의 부적을 태우거나 주문을 외우는 등 악귀를 쫓아내려고 했다.

문자에는 마력이 있다고 믿었기 때문에 길흉을 따져 왕자의 이름을 바꾸거나 정부 관청의 명칭을 바꾸고 연호를 바꾸는 일도 종종 있었다. 때로는 일 년 사이에 연호가 두 번이나 바뀐 적도 있었다.

사치스러운 행렬이나 화려한 의식을 주재해서 자신의 권위를 내외에 과시하는 것을 매우 좋아한 무후는 과거 진시황제나 한무제가 했던 것처럼 산동(山東)의 태산(泰山) 정상에서 천하태평을 신들에게 보고하고 그 영속을 기원하는 축제인 '봉선(封禪)'을 행했다. 이 의식에는 수도에서 산동까지 길고 긴 행렬이 연출돼 이 행렬이 지나가는 지방은 반 년 정도 대혼란에 빠졌다고 한다. 외국의 왕족이나 사신도 행렬에 참가해 깃발을 날리며 양산을 쓰고 화려하게 행진했다. 기록에 따르면 행렬은 15리의 길이에 이르고 길가에는 색색의 수레와 말, 낙타나 몽고 양탄자로 만든 천막 등으로 가득했다고 한다. 잠깐 이 의식을 살펴보도록 하자.

측천무후의 행차

'징과 종경(鐘磬) 소리로 식이 시작된다. 단 아래에 불이 지펴진다. 연기가 올라가 영을 맞이하는 것이다. 서역에서 들어온 악기를 사용해 합주단과 창가대가 기도가를 연주한다. 예배는 세 번 행해지는데, 첫 번째가 황제, 다음으로 무후의 순이다. 무후는 진주 열두 줄이 얼굴 앞으로 달려 있는 왕관을 받고 봉황 자수가 있는 옷을 입고 시녀의 시중을 받으며 사뿐사뿐 계단을 올랐다. 그녀의 양쪽에는 눈부신 자수가 있는 넓은 폭의 비단 띠를 늘어뜨린 장대를 받쳐 든 시녀들이 황후의 모습을 가리고 있다.'

이때 그녀가 얼마나 만족스러운 얼굴을 하고 있었는지 그 모습을 보는 사람들은 잘 알 수 있었다. 사실 그녀는 이 최고의 순간을 위해 살아왔다고 해도 과언이 아니기 때문이다. 봉선 의식에 여인이 등장한 것은 그녀가 처음이다. 지금 그녀는 흐뭇함의 최고조에 달해 있었다.

한편 고종은 이런 신경 쓰이는 의식이나 여행 등으로 서서히 건강을 해치고 심한 신경통과 마비, 호흡곤란을 겪게 되었다. 황제의 건강이 우려되자 무후는 대신 정무를 행하여 674년, 새로운 치세가 시작되었다. 연호를 상원(上元)

으로 바꾸고 스스로를 천후(天后)라 이름 지었다. 사실상의 독재자가 된 것이다. 천후란 '천황'의 황후를 의미하는 거의 신격화된 호칭이다.

고종이 오랜 병상 생활 끝에 사망한 것은 683년으로 55세 때의 일이다. 이때 무후는 60세였다. 그러나 놀랄 만한 정력가였던 그녀는 아직 정정했다.

황제가 되고 싶은 무후

황제의 죽음과 함께 스무 살이 되는 태자 철(哲, 무후의 아들)이 즉위했지만 그는 불과 54일 동안 황제의 자리에 있었을 뿐, 즉시 그 자리에서 물러나야 했다. 황태후인 무후가 구실을 만들어 그를 폐위하고 유폐시켜버린 것이다. 무후가 아들을 폐위한 것은 이것으로 4번째이다.

사람들은 당연히 막내 단(旦)이 제위를 이을 것으로 생각했다. 그러나 그도 역시 무후에게 잡혀 궁중에 감금되므로 제위는 계속 비어 있었다. 이것은 무후의 계획으로, 그녀는 아들을 남김없이 폐위하고 자신만이 최고의 자리에 앉고 싶었으며, 자신만의 국가를 만드는 것을 꿈꾸고 있었던 것이다.

이렇게 무후는 단독 지배자가 되고, 이윽고 스스로 황제로 칭하기까지 당조의 일족을 제거하였다. 그 사이에 몇 차례 불평분자의 반란이 일어났지만 그때마다 그녀는 이들을 잘 처리하였다.

684년에 시작되는 이 시대는 보통 측천무후의 치세라 불린다. 이는 무시무시한 숙청 정치와 밀고 제도에 기초를 둔 공포의 시대, 암흑의 시대였다. 기회를 보는 데 민첩한 무후가 잇달아 숙청을 휘둘러 세상은 숨 돌릴 틈조차 없을 정도였다. 당조의 핏줄이 흐르는 왕족들은 내일을 알 수 없는 자신의 운명을 생각하고 공포에 떨어야 했다.

유명한 밀고 제도는 686년에 시작되었다. 그렇지만 이는 실로 단순한 것으로 단지 관공서 건물 안에 구리로 만든 상자를 설치하는 것에 지나지 않았다. 이 상자에 친구나 이웃의 반정부적 행동을 밀고하고 싶은 사람은 누구나가 투서할 수 있었다. 신분이 아무리 낮아도 상관없었다.

측천무후

고문 기술이나 범인을 자백시키는 방법이 놀랄 만큼 진보한 것도 이 시대의 일이다. 그 때문에 『고밀라직경(告密羅織經, 죄인의 자백을 받기 위한 고문책)』이라는 서책이 쓰여졌는데, 이는 어떻게 죄인을 만들어내는가를 해설한 안내서로 소위 사법 경찰 공무원들의 법전이라 할 수 있다.

재판소 관리들은 '무자비한 관리'로 불리며 무후의 앞잡이 역할을 했고 백성들에게 가장 두려운 존재가 되었다. 그들은 각각 수백 명을 살해해 수천 명에 달하는 그들의 가족을 큰 슬픔 속으로 빠뜨렸다.

> **색원례**
> 무측천 시대의 유명한 고문 전문가이다. 페르시아에서 온 인물로 성격이 잔인하고 포악했으며, 다른 사람을 밀고하는 데 재주가 있어 측천무후의 심복이 되었다. 그의 고문 방법은 비인간적이고 아주 잔인하여 한 가지를 했으면 열 가지를 불고 열 가지를 했으면 백 가지를 불게 할 정도였다. 그의 손에 죽은 원혼이 수천 명에 이르자 백성들의 원성이 늘어나 결국 측천무후는 민심을 수습하기 위해 그를 속죄양으로 삼아 죽여 버린다.

관리들 중에서 월등하게 잔인했던 색원례(索元禮)라는 남자는 죄인의 자백을 받아내기 위한 독특한 방법을 썼다. 철로 만든 모자를 죄인에게 씌우고 쐐기로 서서히 조이는 것이었다. 죄인이 완강하게 입을 열지 않을 때는 두개골이 부서지는 일도 있었다. 또한 내준신(來俊臣)이라는 관리가 있었는데, 이 사람도 색원례에 뒤지지 않게 잔인무도했다. 자백시키기 위해 우선 죄인의 코에 식초를 붓는다. 그런 후에 불결하기 짝이 없는 지하 감옥에 쳐넣고 식사를 주지 않는다. 죄수는 공복을 견디다 못해 이불을 씹었다고 한다.

또한 죄수가 잠들 틈도 없이 심문과 고문이 계속돼 녹초가 되고 결국 신경이 닳아 없어졌다고 한다.

이 시대에 발명된 수많은 심문법은 인간 심리의 약점을 이용한 실로 교묘하고 치밀한 것으로, 마치 나치스와 스탈린 시대의 공포 정치를 생각하게 한다. 죄인의 귀에 진흙을 채우거나 손톱 사이에 날카로운 대나무를 찔러 넣거나 머리카락으로 달아매거나 안구를 찌르는 등과 같은 야만적인 형벌도 있었다.

무후의 남성편력

예순이 된 여제의 남성편력에 대해서도 한마디 해 둘 필요가 있다.

상대는 설회의(薛懷義)라는 이상한 인물이다. 불교 승려라는데 원래는 낙양(洛陽) 거리에서 약을 팔던 약장수에 지나지 않았다. 그를 데려와 규방에 드나들기 쉽게 하기 위해 무후가 승려로 꾸민 것이다.

그는 매우 허풍이 심했으며 오만하고 과대망상증이 있었다. 승복을 차려입고 으스대며, 붉은 옷을 휘날리며 궁정을 휩쓸고 다녔다. 그도 그럴 것이 무후는 그에게 완전히 빠져 그의 청이라면 무엇이든 들어주었기 때문이다.

훗날, 민중들에게 무후는 부처가 다시 온 것이라 믿게 한 것도 이 괴승이었다. 무후가 명당(明堂)이라는 광대한 궁전과 그 뒤편에 높이 300척에 이르는 천당(天堂)을 건립하게 한 것도 그의 영향에 의한 것이었다. 그녀는 마치 귀신에 씌인 것처럼 미치광이의 머릿속에서 나오는 거대한 환

설회의

여황제인 측천무후가 가장 총애하던 남첩으로 본명은 풍소보이다. 그는 원래 장사꾼이었지만 측천무후가 중으로 만들어 주지로 임명시키고 '설회의'라는 이름을 하사하여 궁중에 들어오게 했다. 설회의는 여황제의 위세를 업고 거만하게 횡포를 일삼으며 막대한 재물을 축적하였고 궁밖에 따로 자신의 첩을 여럿 두어 자식이 십여 명에 달하였다. 또한 측천무후가 총애하는 다른 남자들에 대한 질투도 심해 마지막에는 측천무후의 미움을 사게 된다. 결국 그는 측천무후에 의해 백여 명의 궁녀들에게 몽둥이를 맞고 숨진다.

상과 계획에 쉽게 복종했다. 사치를 좋아하는 공상가였던 설회의는 무후와 아주 비슷한 성향을 가졌다. 그런 점에서 두 사람은 같은 기질끼리 자연스럽게 가까워진 것이다.

또한 잠자리에서의 대단한 솜씨도 자랑거리였다고 한다. 이 권세욕 강한 괴승 설회의는 일본의 나라(奈良) 시대의 '유게노 토쿄(弓削道鏡)'를 떠올리게 한다. 토쿄도 그의 큰 물건으로 유명했으며, 여제에게 아첨하고 궁정 내에서 횡포를 부린 중이었다.

무후는 무엇이든 거대하고 빛나는 것들을 좋아했다. 일명 '만상신궁(萬象神宮)'이라 불린 명당에는 회반죽으로 만든 엄청나게 큰 대불상이 안치돼 있었는데, 높이가 250척이나 되고 새끼손가락 위에 열 명이 올라갈 수 있을 정도였다고 한다.

무후와 설회의는 불교를 이용해서 마음껏 민중을 미혹시켰다. 앞서도 말했듯이 설회의는 무후가 미륵보살의 화신이라는 설을 퍼뜨린 장본인이다. 기록에 의하면 열 명의 승려에게 대운경(大雲經) 같은 경전을 새로 만들게 해서 무후가 이를 중국에 배포했다고 한다.

무후는 점점 설회의의 감화에 따라 불교에 열의를 보였다. 중국에 살인이 판치고 있을 때 그녀는 칙령을 내려 돼지의 도살을 금지하기도 했다. 688년에

중국 허난성 룽먼스쿠(龍門石窟)

북위 때 효문제가 수도를 뤄양으로 옮긴 493년 이후 수·당까지 400여 년 동안 만들어진 조각품으로 각 시대의 미술양식이 고스란히 담겨 있다. 당대 최고의 권력자였던 측천무후의 욕심이 만들어낸 유물이라고 할 수 있다. 이 사진은 뤄양의 미소로 불리는 비로사나불로, 비로사나불은 측천무후를 모델로 하여 만들어졌다고 전해지며, 이는 종교를 소재로 한 조각예술의 높은 경지를 보여 주고 있다.

유게노 토쿄

승려의 신분임에도 불구하고 여제(女帝) 쇼토쿠 천황(稱德天皇)에게 접근하여 시승(侍僧)이 되었다가, 마침내는 남녀관계까지 맺어 텐표 시대(天平時代.)의 정계를 좌지우지했던 인물이다.

대운경

689년에 중국 당나라의 설회의, 법랑 등이 지었다고 하는 위경으로, 측천무후가 천명을 받아 통치한다고 논설되어 있다. 이 경을 받은 측천무후는 국호를 주(周)로 고치고 이 경을 중국 각지에 보내어 여러 주에 대운사를 짓게 하였다.

는 스스로 '성모신황(聖母神皇)'이라 칭하였다. 이렇게 되자 어쩔 수 없이 당조를 폐하고 새롭게 국가를 일으키는 일이 필요해졌다. 이미 살육의 태풍은 한 차례 지나가고 당의 왕족은 대부분 제거됐다. 방해되는 고관도 장군도 완전히 정리됐다. 무후가 남편의 왕실에 일격을 가할 시기가 도래한 것이다.

전무후무한 여제가 된 무후

690년 9월에 수백 마리의 붉은 참새가 명당 지붕에서 지저귀고 봉황이 궁정 서쪽 동산에 날아왔다. 그리고 백성들 사이에 여러 새로운 국가 건설의 조짐을 알리는 소문이 퍼져갔다.

9월 9일, 드디어 포고가 내려졌다. 앞으로 당조는 사라지고 새로운 국가는 '주(周)'로 불리게 된다. 연호는 '천수(天授)'로 바뀐다. '주(周)'로 명명된 이유는 과거 고대에 번영한 주(周)국의 최초의 황제가 '무왕(武王)'이었기 때문이다. 물론 무왕과 측천무후와는 아무런 관련이 없다. 그러나 그녀는 스스로 무왕의 40대 후손이라 칭했다.

9월 12일, 미리 예정한 대로 무후는 '성신황제(聖神皇帝)'라는 칭호를 발표한다. '성모신황(聖母神皇)'에서 한 단계 더 승격한 것이다. 명실상부하게 인류 역사 최초로 등장한 여인 독재자이다. 이제 무후가 가졌던 최후의 야심은 달성됐다고 할 수 있을 것이다.

무후가 성공을 거둔 것은 단순히 강인한 의지력과 정치력에 의한 것뿐만이 아니라 미륵의 화신이라든지 주(周) 왕실의 자손이라 칭하는 등 미신을 믿는 종교 시대에 어리석은 백성을 감쪽같이 미혹시켰기 때문이다. 화려한 의식이나 사원을 건립하는 것도 모두 백성을 미혹시키기 위한 선전에 불과했다고 말할 수도 있을 것이다. 그러나 그것이 예상했던 이상의 효력을 발휘해 드디어 그녀는 전대미문의 권력을 장악하게 된 것이다.

만년의 무후에 대해서는 역사가의 의견도 여러 갈래로 나뉜다. 어찌됐건 마지막 10년 동안 그녀가 살육을 하지 않았고, 바른 인물을 주요 자리에 등용하고 국가를 굳건하게 통치한 것은 사실이다.

일부 학자의 의견에 따르면 그녀가 위조해서 중국 전역으로 유포시켰다는 대운경의 경우도 원전에 있는 내용으로, 결코 만들어진 허위 내용이 아니라고 한다. 그녀의 불교에 대한 귀의도 꼭 정책상의 이유라고만 할 수 없는 면이 있어 어쩌면 무후에게는 불교를 기초로 한 대제국을 건설하려고 했던 진지한 마음이 있지 않았을까 싶기도 하다.

만년의 무후

어찌됐건 일흔 살이 넘은 무후의 마음에는 할 일을 모두 실현한 자의 만족한 감정이 서서히 싹트고 있던 것 같다. 조정은 신뢰할 수 있는 유능한 인물에게 맡기고 자신은 여인으로서 만년의 인생을 마음껏 즐기자는 생각이었는지도 모른다.

측천무후의 고령 시절의 초상화

75세가 된 무후의 정사 상대는 유명한 장씨 형제였다. 둘 다 20대로 피부가 희고 수려한 외모를 가진 청년이었다. 두 사람이 궁중에 갈 때는 얼굴에 연지를 찍고 머리에는 기름을 바르고 입에는 정향을 물고 갔다고 한다. 형인 장역지(長易之)는 미약(媚藥)과

회춘제의 전문가로 음탕한 노파를 기쁘게 하는 특별한 방법을 썼다고 한다.

장씨 형제와의 정사 소문은 순식간에 퍼져나가 무후의 젊은 정부의 이름이 거리에 붙여지고 사람들의 조롱을 받았다. 이미 공포 시대는 끝나고 백성들 사이에서는 반항적인 기운이 감돌고 있었던 것이다.

무후는 소문을 없애기 위해 젊은 정부를 궁중에 둘 명목을 생각했다. 이렇게 해서 만들어진 새로운 관직인 공학부(控鶴府)에서 두 형제는 그곳의 관리로 임명됐다. 공학부란 일종의 종교문학연구소와 같은 기관이다. 역지(易之)를 맡는 편집위원이 있고 공자, 노자, 석가 및 기타 성현의 말을 수록하는 소위 종교 문학 문집 같은 것을 만들었다.

공학부에는 가끔 학자나 문인이 찾아오는 일도 있어 언뜻 보기에는 지적인 분위기가 흐르고 있었다. 그렇지만 연구소는 대외적인 명목일 뿐 연구소 사람들이 실제로 하는 일은 주연과 도박이었다. 무후는 이곳을 지상낙원으로 만들 생각이었는지도 모른다.

당의 고종과 측천무후가 묻힌 건릉

공학부는 요광전(搖光殿)이라 불리는 사치스러운 궁전 내부에 있었다. 광대한 정원이 있었고, 연못에는 새들이 놀고 있었으며, 다리 장식용 문과 화려한 색으로 칠해진 두 건물을 잇는 복도 관목 조각상이 있었다. 이곳에 있는 사람들은 모두 수려한 젊은이였다. 동생 창종(昌宗)은 무릉도원 같은 곳에서 신선처럼 깃털을 몸에 휘감고 나무로 만든 학의 등 위에 걸터앉아 피리를 불었다고 한다. 우화등선(羽化登仙, 번잡한 생활에서 떠나 즐겁게 지내는 상태)이란 바로 이런 것이 아닐까.

무후는 말년에 난폭함이 자취를 감추었다고는 하나 극도로 퇴폐적인 삶을 살았다. 남자들로 이루어진 공학부는 로마 황제 티베리우스의 카프리섬 궁정과도 비교될 수 있는 도착적인 정사가 이루어지는 곳으로 변해 동성애의 중심지가 됐다.

측천무후의 이름이 새겨져 있지 않은 무자비
측천무후의 능에는 백비(白碑), 즉 아무것도 적히지 않은 거대한 비가 있다. 너무 공이 많아서 적을 게 없었는지 너무 악랄해서 모든 공을 지웠는지 알 수는 없지만 측천무후가 역사적으로 대단한 여걸이었음은 틀림없다.

그녀가 죽기 1년 전인 704년경부터 무후는 병상에 눕는 일이 많았다. 두 청년의 시중을 받으며 방에만 있는 날도 있었다. 이때 그녀의 나이가 82세였다. 장씨 형제는 여러 곳에서 증오의 표적이 됐고, 주변에서는 서서히 당 황실 부흥의 기운이 커져갔다.

705년 1월, 드디어 무력 혁명이 일어났다. 장씨 형제는 혁명군의 병사에게 목이 잘려 죽었다. 무력해진 노령의 독

측천무후 건릉에 세워져 있는 비석

재자는 수도의 서쪽에 있는 별궁으로 옮겨져 감금당한다. 그리고 11월 고독하게 생을 마감했다.

西太后

　　성은 예허나라(葉赫那拉), 이름은 옥란(玉蘭) 또는 난아(蘭兒)이다. 함풍황제가 병사 후 수렴청정을 시작하여, 근대 중국으로 바뀌는 과정에 있었던 동치~광서 황제 시기의 48년간이나 중국의 실질적인 통치자로 행세하며 온갖 악행을 저질렀다. 74세 때 이질로 세상을 떠났으며, 묘지는 정릉(定陵 : 지금의 하북성 준화현 보타욕)에 있다.

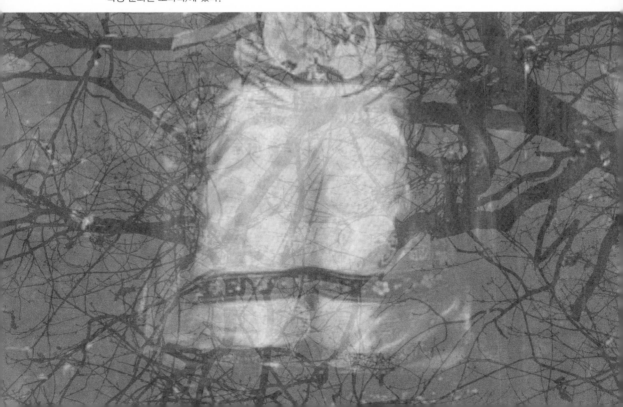

청나라의 멸망을 부른 악녀

서태후

베일이 걷힌 어린 시절의 서태후 ┃ 여후, 측천무후와 더불어 중국이 낳은 삼대 여성 권력자이자 악녀로 손꼽히는 서태후, 그녀는 근세의 세계 삼대 여왕 중 한 사람으로도 일컬어지며 그 명성이 지금까지도 자자할 정도로 무소불휘의 권력을 휘둘렀던 대표적인 인물이다. 중국 청나라 마지막 여성 권력자였던 그녀는 함풍황제의 의귀비이며 9대 동치황제의 생모로 청나라를 멸망으로 이끈 여인으로도 알려져 있다.

어떻게 서구의 근대문명이 물밀 듯 밀려오던 시기에 48년간이나 그것도 여성이 광활한 중국 땅을 자기 하고 싶은 욕망대로 휘두르며 살 수 있었을까? 그녀의 파란만장한 삶을 다시 한 번 되돌아봄으로써 서태후가 과연 어떤 인물이었는지에 대해 살펴보고자 한다.

서태후의 출생설

그녀의 출생설에는 대략 세 가지 정도가 있다. 첫 번째 출생설은 일부 학자들에 의해 주장되고 있는 것으로, 서태후의 출생성은 예허나라, 이름은 난아로, 아버지 혜징은 북경 수비를 담당하는 감독관이라는 것이다. 두 번째 출생설은 그의 진짜 부친이 산서성 감독관이었다는 주장이다. 세 번째 출생설은 아버지 혜징이 반란 집단들과 어울려 지냈다는 누명을 써 관직을 박탈당하고 가문이 풍비박산이 나자 자신을 뒤쫓고 있는 무리들 때문에 신분을 숨기고 살았다는 것이다.

유기(劉奇)

1999년 4월 문화부 중국예술연구원에서 주관한 '공화국사회주의 문학예술 50년 세미나'에서 유기가 편찬한 『베일 벗은 자희의 유년시절(揭開慈禧童年之謎)』이 1등을 차지하였다. 이 논문에서 유기는 서태후의 출신 문제를 집중적으로 다루어 중국 역사 연구에 있어서 "백 년의 공백"을 메워주었다고 높게 평가될 만큼 학계의 비상한 관심을 받았다.

서태후라는 명칭에서 우리는 그녀의 성이 서씨인 것처럼 짐작하지만, 공식 명칭은 자희태후였다. 서태후란 이름은 그녀가 서쪽 궁에 살던 태후였기에 사람들이 동쪽에 살던 동태후와 구분하여 부르면서 서태후라 불리게 된 것이다.

서태후는 사치스럽고 화려한 생활을 하며 자신의 권력에 도전하는 이는 누구든지 살해하는 등 잔인한 면모를 유감없이 발휘했던 것으로 유명하다.

황제를 마음대로 바꿔가며 절대 권력으로 나라를 휘두른 그녀의 생애 중 유일하게 베일에 싸인 부분이 있었는데, 바로 그녀의 어린 시절이다. 그런데 최근 유기라는 학자에 의해 그 비밀이 밝혀져 세간의 화제가 되고 있다. 다음에 유기가 십 년간 연구한 끝에 발표한 내용을 빌려 서태후의 출생에 대해 그려보고자 한다.

서태후는 1835년, 산서성 장치현에 있는 가난한 농민 집안에서 태어났다. 어린 시절의 이름은 왕소겸이었으며, 네 살 때 상진촌 송사원에게 양녀로 팔려가 송령아로 이름이 바뀌었다. 그러나 열두 살 때 다시 노안부 지부 혜징에게 시녀로 팔려가 성은 예허나라, 이름은 난아가 되었다. 실로 기구한 어린 시절을 보낸 셈이다. 그 후 예허나라 혜징의 딸 신분으로 청나라 황실에 입궁하였다.

그녀가 예허나라라는 성을 가진 것은 청나라를 멸망시킬 운명을 예지한 것은 아닐까.

명나라가 망하고 청을 건설할 당시 청 왕조는 부족을 규합하기 위해 예허나라와 큰 전쟁을 치렀다. 얼마나 치열하게 싸웠던지 예허나라 왕은 죽어가며 후손들에게 오늘의 원수를 잊지 말고 꼭 복수하여 멸망시키라는 유언을 남겼다고 한다.

이에 청나라에서도 후손들에게 이르기를 예허나라라는 성을 가진 남자에게는 큰 벼슬을 주지 말고 여자는 황후나 귀비가 될 수 없다고 못을 박았다.

그리하여 청나라 시절 예허나라 성씨는 명문임에도 불구하고 큰 벼슬을 할 수 없었다. 유언이 이루어져서일까, 예허나라 성씨를 가진, 그것도 여인이 청나라 왕조의 오분의 일을 농락했으며, 결국은 청나라를 망국의 길로 인도했으니 참으로 알 수 없는 게 세상일인가 보다.

장치현에 살던 시절 서태후는 당시 월나라에서 유행하던 강소, 절강 등의 노래를 배웠다. 서태후의 남방가곡과 춤 재주는 광대나 기생들도 못 따라갈 정도로 능했다고 한다. 이 재주로 함풍황제를 사로잡게 되었다.

함풍황제(1831~1861)
청나라 제9대 황제. 시호는 현황제(顯皇帝). 묘호는 문종(文宗)이며, 도광제(道光帝)의 넷째 아들이다. 즉위하자마자 홍수전(洪秀全)이 일으킨 태평천국(太平天國)의 난이 일어났고, 계속 이어진 염당(捻黨)의 반란 등으로 나라 안팎이 매우 어려운 시기에 통치하였다. 또한 서구 열강의 계속되는 공격에 어려워하던 중, 1861년 영국과 프랑스 연합군의 침입을 피해 피난 중 병사하고 말았다.

훗날 천하의 권세를 휘어잡고 호령하며 마음대로 살았던 서태후는 강남에서 살던 이 시절을 좋아했는데, 이는 궁생활보다 농촌생활이 훨씬 자유롭기 때문이라고 말했다.

말뿐 아니라 행동으로도 옮겨 궁중 한 곳에 논밭을 만들어 두고 수시로 그곳을 찾아갔다. 그래서 장치현 출신인 동향 사람들을 아꼈으며, 위법을 하여도 죄를 사하고 벼슬을 줄 정도로 고향에 대한 정이 유별났다.

서태후에게는 여동생이 둘 있었으며, 난아와 용아는 자색이 뛰어나 예허나라 집안의 두 포기 꽃이라 불리었다. 그 중 용아는 서태후의 천거로 함풍황제의 동생과 결혼하였으며, 그 후손이 후일 비운의 광서황제이다.

함풍황제의 귀비가 된 서태후

서태후는 1852년 열 일곱의 나이에 궁녀로 뽑혔는데, 당시는 함풍황제의 치세 때였다. 도광황제의 네 번째 아들이었음에도 불구하고 함풍황제는 천성이 착하고 효성이 지극한 덕분에 황태자의 자리에 오를 수 있었다. 황제는 동태후인 자안황후와 사이가 좋았음에도 불구하고 후사가 없었다. 자안황후도 자신에게 후사가 없으니 함풍황제의 남다른 바람기를 어느 정도 눈감아 줄 수밖에 없었다.

서태후는 입궁한 뒤 내시를 꼬드겨 원명원에서 일하였다. 서태후는 미모가 출중했으며 용모에 귀티가 흘렀는데, 다만 눈매와 입술이 능청스럽고 독하게 보이며 음흉한 기색이 있는 것이 흠이었다.

황제의 곁에는 많은 귀비와 궁녀들이 있어 서태

원명원
18세기 초에 만들어진 중국 베이징(北京)에 있는 청나라 때의 황실 정원. 건축 양식이 프랑스의 영향을 받은 것으로 보이는 것은 이 건물을 지을 때 베르사유 궁전의 영향을 받아 지었기 때문이다. 원명원은 함풍황제가 동생인 공친왕 혁흔에게 하사하기 위해 지어졌으며, 1860년 서방 연합군과의 전쟁 때 불에 타고, 수많은 문화재가 약탈되기도 하였다.

후는 황제를 만날 기회조차 없었다. 서태후는 궁중에 들어온
지 얼마 되지 않았고, 귀비와 궁녀들은 황제를 다른 데로 빼앗
길까 하여 서로서로 싸돌고 있었기 때문에 황제 근처에도 가
지 못하였다. 그 시절 황제는 자신이 원하는 귀비의 침소로 가
려면 황후의 허락이 필요했다. 황후에게 나쁜 감정은 없었지
만 그런 절차에 갑갑함을 느낀 함풍황제는 원명원으로 자주
나들이를 갔다. 원명원에서는 그런 절차를 무시할 수 있었고
마음대로 궁녀를 취할 수 있었기 때문이다.

자안태후(동태후)
함풍황제가 죽자 그의 유일한 아들인
동치황제가 황제가 되었다. 그런데 자
안태후는 자손이 없었기 때문에 동치
황제의 양모이며, 황제의 실제 생모는
서태후였다. 즉 명목상으로는 황후였던
동태후가 제1태후, 황제의 생모였던 서
태후가 제2태후였지만 서태후의 야심
때문에 결국 동태후는 잔인하게 살해
당하고 만다.

  이 사실을 알고 있던 서태후는 내시를 이용해 황제가 지나
가는 길에서 노래를 불러 함풍황제를 유혹했다. 함풍황제는
노래 소리에 듬뿍 취해 서태후를 불러들여 총애하기 시작했
고, 결국 서태후는 귀비의 자리에까지 오른다.

  함풍황제의 황후 자안태후는 거처가 동쪽이어서 다들 동태
후라 칭했는데, 인자하고 사리가 밝아 대신들에게 존경받았다
고 한다. 그러나 뒤늦게 귀비의 자리에 오른 서태후는 동태후와 비교되어 대
신들의 환심을 살 수가 없었다. 함풍황제는 서태후에게서 아들 재순을 얻었
고, 그 아들이 훗날 청나라 9대 황제인 동치황제가 된다.

아들을 황제 자리에 앉힌 서태후

함풍황제 때 홍수전이 일으킨
태평천국난이 일어났다. 홍수전
이 한족을 대표하여 국호를 태평천국이라 칭하고 만주족이 일으킨 대청제국

동치황제
서태후의 아들로 6살에 황제의 자리에 올랐지만, 너무 어린 나이라 생모(서태후)와 큰엄마(동태후), 삼촌(공친왕 혁흔)이 대신 통치를 했었다. 그가 직접 권력을 잡고 정치를 한 기간은 불과 일 년 남짓할 정도로 이름뿐인 황제의 자리에 있었던 인물이다.

에 반기를 들었는데, 이때 함풍황제는 사태를 바로 보지 못하고 있었다. 황제의 측근에는 간신들로 들끓고 있었으며, 그들은 권세를 잡으려고 임금을 속이며 아래로는 혹세무민(惑世誣民)했다. 간신들에게 시달리던 백성들은 함풍황제가 낭비의 황제라고 수군거리기 시작했다.

또한 영국을 중심으로 한 서강 연합함대가 백하에 모여 청나라 오십만 대군을 격파해 버리자 어찌할 바를 몰라했다. 또 연합군이 북경으로 치고 올라온다는 소식에 놀라 열하로 피신했는데, 이곳에서 몽진 중 천연두로 병사하고 말았다. 함풍황제가 병사하자 서태후의 아들 재순이 동치황제로 등극하게 되었다. 동치황제는 당시 여섯 살밖에 안 되었고, 동태후와 서태후 모두 이십 대의 젊은 미망인들이었다.

이런 분위기를 틈 타 단화, 재원, 숙순 등이 동치황제를 폐하고 이천왕을 옹립하려고 하였다. 이를 알고 서태후는 자안태후를 설득하였다. 사람들이 자신들을 우습게 보고 있어 좋은 날이 없을 것 같으니 공친왕(함풍황제의 동생)과 합세하여 정변을 일으키자는 것이다. 동태후는 그 말이 맞다고 여겨 자신이 믿을 수 있는 공친왕과 합세하여 정변을 준비한다. 서태후는 함풍황제가 앓아누웠을 때 붉은 보자기에 전국보와 아들을 황제로 옹립한다는 유서를 받아놓았다. 이미 이때부터 서태후는 미래의 일을 예견한 듯 철저한 대비를 해 놓는 치밀함을 보였던 것이다. 어리석은 신하들은 두 태후를 만만하게 보고 있었다. 간신들을 이용해 북경으로 안전하게 돌아온 두 태후는 여러 왕과 신하들을 불러 그 자리에서 황제의 전국보와 유서를 내보이고 반역을 일으키려 했다며 간신들을 처형했다.

　　동태후와 서태후는 같이 수렴청정을 시작했다. 말이 양궁 수렴청정이었지 실제로는 서태후가 정국을 쥐고 흔드는 모양새였다. 처음부터 두 태후의 그릇이 달랐던 것이다. 이는 동태후가 천성이 인자하고 현모양처의 교육을 받고 자란 반면, 서태후는 어려서부터 남자처럼 행동하기를 좋아하고 가슴에 품은 생각이 천하를 호령하던 기질이었다. 이로써 서태후는 두 손에 천하를 쥘 절호의 기회를 잡게 되었다.

동태후를 죽이는 서태후

이제 권력을 차지하기 위한 서태후의 처절한 몸부림이 시작되었다. 처음 아들 재순을 황제로 옹립하는 문제에서는 의견이 같았으나 그 외에 대한 생각에서 둘은 아주 달랐다. 함풍황제의 황후였던 동태후는 정치에 관심이 없고 동치황제를 키우는 데만 전력하였고 어려서부터 동태후가 키우다 보니 동치황제도 생모인 서태후보다 동태후를 더 따랐다. 동치황제는 동태후에게 어려서부터 따뜻한 정을 느꼈던 모양이다.

서태후의 모습

　　함풍황제의 능에 제사를 지내러 갔을 때였다. 이때 동태후는 자기와 나란히 서 있는 서태후를 보고 자기보다 한 발짝 뒤로 물러서게 했는데, 서태후는 이에 자존심 상해하며 앙심을 품었다.

또 동치황제의 황후를 간택하는 문제에서 두 태후는 극명하게 대립하였는데, 서태후는 봉수의 딸을 천거하고 동태후는 숭기의 딸을 천거하였다. 동치황제는 낳아준 정을 생각하면 봉수의 딸을 황후로 택해야 하고, 길러준 정을 생각하면 숭기의 딸을 황후로 택해야 했다. 이런 난감한 상황에서 동치황제는 숭기의 딸을 황후로 간택한다.

이 일로 서태후는 동태후를 마음속으로 더욱 미워하게 되고 숭기의 딸 동치황후를 핍박하였다. 동태후가 자리를 지키고 있는 한 서태후는 항상 한 발 물러서야 했고, 이를 서태후는 매우 불만스럽게 여겼다.

서쪽 궁에 자리 잡은 것도 한스러울진대 동쪽 무덤을 차지하지 못한다는 생각은 서태후를 자다가도 벌떡 일어나게 했다. 서태후가 무덤자리를 놓고 동태후와 내기를 했다는 말도 전해지는데, 내기는 치밀한 계획하에 준비한 서태후가 이겼다.

함풍황제는 이러한 서태후의 성격을 알고 있었던 듯 동쪽 궁의 자안태후에게 유언과 밀서를 남겼다. 서태후는 영리하고 재주와 수단이 훌륭하나 인자함과 덕성이 부족하니 인덕을 구비한 황후를 잘 섬기며 어린 자식을 잘 교육하라는 유언이었다. 또 서태후가 불미스런 행동을 하게 되면 한 치의 용서도 없이 밀서대로 행하라는 말도 남겼다. 서태후는 밀서 때문에 이러지도 저러지도 못했으며, 동태후의 비위를 맞추는 일에 서서히 싫증이 나 있기도 했다.

어느 날 동태후가 감기가 들자 서태후가 동태후에게 문병을 갔다. 이때 서태후는 계략을 꾸미기 위해 팔에 붕대를 감고 갔는데, 이를 보고 동태후가 물었다.

"팔은 어떡하다 다쳤나?"

"태후님의 병에 사람의 피가 들어가면 낫는다 하여 저의 피를 넣어 약을 달이기 위해 그랬습니다."

그러지 않아도 마음 약한 동태후는 이 말에 그만 마음이 누그러져 서태후를 붙들고 울며 함풍황제가 준 밀서를 불태워 버렸다. 밀서를 불태우자 서태후는 다시 냉랭해졌고, 동태후는 이 일을 후회하였지만 이미 지난 일이 되고 말았다.

이 일이 있고 얼마 지나지 않아 동태후는 서태후가 보내 준 약떡을 먹고 즉사하였다. 소문을 들은 서태후는 자기 심복 이연령과 그 밖의 몇 사람을 데리고 가서 일변 잡인을 금한다는 이름 아래 아무도 동태후의 방에 들어가지 못하게 하였다. 서태후는 내시들로 하여금 동태후의 시체부터 깨끗이 닦게 시켰다. 동태후의 죽음은 의문으로 남았지만, 어느 누구도 서태후에게 의의를 제기할 수 있는 상황이 아니었다.

극도로 사치스러웠던 서태후

동태후가 죽기 전에도 서태후는 사치스럽고 음란한 생활을 했는데 동태후가 죽자 더욱 더 거리낄 게 없어졌다. 서태후 한 끼의 식사는 주식이 60가지, 점심에 먹는 빵이 30가지, 각종 산해진미가 128가지였다고 한다.

옷은 삼천 상자 이상이 있었으며 하루에도 몇 번씩 옷을 갈아입었다. 구입

출타 길의 서태후(가운데)
앞에 애견 '하바'가 쭈그리고 앉아 있는 모습을 통해 그녀의 권력을 짐작할 수 있다. 서태후는 예쁜 신발, 개(狗)와 옥(玉)을 특히 좋아했다고 한다. 그래서 외출을 할 때면 항상 애견을 데리고 다녔다. 그녀는 또한 경극(京劇)을 무척 좋아한 것으로 알려져 있다. 그래서 자신이 지은 이화원에 경극 공연장을 직접 설계하여 수많은 경극 공연을 펼치기도 했다.

하고도 입지 않아 쌓아둔 옷도 부지기수였다.

자신의 미모를 유지하기 위해 매일 저녁 애기 엄마의 젖을 먹었는데, 두 아기 엄마가 목욕을 한 후 무릎을 꿇고 붉은 천을 감싸고 젖만 내놓으면 서태후는 침대에 누워 그 젖을 받아먹었다고 한다.

젖을 먹으며 미모를 가꾸고 많은 옷을 갈아입으며 사치스러운 생활을 영위했던 서태후가 음란하기도 하였다는 것은 어찌 보면 당연한 일인지도 모른다. 불시에 누가 들이닥쳤다가 내시와 한 침대에 누워 뒹구는 모습을 들킨 적도 있었으며, 낙태할 약과 산후의 약을 차례로 지어 먹은 일로 궁녀들 입방아에 오르내리기도 했다.

서태후는 원명원이 타버린 일을 애석해하여 여러 번 원명원을 재건하자고 동치황제와 동태후에게 말하였으나 번번이 거절당하였다. 동태후는 남편이 바람난 시절이 자꾸 떠올라 괴로워서 원명원 재건축을 반대했고, 서태후는 남편과 원명원에서 호사를 누리던 일을 추억하다 보니 원명원 재건축을 소망하게 되었던 것이다.

이에 내시 이연령이 천하제일 천이라는 옥천의 맑은 샘과 곤명호(이화원의 중심을 이루는 거대 호수. 15년에 걸친 대 공역 끝에 완성한 인공호수로 이화원의 3/4을 차지함)의 경치와 만수산의 절경을 추천하며 그곳에 이 궁을 짓자고 했다. 서태후가 직접 가 보니 과연 천하명승의 정경이 될 만한 곳이라 여겨 그곳에 이화원을 짓게 하였다.

이화원을 짓는 데 터도 닦지 못하고 돈이 떨어지자 돈을 받고 벼슬을 주자는 주청을 받아들여 나라가 망할 것을 짐작하면서도 승낙하였다. 그래도 돈이 부족하자 해군의 경비

만수산 불향각

인공호수인 곤명호에서 나온 흙과 돌들을 쌓아 만든 인공산인 만수산의 거대한 석조대(石造台) 위에 지어진 라마교의 건축물로, 남쪽으로 곤명호를 마주하고 있으며, 이 불향각을 중심으로 각 건축군이 매우 정연하고 대칭되게 양날개로 펼쳐지면서 서로 호응하여 마치 한 마리의 박쥐 모습을 하고 있다. 1860년 영국, 프랑스 연합군에 의해 불타버리고 그 후 원상태로 재건하였다.

로 보충하였다. 해군의 군함과 대포를 만들 돈을 모조리 이화원에 쏟아 부은 것이다. 이로 인해 해군의 군사력은 땅에 떨어지고 나라가 망하는 데 일조하게 되었다. 또한 서태후는 이화원에 전화를 놓는 것을 반대했는데, 전화하는 사람이 무릎을 꿇는지 안 꿇는지 알 수 없기 때문이라고 하니 그녀의 권위욕이 가히 어느 정도였는지 짐작할 수 있다.

이화원
원나라 노래로 함풍황제를 유혹해 귀비의 자리에 올랐던 시절에 머물렀던 원명원이 서구 열강의 침략으로 불타버리자 서태후가 이를 다시 추억하고 기념하기 위해 새로 지은 별장이다. 서태후는 이 별장을 짓기 위해 무리하게 수많은 자금을 끌어들였다.

잔혹한 악녀 서태후

당시의 궁녀나 내시, 대신들은 서태후를 굉장히 무서워했다. 서태후는 특히 내시들에게 잔혹했는데, 한 내시의 일기에 의하면 늙은 내시가 실수했다 하여 인분을 억지로 먹였다고 한다. 내시들이 서태후의 머리를 빗길 때 머리카락이 하나라도 떨어지면 그 내시는 목이 떨어졌다. 이에 이연령은 소매가 큰 옷을 입어서 머리카락이 다 소매 속으로 들어가게 하여 위기를 모면했다고 한다.

서태후가 동치황제의 부인 동치황후를 구박하여 죽인 일은 유명하다. 동태후가 죽은 후 서태후는 동치황제의 황후를 핍박하여 동치황제와 황후를 접촉하지 못하게 하였다. 어느 날 동치황후가 황제에게 서태후가 핍박한다고 울며 고하는 걸 듣고 격분하여 쫓아 들어가 머리채를 휘어잡고 따귀를 때렸으며 내시에게 몽둥이를 가지고 오라고 소리쳤다. 이것을 보고 동치황제는 기절했다. 동치황제가 기절하자 서태후는 매질을 멈추었다고 한다.

　동치황제는 어머니에게 실망하여 타락하기 시작하였는데 변복을 하고 기생집에 드나들다가 결국 매독으로 죽고 말았다. 이에 격분한 서태후는 동치황후에게 발길질을 하고 황제에게 누가 되지 않게 자결하라며 윽박지르고 음식도 주지 못하게 하였다. 동치황후는 친정에 도움을 청했지만 서태후의 눈이 무서워 친정아버지는 물론 누구도 도움을 줄 수 없다는 연통을 전해 왔다. 결국 동치황후는 서서히 비참하게 굶어 죽어갔다. 서태후는 동치황제가 죽자 계속 수렴청정을 하기 위해 동생의 세 살짜리 아들을 황제 자리에 앉히는데, 그가 광서황제이다.

광서황제

청나라의 제11대 황제(재위 1874~1908). 3살이라는 어린 나이에 황제의 자리에 올랐으므로 사실상 정권은 서태후가 수렴청정했다. 훗날 광서황제는 절치부심 친정 체제만을 고대하며 정변을 꾀하지만 서태후에 세력에 밀려 이화원에 10년간 유폐당하고 만다. 서태후는 늘 자신의 세력 아래에 있었던 광서황제를 용에 비유하고 자신을 봉황에 비유하였다고 한다.

　광서황제는 서태후의 동생 용아와 함풍황제의 동생 순치왕 사이의 출생으로 광서황제가 옹립하자 그의 아버지 순치왕은 서태후에 대한 두려움으로 부들부들 떨었다고 한다.

　광서황제는 어린 시절부터 말을 더듬었는데 그로 인해 사람들은 광서황제가 조금 모자란다고 생각하였다. 그러나 광서황제를 가르친 스승은 말만 더듬을 뿐 광서황제가 아주 똑똑한 사람이라는 것을 알고 있었다. 서태후는 광서황제가 무엇이나 명령하는 대로 따라 하는 것이 바보 같기도 하고 측은한 생각이 들기도 하였다.

　광서황제가 혼인한 후 서태후는 광서황제에게 나랏일을 넘겼다는 핑계 아래 이화원에 들어 앉아 잔치를 베풀고 향락에 잠겨 세월을 보냈다. 하지만 청나라 사람은 물론이고 외국 사람들까지도 대청제국에는 오직 서태후라는 여황제만 있다고 알고 있었다. 광서황제가 있다는 것조차 모를 정도로 서태후의 권력은 나날이 커져만 갔다. 그러나 밖으로 청나라는 중일전쟁에서 패하고 시모노세키조약을 체결하는 상황이 전개되고 있었다.

광서황제의 황비였던 진비는 광서황제와 새 정치를 도모하려고 무술변법을 계획하였으나 곧 들통이 나고 말았다. 이에 격노한 서태후는 진비를 우물에 빠뜨려 죽이고 그 위에 무거운 돌을 던지게 하였다. 비록 황후의 신분일지라도 그녀의 정적이라 여겨지면 무참히 살해당해야 했으며, 보잘 것 없는 신분을 가졌다 할지라도 서태후의 마음에 들게 되면 권력을 마음껏 휘두를 수 있었다. 이 때문에 서태후의 측근에는 마음에 들려는 간신들과 내시, 궁녀들로 들끓게 되었다.

광서황제의 무술변법을 진압한 서태후를 중심으로 한 보수파는 정변을 일으켜 광서황제를 영대에 유폐시키고 담사동 등 유신파 핵심인물 6명을 처형한 후 다시 모든 권력을 서태후 자신의 손아귀에 넣었다.

서태후 역시도 개혁이 필요하다는 생각을 했지만 광서황제가 행한 개혁은 서태후가 그냥 보아 주기에 도를 넘어서고 있었던 것이다. 서태후는 새로운 훈정을 선포하고 광서황제의 폐위를 준비하였으나, 지방의 총독과 외국 사신들의 반대로 광서황제의 칭호만 남겨둔 채 단왕 재의의 아들을 황태자로 삼았다.

나라가 망할 거라는 수군거림이 돌자 서태후는 망하더라도 내가 살아 있는 동안에는 망하지 않을 거라고 호언장담했다.

시모노세키조약

청·일전쟁의 전후처리를 위해 1895년 4월 17일 청국과 일본이 일본 야마구치현 시모노세키에서 체결한 강화조약

무술변법

청나라 광서(光緒) 24(1898)년에 청나라 덕종이 채택한 강유위(康有爲) 등의 변법자강책(變法自疆策)을 반대하던 서태후(西太后) 등의 수구파(守舊派)가 덕종을 유폐한 정변.

그러나 얼마 후 서태후는 영·프 연합군이 북경을 침공하자 광서황제를 데리고 서안으로 피난하는 초라한 신세가 되었다. 이때 그 많던 대신과 궁녀, 내시들은 먼저 다 도망가고 황족을 지키기 위해 남은 이는 얼마 되지 않았다.

개혁을 진행하는 서태후

이런 어려움을 당하면서 개혁의 필요성을 절실하게 느낀 서태후는 1901년 1월 29일 서안에서 '예약변법'을 반포했다. 이는 각계에서 자문을 구해 작성했는데, 반응은 대단했으며 그 내용은 무술변법 때보다 근대화 성격이 더 강한 것이었다. 서태후는 보수파를 처벌하고 개혁을 하여 나라를 부강하게 만들려고 노력했다. 그럼에도 9월 굴욕적인 신축조약을 체결하고 1902년 다시 북경으로 돌아와 광서황제를 다시 영대에 구금하였다.

우습게 알았던 서강의 힘을 두려워하게 된 서태후는 개혁 정치를 펴려 하였으나 이미 청나라의 국세는 기울어져 있었다. 해군의 경비와 벼슬을 팔아 건축했던 이화원은 서구열강의 발 아래 짓밟혀 그 아름다움을 잃고 있었다. 구금되어 있던 광서황제는 서태후의 개혁 소식을 전해 듣고 5년 전 무술변법을 성공시켰더라면 모르겠지만 지금은 너무 늦었다며 한탄했다. 광서황제는 그 후 극단적인 염세주의에 빠져 세상일을 보려고도 들으려고도 하지 않았다.

1906년에는 관제개혁에 착수하여 권력의 대대적인 조정으로 혁신을 꾀하였지만 국정에 혼란만을 야기시켰다. 이 때문에 서태후는 심각한 고민에 빠지기도 하였다.

죽음을 준비하는 서태후

서태후는 음식 호사가 커서 맛이 깊고 기름진 음식을 좋아하였는데, 오리고기를 특히 좋아하여 얼마나 많이 먹었는지 위장 기능이 저하되어 결국 복부팽창과 설사로 고생하였다.

1908년 10월 13일, 서태후는 74세의 생일을 맞이하여 큰 연회를 베풀었다. 이때 여러 날을 과식한 끝에 이질에 걸려 아편을 평소보다 배로 복용하였으나 소용이 없었다.

광서황제는 위장병과 신경쇠약으로 서태후의 생일 연회에 참석하지 못했다. 이에 어떤 사람이 서태후에게 고하기를 광서황제가 서태후의 병환이 염려된다는 말에 기쁜 낯빛이었다고 하자 화를 벌컥 내며, 내가 그놈보다 먼저 죽지는 않을 것이라고 호령하였다고 한다. 광서황제 역시도 내가 아무리 병들었다고는 하지만 설마 서태후보다 빨리 죽으랴 하며 서태후가 죽으면 이연령, 원세개 등을 죽이겠다고 하였다.

결국 광서황제는 시들시들 앓다가 서태후보다 먼저 죽고 말았는데, 사실 이는 독살로 인한 죽음이었다. 이에 서태후는 부의를 황제에 옹립하였으니, 그가 바로 청나라의 마지막 황제 선통제이다.

선통황제를 세운 그 이튿날인 1908년 10월 23일, 서태후는 자신이 호령했던 세상과 마지막 이별을 고하고 말았다. 사인은 이질(痢疾)이었고, 이는 생일잔치에 너무

선통황제(宣統皇帝, 1906~1967)
중국 청(淸)나라의 마지막 황제로 이름은 부의이다. 1908년 3살의 나이로 청(淸)나라의 마지막인 12대 황제가 되지만, 근대화의 물결이 몰아치는 급변기였기에 1912년 신해혁명이 일어나자 황제의 자리에서 물러나야 했다. 중화인민공화국 수립 이후 공산당 정부에서는 그의 사상을 개조하여 새로운 사람으로 만들기 위해 노력하였다. 그는 신장암에 걸려 고생하다가 결국 62세를 일기로 세상을 떠났다.

노년의 서태후의 모습

많이 먹은 것이 결국 화근이 된 것이다. 서태후가 죽었다고 하자 서태후 덕분에 많은 호사를 누렸던 내시 이연령은 장례식에 가지도 않고 금은보화를 챙겨 달아나 버렸다.

그녀는 자신의 죽음을 앞에 두고 광서황후와 섭정왕 재풍, 군기대신 등을 불러 자신의 병은 가망이 없으니 국정은 섭정왕이 맡으라고 말한다. 특히 아녀자와 내시가 국정에 간여하지 못하도록 엄격한 기준을 두어 행하라고 대신들에게 부탁했다.

서태후는 48년간이나 청나라를 좌지우지하며 모든 호사를 누렸지만 황제도 아니었고 황후도 아니었기에 자금성의 5문 중 중간문을 통과하지 못했다. 그것이 서태후에게 남는 한 가지 아쉬움이었다. 행운인지 불행인지 서태후는 호언장담한 대로 그녀가 죽을 때까지 청나라가 유지되고 있었으므로 청조의 멸망을 직접 보지는 않았다.

서태후의 그림

유교 도덕이 뿌리 깊은 중국에서 여성의 지위는 약한 것이었기 때문에, 대부분의 중국 여성들은 나약하게 살 수밖에 없었다. 그러나 서태후는 이러한 운명을 이겨내고 정권을 쥐었을 뿐만 아니라 온갖 악행을 저지르고도 황제를 능가할 정도의 정치력을 발휘했으니 실로 대단한 여걸이었음에는 틀림없다.

서태후의 능은 하북성 준화현 청동릉에 동태후의 능과 나란히 하고 있다.

상식으로 꼭 알아야 할

세계 악녀 이야기

1판 1쇄 발행 2009년 2월 20일
1판 7쇄 발행 2014년 2월 10일
2판 1쇄 발행 2016년 5월 20일

저　　자 ｜ 시부사와 다츠히코
옮 긴 이 ｜ 이성현

발 행 인 ｜ 신재석
발 행 처 ｜ (주)삼양미디어
등록번호 ｜ 제10-2285호
주　　소 ｜ 서울시 마포구 양화로 6길 9-28
전　　화 ｜ 02 335 3030
팩　　스 ｜ 02 335 2070
홈페이지 ｜ www.samyang*m*.com

ISBN ｜ 978-89-5897-148-1(03300)